火星占星術講座

松村潔

Contents

Chapter 1

♂ 火星論

火星は個人より大きな世界へと人を誘《いざな》う。
そこにはリスクもあり、トラブルも起きるだろう。
だが、火星の力を自己に取り込まない限りは、
ネガティブな出来事が常に外からやって来るのだ。

西洋占星術の仕組み——10個の惑星とホロスコープ

西洋占星術で使われる太陽系内の天体は、月、水星、金星、太陽、火星、木星、土星、天王星、海王星、冥王星の10個です。時には、このほかに小惑星を使うこともあります。これらの天体には、どれにも重要な役割があり、またそれぞれキャラクターで描くこともできるようなはっきりとした特徴があります。

占星術では、個人が生まれて来た時に、その生まれた年月日、場所、時間で、ホロスコープという図を作ります。10天体がすべて同じ配置になることはないので、同じホロスコープを持つ人は歴史上存在しません。まったく同じ場所に同じ瞬間に生まれない限りは同一のホロスコープにならないので、図が似ている人はいても、まったく同じ図になる人は本人以外にはどこにもいないのです。これはまったく驚くような話です。

そして占星術では、個人が生まれてきた時のホロスコープを見て、それぞれの天体がどこのサインにあり、どの天体と角度を持っているかなどを考えることで、

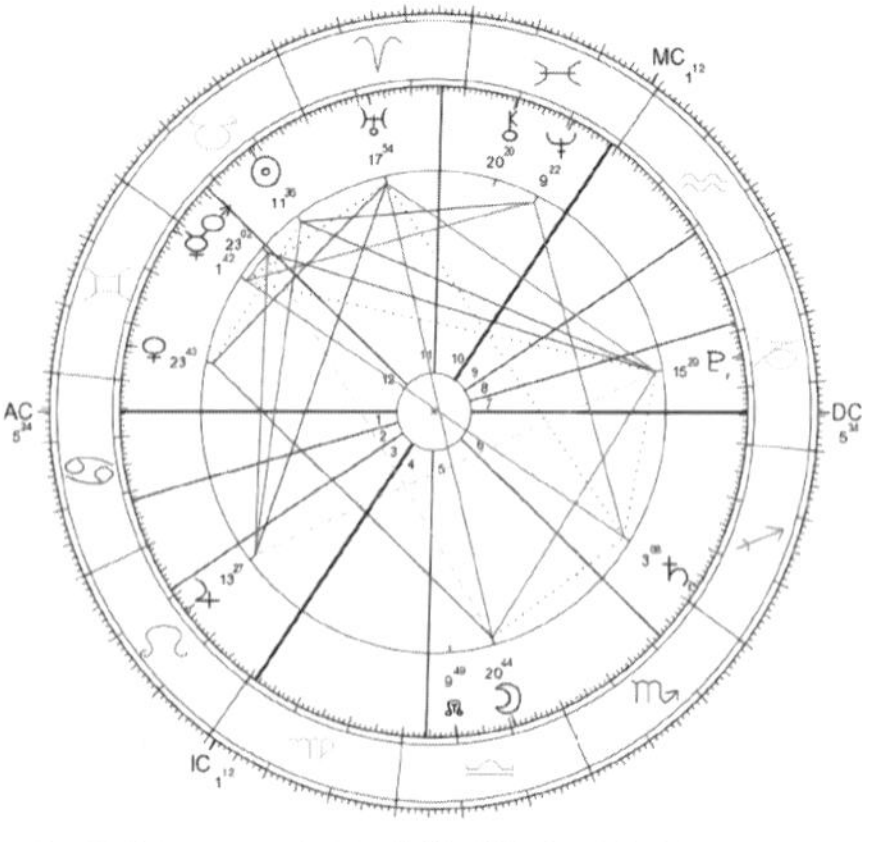

▲上の図がホロスコープ。円の外側に牡羊座から魚座までのサインが反時計回りに配置され、また、円は1ハウスから12ハウスまで分割されている。10個の天体がこの天空を模した円内にマッピングされる。ちなみに、これはウィリアム王子とキャサリン妃とのあいだに生まれたシャーロット・エリザベス・ダイアナちゃんのホロスコープ。

個人の個性を考えます。天体が10個あるということは、10個全部あわせて一人の人間ができていると考えるとよいでしょう。人の体の中には複数の臓器があり、この臓器同士の協力によって生理的な機能が果たされているように、天体も複数で成り立っているのです。それぞれの天体は10分の1の役割を受け持つのですが、特定のテーマを考える時には、このテーマに沿った天体に注目することで個人の特徴が推理できます。ただしリーディングが難しいのは、どの惑星、天体も、他の天体との相対的な関係で成り立つので、独立的な作用というものがなく、一つのことを読むにも全部の天体との関連について解読しなくてはならないからなのです。

10個の天体

☽	月
☿	水星
♀	金星
☉	太陽
♂	火星
♃	木星
♄	土星
♅	天王星
♆	海王星
⯓	冥王星

※冥王星は ♇ と表記する場合もあります。

火星はスポーツマンでありウォリアーである

本書では、10個の天体のうち火星に着目します。火星は一言で言えば戦力のようなものです。人物像でいえば、それぞれの人の内側にあるスポーツマン、ないしはウォリアーです。

誰の中でも10個の惑星すべてが均等に働かなくてはならず、どれかが欠けていると、地面のへこんだところに水がたまるように、その欠けている天体作用に向かってプレッシャーがかかり、マイナス体験が増加します。もし、火星が物語るような性質を人生の中でうまく発揮できていない場合、その人はいじめにあったり、道を歩いている時に見ず知らずの人からさえ被害を受けたりするかもしれません。あるいは、競争に負けて落ち込んだり、貧困に苦しんだり、はたまた体温が上がらず免疫機能も弱まってガンにかかりやすくなったり、ちょっとしたショックにも耐え切れない心の弱い人になったりします。

占星術で使う10個の天体の中で必要のないものはありません。肺は必要がないとか、胃もあまり用がないと言うことなどできないように、どの惑星も必要で、これが悪い、よいというものは存在しません。同様に火星もまた必要とされる大事な天体なのです。

ミクロコスモスとマクロコスモス

太陽系は太陽を中心にその周りを惑星が回転しています。私たちが住んでいる地球の公転軌道のすぐ内側には金星があります。またすぐ外側には火星があります。私たち自身を地球とみなした時に、隣にあるのはこの金星と火星です。この位置関係から、内輪の小さな世界にとどまるには金星が、反対に地球よりももっと大きな世界へのチャレンジには火星が、それぞれ案内者として働くというふうにみなされます。

新しい教育法で有名なルドルフ・シュタイナーは、金星はミクロコスモスへの誘《いざな》い、火星はマクロコスモスへの誘いと説明しています。朝目覚めた時に、私たちは自分の身体と同化します。身体には感覚が備わっており、この感覚を通して、私たちは目覚めた後のこの世界を見たり、触れたり、味わったりします。シュタイナーの説明によると、この感覚を通して見ることのできる小さな世界、ミクロコスモスへと金星が誘導し、この中で水星が夢見、月が行動する役割であるとしています。ミクロコスモスの中で、さまざまな可能性を探索し、考えていくのは水星ですから、これをミクロ世界においての夢見とみなしたのです。

昼の活動が終わり、夜、疲れ果てた私たちは眠りにつきます。ここで私たちの実体は身体から離れてゆくと考えられています。身体と感覚は結びついていますから、身体から離れるにつれて感覚も働かなくなり、これまで見ていた小さな世界、ミクロコスモスを見たり触ったりすることができなくなります。火星は地球の外、すなわち身体から外の大きな宇宙へと誘います。これがマクロコスモス、人間個体を超えた世界への旅の始まりです。そしてこのマクロコスモスでの夢見が木星、そこでの行動が土星だと解釈されています。

身体を持ち、感覚を通じて認識する、この世界をミクロコスモスと言うのですが、私たちは感覚を通してのみ考えたり、感じたり、思ったりするので、火星を通じて飛び出していくマクロコスモスについては、それを感じることも、意識することもできません。実際は、それを夢の中で見たりしていると思うのですが、身体感覚を通してのみ個人の知能が働くという意味では、個人は、個人を超えた世界をそのまま直接リアルに感じたり、考えたりできにくいということになるのです。その結果として、マクロコスモスをダイレクトに感じ取るのではなく、それを一個人を超えてはいるがもっと身近なもの、つまり集団社会へと投影します。火星は個人の範囲よりも大きな社会へと人を向かわせ、その中で可能性を夢見るのは木星であり、そして立場を作り、行動するのは土星だということになるのです。

直接感じ取れないマクロコスモスへの挑戦が火星、木星、土星だけでは範囲が狭すぎるということもあり、今日では、土星よりも外側の惑星も占星術で用い、天王星、海王星、冥王星の三つも考慮にいれます。これを火星、木星、土星と重ねてみると、マクロコスモスへのジャンプ作用は、火星と天王星。夢見は木星と海王星。行動は土星と冥王星が重ねられていると考えてもいいでしょう。特にマクロコスモスの社会に対する投影としては火星、木星、土星が、本当のマクロコスモスには天王星、海王星、冥王星が対応していると考えるとより正確です。

火星と金星のバランス

地球、すなわち私たち自身を取り囲んでいる火星と金星は、ともに同程度の比率で働くのが理想的です。「現実的な」とか、「現実の」という時、それはたいていの場合、「目前の」、「身近な」、「あまり遠いものではないもの」ということを指しています。となると、内輪の金星、水星、月などが、より物質的な生活に根ざした現実的なものというふうにとらえることもできるでしょう。火星は世界を広げる役割ですが、「一個人を超えた範囲への冒険なんかしないで、もっと身近なところで人生を楽しめばいいではないか」と考えるのならば、金星のほうが重要で、火星はあまり必要がないと言えます。

火星は、もっと大きな世界に向かおうとしますから、必然的にどうしてもリスクやトラブルなども増えてきます。平和でつつましい世界に生きていればいいし、それで何の不満もないではないかと考える人は多いと思うのですが、実は私たちの人生には平行線というのがなく、拡大するか、それとも萎縮してだんだん低下するかの、二つの方向しかありません。つまりミクロコスモスとしての金星、水星、月にだけ生きていると、日々、世界が小さくなっていくという結果が待っています。現代では、清潔な環境を作ったあげくに、多くの人が菌に対する耐久力を失い、自己免疫疾患が激増しています。ちょっとした雑菌にさえ撃退されてしまい、除菌をすればするほど、さらに完璧な除菌へと行動がエスカレートしてゆき、結局は、外の空気を吸うだけで病気になってしまうような耐性のない人も出てくるかもしれません。

金星が身近でささやかな世界に安住しようとすることに対して、火星は多少リスクがあり、苦しくても、外に拡大し、それでやっと、金星と火星の間に挟まれた地球生活の平均性が保たれていると考えるのです。火星があらわす、より大きなところへのチャレンジということを忘れてしまうと、人生はしだいに硬直し、弱気になり、どんな新しいことも認めない保守的な方向へと停滞していくことははっきりしています。実はそれはとても怖いことなのです。

熱中し、やり過ぎてしまうこともある火星

このように火星は人生にとって欠かせない役割を持っている天体ですが、古典的な占星術では、この火星はマレフィックと言ってあまりよくない作用をあらわしていると誤解されていました。どうしていままで火星が悪く言われていたのかというと、それは地球から見て、火星は非常に不安定な動き方をするからです。

占星術はもともと地球から宇宙を見るという「天動説」的な見方をしています。火星が公転する時に、地球はすぐ隣にあるために、そして地球のほうが公転速度が速いために、火星の動きに見かけ上の逆戻り現象が起きることがあります。この見かけの逆行は、火星の動きをひどく無秩序な、気まぐれなものに見せます。急に気分が変わって怒り始めるような感じの天体に見えるのです。火星は2年の公転周期を持っていますから、12サインの一つは、平均2ヶ月で移動するはずなのですが、信じられないことに、たとえば牡牛座にずっと半年以上とどまっている場合もあります。そのしわ寄せで、ほかのサインでの滞在

時間が異例に短くなったりするのです。

火星はマクロコスモスへの挑戦であり、これまでの世界を広げてしまうという点では、火星が長い間牡牛座にとどまると、牡牛座の意味する持ち物やお金といったものに過剰な拡張効果が発揮されてしまいます。すると、買い物にはまって抜けられなくなったり、あげくには財産を失ってしまう人だって出てきます。つまり、いつもなら2ヵ月程度（火星の一つのサインでの平均的滞在期間）、ちょっとやりすぎの時があるが、ほかとの折り合いがあるので、ほどほどでやめてしまう。ところが、ある年に限っては、半年からそれ以上の間、牡牛座でエネルギーを使いすぎてしまい、その結果、ほかのサインはすばやく通り過ぎることになる、つまりほかのことには手薄になってしまうのです。いろいろなことを放り出して買い物にだけ走っている人を想像してください。火星は熱中し、ついやりすぎて、ほどほどというものがなくなることがあるのです。火星のいたずら作用と考えてもいいかもしれません。

金星が登場してくれたら、小さな世界を守ろうと無理なことをやめさせようとしますが、そんなブレーキもかからないと、一つのサインに対してのアンバランスな掘り下げが起きてしまうのです。一つのサインを掘り下げすぎることは、他のサインへの手抜きをもたらします。たとえば掃除をしないで買い物しすぎる人がどうなるか、ということです。

この見かけの逆行は、地球を宇宙の中心とするという視点から生じます。これまでの占星術は地球中心主義、すなわちジオセントリックの占星術なので、天動説です。つまり個人が自分を中心にして、世界のすべては自分を軸にして動いていると考えた時に、火星は意地悪な、なかなかコントロールしにくい作用を発揮するのです。すっぽりとどこかにはまって、抜け出せなくなるイメージです。それに逆行というのは、気の迷いや誤解、妄想などを作り出す元凶です。現実は逆行などしていないのに、個人の閉鎖的な視点をもとに生きていると、個人は自分の思惑の中に閉じ込められ、ありもしない妄想を抱くことになるのです。これは「自分を中心に生きていると、そのような障害が数々出てくるよ」と警告しているようなものでもあります。

男性的な役割と考えられてきた火星

火星は攻撃的天体ですが、同時に体温を上げて免疫力を上昇させ、身体を健康にします。いわば火星は心身の防衛力を高めると考えてもいいのです。または、新陳代謝を高めて基礎代謝を上げていくような作用です。もしこのような作用がうまく生かされないと、人生は向上していきませんから、火星を上手に利用することは重要なのです。この火星の力の生かし方は、人それぞれ生まれた時に火星がどこにあるのかを参考にして見つけます。ある人は運動をする。ある人は買い物をする。ある人は掃除をする。ある人は人と議論する。

人さまざまで、みなが同じことをする必要などありません。むしろ同じことをすると逆効果であることも多くあります。

これまで、火星はもっぱら男性的な役割の惑星だと思われていました。火星は勇気を持ち、無理なことをしてまで頑張ったり、戦ったりするという作用だったからです。でも、火星は免疫力をあげて、その人の生きる世界を拡大していく役割ですから、女性においてもこの火星の作用を発揮しないと、どんどん不健康になります。今日では、女性でも火星を思い切り活用することが要求されています。とくに社会進出などを考えるとどうしても必要となります。

火星が男性に関係している一方、女性はおもに金星に関係していると考えられており、古典的な占星術では、火星と金星を男女関係を考える時にしばしば活用していました。

地球が私たちの生活の場と考えた時に、地球の公転軌道の内側にある金星と外側にある火星は、地球で出会い、互いの影響を交流させます。地球上での異性の出会いに、この火星と金星の交流が託されていると考えてもいいのです。先に書いたように、金星は外で冒険せず、内輪な静かな生活の中で満足を得ようとします。大それたことを考えず、身近なところで満たされようとするのです。そういったミクロコスモスへの安住が金星の役割ですが、月はさらにそれに輪をかけて世界を狭くします。というのも月は惑星ではなく、惑星の周りを回る衛星ですから、その特定の惑星だけを重視するので、それ以外の惑星が見えてきません。つまり自分の生活だけが見えていて、他の人のことはまったくわからないのです。金星はたくさんの惑星の中において小さな世界へと向かわせますが、月はさらに視界を狭めて、地球以外を見えなくさせるのです。

火星はいつも外へとチャレンジしますから、男女の役割分担としては、金星が私生活を、火星が社会生活を受け持って、互いに協力しあうというふうにも考えられていました。内と外がうまく同調しないと、私たちは個人と大きな世界とのマッチングが取れなくなり、ちぐはぐな社会生活、私生活をするはめになるからです。

でも、惑星の作用を相手に託すと、たいていの場合、自分自身の思い通りにならないので、実際には、火星も金星も一人の人が自分で発揮するほうがより自然で、健全な可能性を発見することができるでしょう。

火星の力を活用している人は冷静沈着な人

この一人の人が金星も火星も発揮することの重要性は、もっと大きな意味も含んでいます。占星術では、10個の惑星全部をあわせて一人の人間を構成していると考えます。未熟な人間というのは、これらの惑星が意味する作用を全部、自分の外に、環境に投げ出して生きている人です。成長するとは、その一つ一つを取り戻して自分のものとする。そして依存しない、人のせいにしないという人生を作り出していくということです。

　火星を取り戻しておらず、外界に依存している人は、この火星のような作用に対してまったくコントロールできない状況に陥ります。まず、人から迷惑をかけられやすいのです。また、コントロールがきかないということでは、戦い慣れている人は緊急時でも冷静になることができますが、慣れていない人は興奮して行き過ぎたことをしてしまいます。たとえば公道で車やバイクのスピード違反する人は、スピードを出す体験が少ないからです。レーサーならば日々スピードを出して走っていますから、公道で違反することなどありえないでしょう。鳩は戦い慣れていないので、一度戦いを始めると相手を殺すまでやめられなくなると言われています。でも、プロレスラーなら必要がない時にはぴたっと戦いは止められます。レスラーに興奮しすぎて制御できなくなる人なんているはずがありません。なにせ毎日戦っているので、戦いに食傷しています。

　つまり火星を自分で発揮し、活用している人は、いつでも冷静になれて、自分の意志をコントロールできるようになり、加減もできて、そして外から迷惑をかけられることがない人だというわけです。

　占星術の教科書に、火星がケンカや不和をあらわすと書かれていることがありますが、これは「火星を使い慣れていない、火星を影にしている」人が書いた内容です。もし自分ならそうなってしまうのだとカミングアウトしているだけなのです。

「ちょっと無理、ちょっと苦しい」ことへの挑戦

さて火星を生活の中でうまく使うと、健康で基礎代謝も高くなり、免疫力も高まり、元気な生活ができるのですが、火星の特徴の一つは、それを常時発揮する必要がないということです。

これはエンジンで言えばターボ装置のようなものです。たとえば、ランニングをしている人はよく知っていると思いますが、その人の心拍数の限界値というものがあり、この限界値を越えて走ると、身体に乳酸がたまってしまい、それ以上走ることが困難になってきます。この場合、もっと速く走れるようになる練習としてインターバル走というものがあり、短い距離を息ができないほど速く走り、その後止まるか、あるいはゆっくりと走ります。そしてまた息ができないほど速く走る。これを繰り返すと、いつのまにか限界値が上がり、いつもよりももっと楽にリラックスして走ることができるようになります。

これと同じで、火星は、たとえば1週間のうち数時間など、短い時間汗をかくような感じで発揮すればいいのです。いわば、多くの人が1週間に2~3回ジムにいくような感覚で発揮すればいいことになります。

1週間のうち12時間運動をする人をアスリートというそうですが、一般人であれば、1週間のうち3時間でも十分ではないでしょうか。ここではスポーツの話を例にしました

が、言いたかったのは火星の話です。「いつもと比較すると、ちょっと苦しい。ちょっと無理」というのが大切です。いつもと同じようなことを続けていては、生体はしだいに停滞してしまいます。時々、「いつもよりはちょっと無理、ちょっと苦しい」ということをしてゆくことで、現状維持、あるいは少し向上するという生き方が望めるのです。

仕事に関しても、今の自分にはこれは少しぱかり無理なのではないかということを続けてゆく必要があります。そのことで成長します。仕事をちゃんとできる人というのは、たいへんな経験をたくさん体験しています。「こんなこと、自分には無理だ」ということにたくさん挑戦しています。そうやって能力が伸びていくのです。なにもしない人がスムーズに満足できる人生を手に入れることはありません。

火星の正しい使い方を知る

占星術では、12サインというものがあり、これはおもに性格をあらわしています。火星がどこのサインにあるかで、あなたが何に熱を帯びて頑張るといいのかがわかります。また、生まれた時間がわかると、12ハウスというものが使えます。これは場所性をあらわしており、どこのハウスに火星があるかで、その人がどういう場で集中的に意欲を燃やすといいのかがわかります。

次に、惑星と惑星がつくり出す角度のことをアスペクトと言いますが、ここからそれぞれ異なる役割を持つ惑星がどう交流するかを考えます。火星とほかの天体のアスペクトで、その人の火星の使い方のパターンがわかるのです。

本書では、それぞれの人の生まれた時の天体図、すなわちホロスコープをインターネットのサイトなどで計算します。すると火星のアスペクトに関しても、非常に正確に計算されますから、このアスペクトについて詳しく見ていくことができます。そこで本書ではこのアスペクトについても詳細に説明しています。たとえば、エネルギーを使いきると、さらに底力が発揮されるタイプの人がいます。これは冥王星と火星のアスペクトのある人です。しかし、このアスペクトがない人は、限界を大幅に越えて無理なことをすると、ただ疲れるだけでなく、トラウマにもなります。それどころかケガをしたりもするでしょう。その人の火星の正しい使い方を、アスペクトから考えてみることが大事なゆえんです。

12のサイン

♈	牡羊座
♉	牡牛座
♊	双子座
♋	蟹座
♌	獅子座
♍	乙女座
♎	天秤座
♏	蠍座
♐	射手座
♑	山羊座
♒	水瓶座
♓	魚座

Chapter 2

♂ 火星を鍛える

火星のサインとハウスでわかること

火星がどのサインに位置し、
どのハウスにあるかがわかると
あなたの火星の力の鍛え方が見えてくる。

自分の火星をうまく発揮するために

火星とは、熱を帯びて興奮し、活気を与える作用です。これは誰に対しても共通して刺激する作用と、人によっては刺激とならない作用があります。その人の特性を考えることで、それぞれの人が火星をうまく発揮できます。自分に向いていないものに、一般論をもとに取り組んでしまうと、むしろ、ますますトラウマになることもあるでしょう。

あなたが生まれた時に火星はどこのサインにあるのかを知り、それにもとづいて検証してみましょう。そのためにはまず、インターネットなどであなたのホロスコープを作成してください。代表的なホロスコープ作成サイトであるアストロディーンストの利用のしかたを、次ページからくわしく紹介していますので、これを参考にホロスコープを作成してみましょう。

また、誕生日だけでなく、生まれた時間がわかっていれば、火星がどのハウスに入っているかもわかりますので、より詳細な検証ができます。このハウスについても説明しています。

ただし、生まれ時間がわからない人は、ハウスの位置がわかりませんので、サインの総論だけを読むようにしましょう。

アストロディーンストでホロスコープを作る

STEP 1

アストロディーンストにアクセス

プロも使用する、信頼性の高いサイトがアストロディーンスト。以前は英語版だけでしたが、いまは日本語版もあるので安心。まずは、アクセス。URL は下記の通り。
http://www.astro.com/horoscope/ja

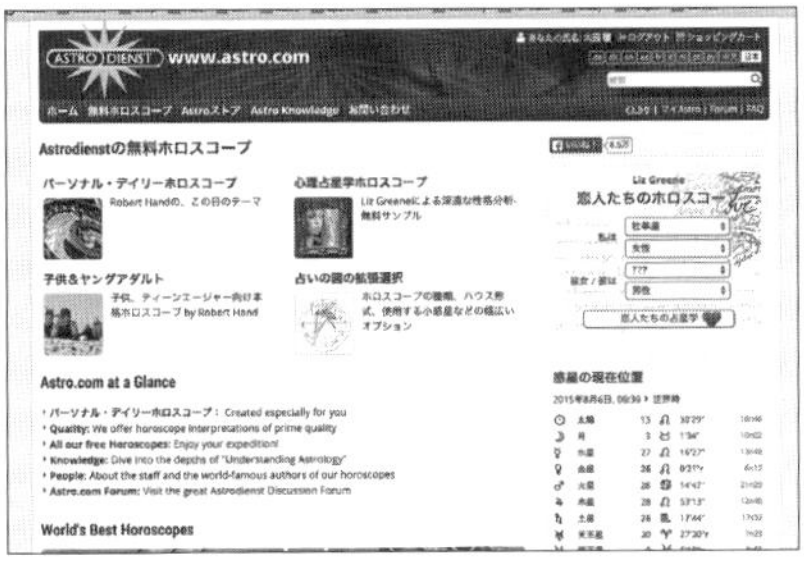

STEP 2

ユーザー登録をする

ページ右上の「ログイン」をクリックすると下の画面に移動するので、画面下のほうの「登録ユーザープロフィールを作成する」をクリック。

STEP 3

登録データを入力する

「マイ Astro> 登録データ」というページに移動するので、ここで、Email アドレスなど、必要事項を入力して「OK」をクリック。「マイ Astro: ユーザープロフィールの概要」というページに移動するので、ここで「新しい Astro データを追加する」をクリック。

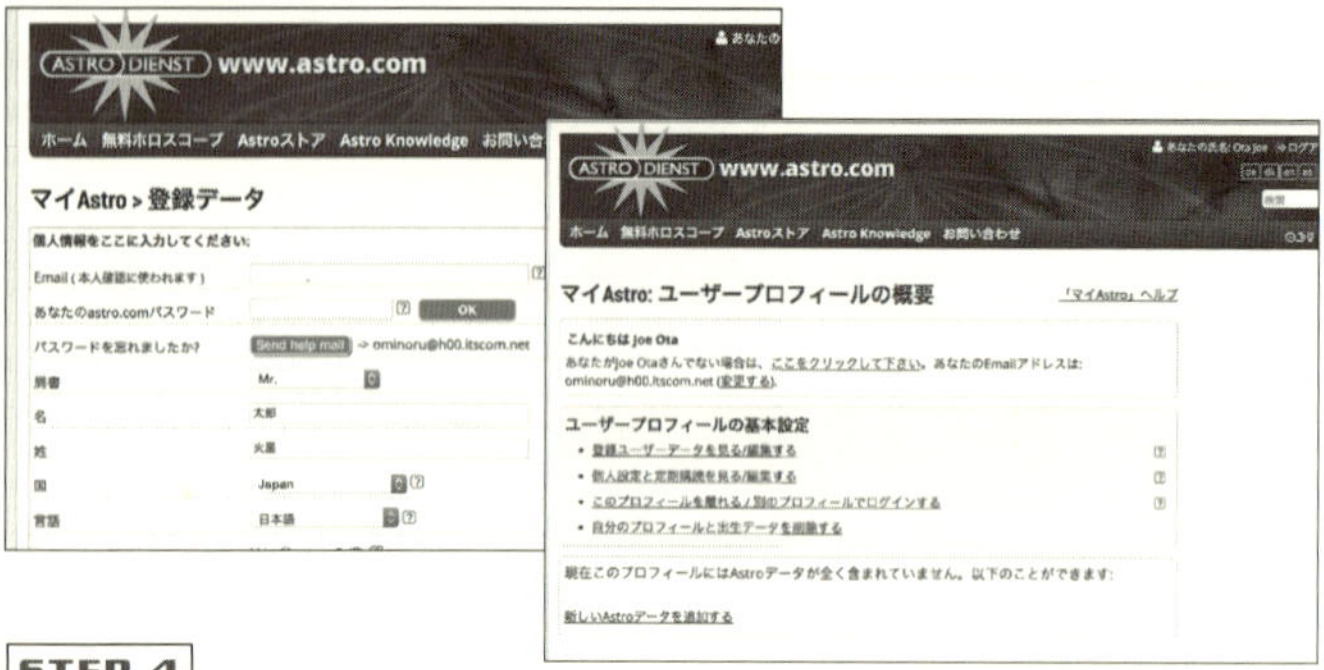

STEP 4

出生データを入力する

次に、「出生データの入力」のページで、誕生年月日時間などのデータを入力。出生地は、都市名を半角英字で入力すると選択候補が表示されます。たとえば「sendai」と入力すると、下のように二つの候補が出てきます。この場合、緯度経度から目的の都市を判断、選択します。宮城県の「仙台」なら、仙台市の緯度と経度の「38n15, 140e53」（北緯 38 度 15 分・東経 140 度 53 分）のほうの「sendai」を選択します。ちなみにもう一つの「sendai」は緯度と経度から、鹿児島県の薩摩川内市ということがわかります。日本の主要都市が網羅されていますが、小さな町は選択肢に現れないので、直近の都市を選ぶようにするとよいでしょう。誕生時間は誤差 5 分程度が理想的です。生まれた時間がわからない人は、仮に午前 6 時 00 分としておきましょう。「続ける」を押すとデータが保存されます。

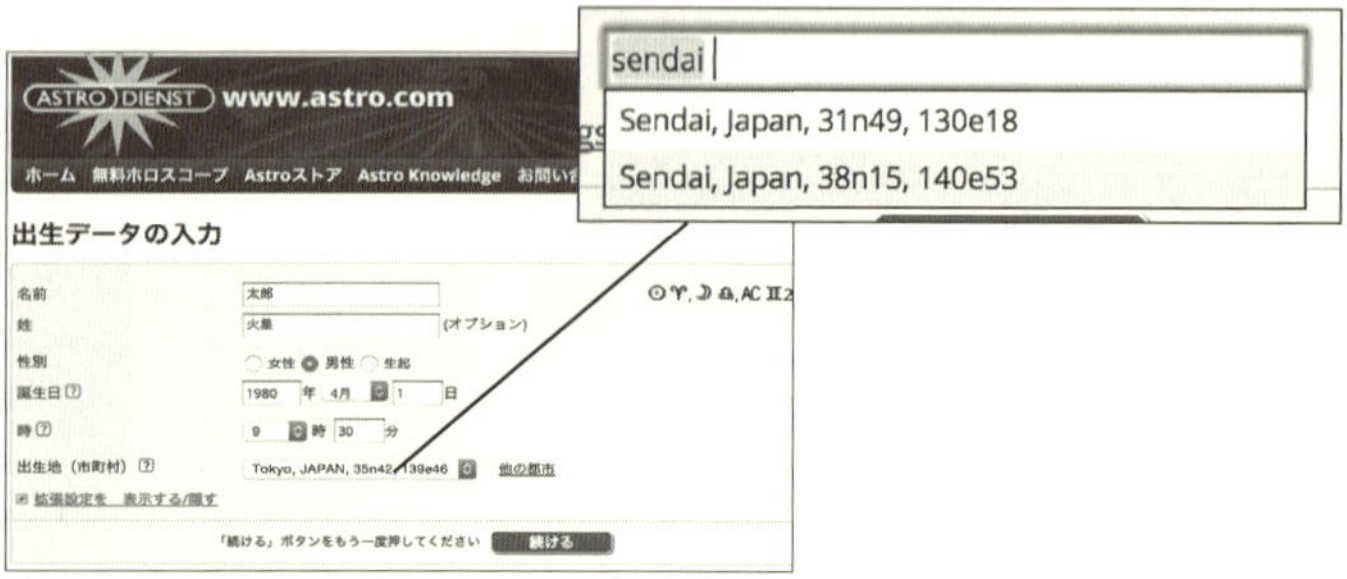

STEP 5

ホロスコープを表示させる

ホロスコープを作成するには、「無料ホロスコープ」のメニューをクリックして表示されるプルダウンメニューで「出生図、上昇点（アセンダント）」を選択します。すると、先ほど登録した出生データがホロスコープに自動的に変換されて表示されます。

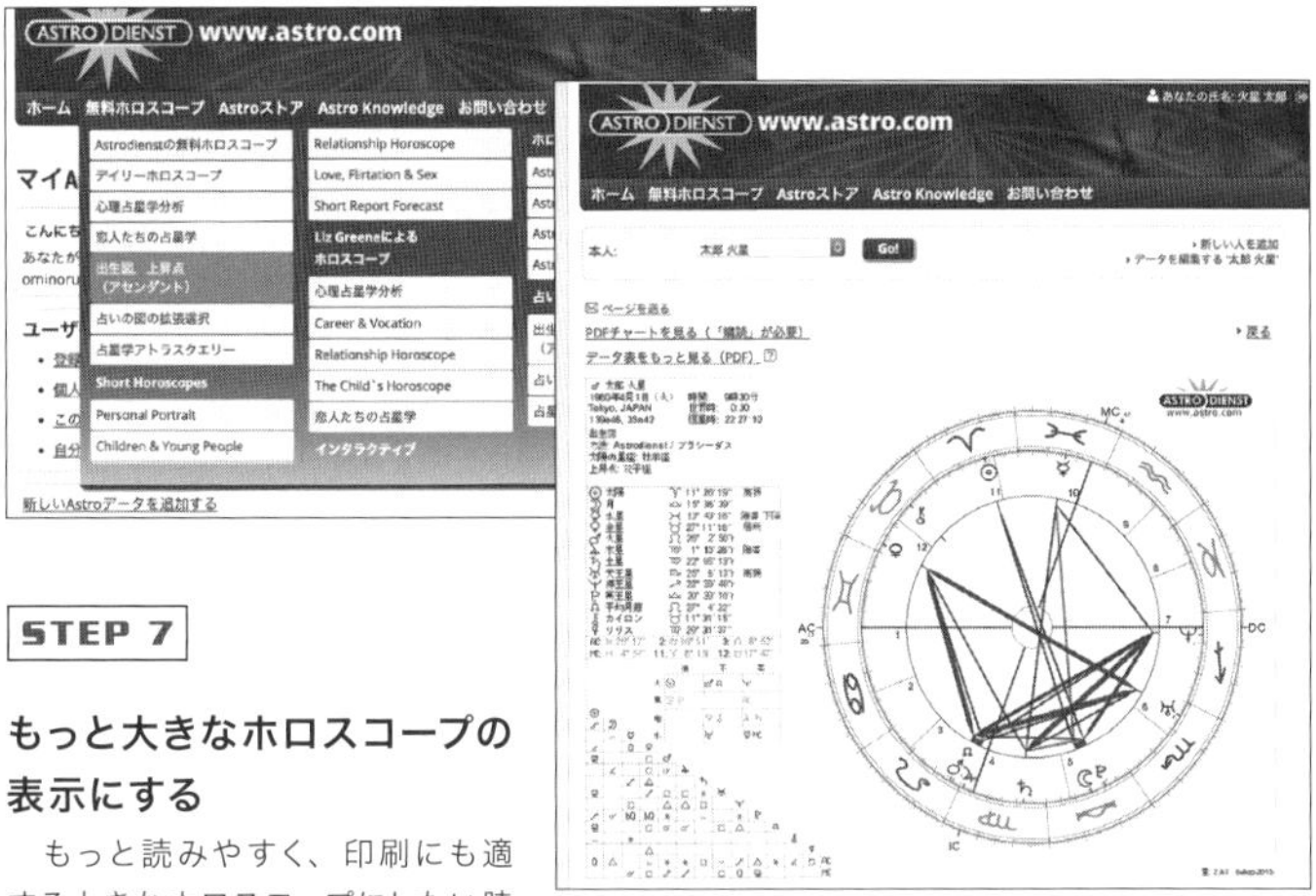

STEP 7

もっと大きなホロスコープの表示にする

もっと読みやすく、印刷にも適する大きなホロスコープにしたい時は、無料ホロスコープのメニューの「占いの図の拡張選択」を選びます。移動したページで、「ご希望のチャートを選択してください」の選択肢から「出生図」を選び、「クリックしてチャートを表示」をクリック。すると大きなホロスコープが表示されます。ブラウザの印刷機能を使ってプリントアウトしておきましょう。

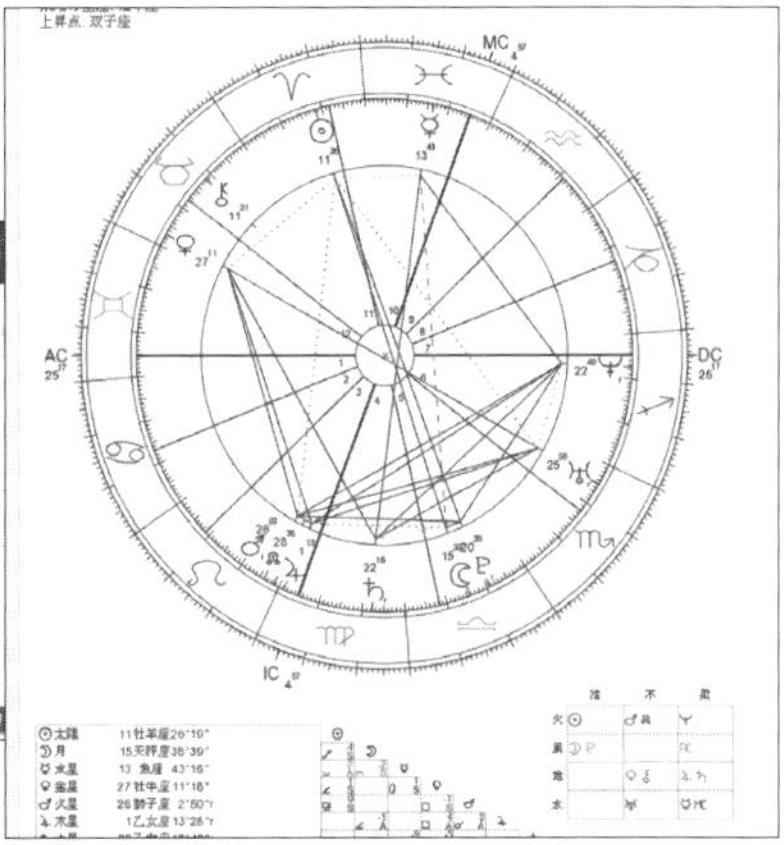

STEP 8

ホロスコープから情報を読む

では、火星占星術講座を利用するのに必要な情報を、ホロスコープから読んでいきましょう。まず、ホロスコープの仕組みを学びます。

ハウス　ホロスコープの円盤は、12 に分割されています。1～12 までの数字で示されるこの分割された部分をハウス（室）と言います。たとえば、4の番号の振られたハウスは 4 ハウス、あるいは 4 室と言います。なお、生まれた時間がわからない場合は、ハウスが何ハウスかを正確に知ることができません。

サイン　ハウスと同様に、ホロスコープの円盤は牡羊座から魚座までの 12 に分割されます。この星座のことをサインと呼びます。サインの 12 分割の位置は誕生年月日によって変わります。

火星の入っているサインを知る　chapter1 で、各惑星とサインのシンボルを紹介しましたが、このページでも一覧を掲載しておきます。火星のシンボルは、♂です。ホロスコープの中で、この♂が位置しているところのサインが何かを見つけましょう。左ページのサンプルのホロスコープを見てみましょう。♂ はどのサインの中にいるでしょうか。♏ のシンボルのところにあります。♏ は蠍座のシンボルですから、この場合は火星の位置するサインは蠍座だということになります。同様に、もし火星が位置するところのシンボルが ♋ だったら、火星のサインは蟹座ということになります。そんなふうにして、自分の火星の位置するサインを知ります。

♈	牡羊座
♉	牡牛座
♊	双子座
♋	蟹座
♌	獅子座
♍	乙女座
♎	天秤座
♏	蠍座
♐	射手座
♑	山羊座
♒	水瓶座
♓	魚座

☽	月
☿	水星
♀	金星
☉	太陽
♂	火星
♃	木星
♄	土星
♅	天王星
♆	海王星
♇	冥王星

※冥王星は ♇ と表記する場合もあります。

火星の入っているハウスを知る　左のホロスコープの円盤の中心近くに、1～12 までの番号が振ってあります。これがハウスの番号です。どのホロスコープでも、基本的にハウスの位置は同じです。このホロスコープの場合、♂ は 12 という番号のハウスに入っていますので、火星は 12 ハウスに位置するということになります。簡単ですね。

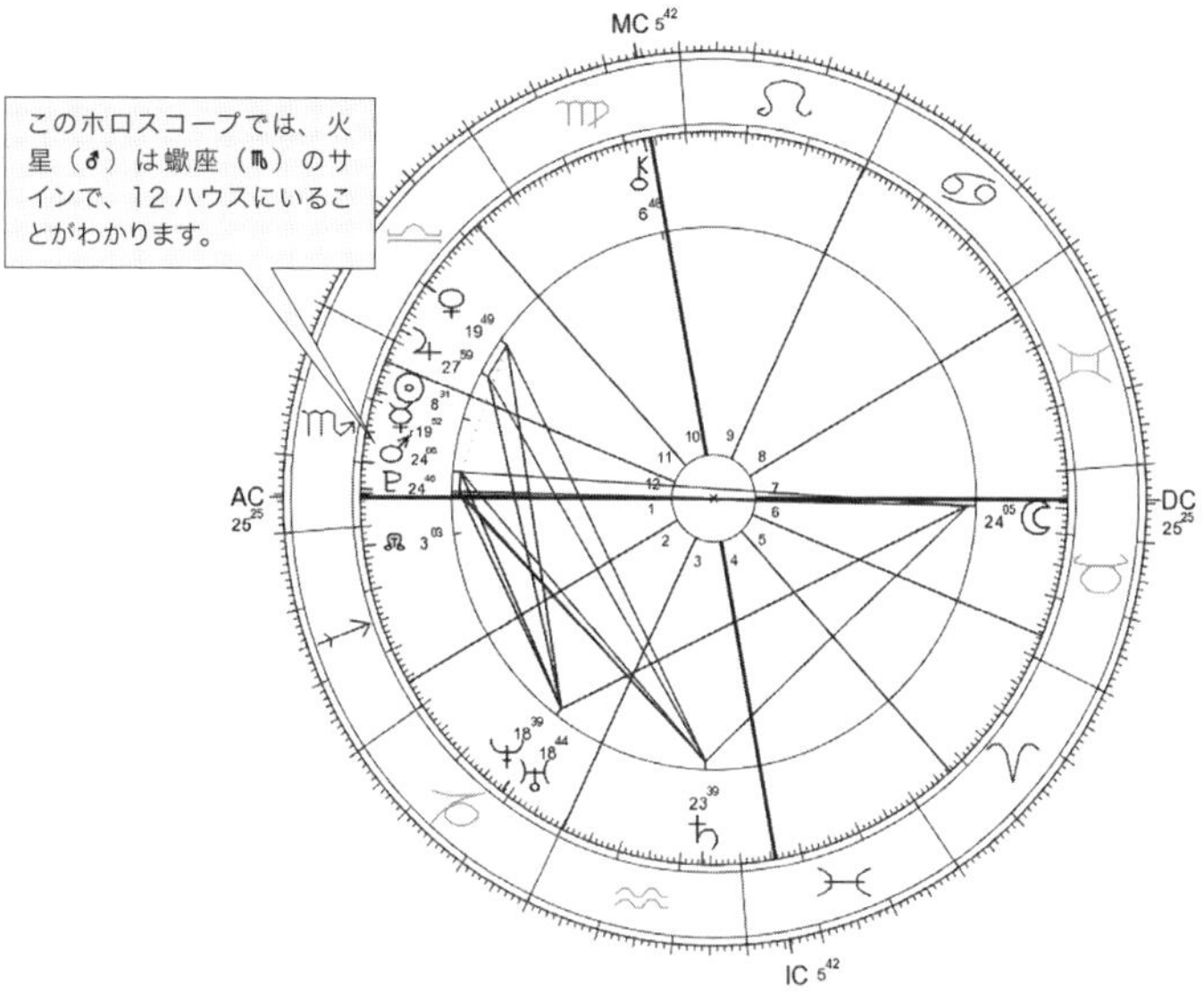

火星とほかの惑星のアスペクトを知る　chapter3で、火星とほかの天体とのアスペクト（天体間の角度）の情報が必要になりますので、ここで学んでおきましょう。アストロディーンストのホロスコープでは、60・120度のアスペクトは青色の線で、45・90・180度のアスペクトは赤色の線で表示されるのでわかりやすいと思います。ちなみに点線は150度のアスペクトです。上のホロスコープの場合、ちょっと見づらいですが、火星（♂）にはたくさんのアスペクトが生じていることがわかります。一つずつ見ていくと、月（☽）とは180度、土星（♄）とは90度、海王星（♆）・天王星（♅）とは60度、冥王星（♇）とは0度（合やコンジャンクションとも言います）になっていることがわかります。判別しづらい時はホロスコープの下に掲載されている左のようなアスペクト表を参考にするとよいでしょう。

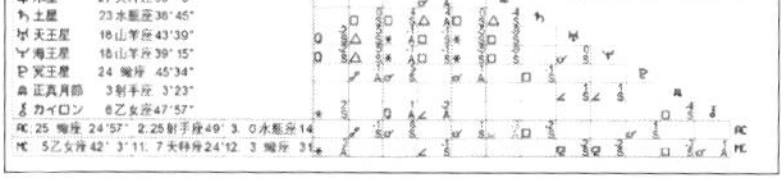

STEP 9

Chapter 2 で必要な情報を準備して解説を読む

Chapter 2 の解説を利用するために必要な情報は、火星の位置するサインと、火星の位置するハウスです。STEP8 で、サインとハウスの見つけ方を説明しましたので、作成した自分のホロスコープから、自分の（あるいは占いたい相手の）火星のサインとハウスを探し出しましょう。

火星のサインとハウスがわかったなら、「火星のサインとハウスから火星の鍛え方を知る」の解説ページから、そのサインとハウスに該当するものを読みましょう。

解説の読み方　解説は、まず大きなサインごとに 12 セクションに分かれています。その一つのセクションの中は、二通りの解説にわかれています。

●総論 (General Information)　そのサインに火星がある場合、火星はどのような振る舞いをし、どのようにすれば活性化されるかを詳説しています。なお、生まれた時間がわからず、火星が何ハウスにあるのかがわからない人はこの総論だけを読みましょう。

●ハウスごとの解説 (Information on houses)　生まれ時間がわかっているので、正確なホロスコープを作ることができた人は、総論とともにこちらも読みましょう。たとえば、火星のサインが蟹座で、4 ハウスに位置する人は、蟹座のセクションの「4 ハウスの火星」の解説を読みましょう。

●カスプに注意 !!　ハウスの始まり（カスプ／cusp）のサインが火星のサインと異なることがあります。解説はそのサインの違いにも着目して書かれていますので、ホロスコープをよく見ておきましょう。下で、前ページのホロスコープの場合を例にあげて説明します。

このホロスコープでは、火星のサインは蠍座にあります。ハウスは 12 ハウスです。ハウスの始まりをカスプ（ハウスとハウスの境界）と言いますが、12 ハウスのカスプは蠍座にあります。この場合、蠍座のセクションの「12 ハウスの火星」の解説文の前半を読むとよいでしょう。もしも、このカスプが天秤座にあったなら、蠍座の「12 ハウスの火星」の「ハウスの始まりが天秤座で……」から始まる解説文を読むとよいでしょう。

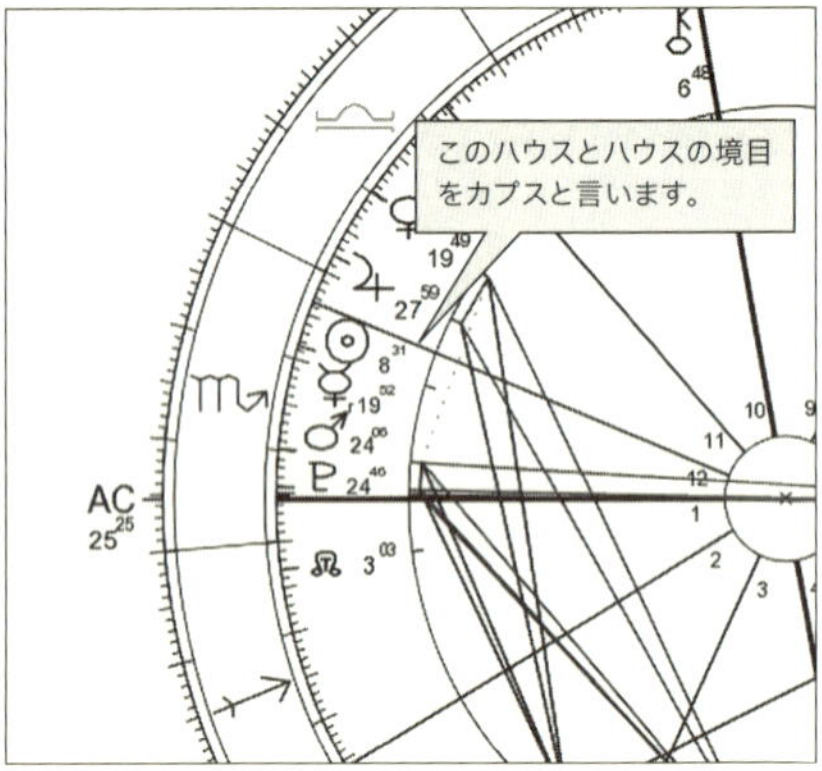
このハウスとハウスの境目をカプスと言います。
AC
25

火星のサインとハウスから火星の鍛え方を知る

牡羊座

General remarks

牡羊座は火星に一番縁のあるサインです。そのため、このサインに火星があると、火星はまさに純粋な火星らしさを発揮します。

12サインは牡羊座から始まり、この始まりの部分を春分点と言います。一つのコスモスは陰陽に分割されることで、運動が始まります。春分点は、いまから陰陽分割しようという段階で、いままさに環境の中に生まれてきたという状態なので、この牡羊座は、陰陽分割以前の中和の性質にかなり近いと言えます。実際、春分点を太陽が通過する時期は、昼と夜の長さが同じになります。

陰陽がはっきりわかれていないというのは、男女にまだ分割されておらず、幼児のような状態だということです。分割に向かって進もうとする傾向を持ちつつも、本質的には陰陽両方の性質を持っています。牡羊座は、生まれてきて間もない子どもにたとえられますから、誕生後、人生のどこかの段階でこの分割が行われると考えてもいいかもしれません。

牡羊座の活動性は抽象的な性質が強いのですが、それは霊的存在としての人間がまだ肉体の中にちゃんと入っておらず、宇宙と地上の中間にいるような状態だからです。肉体にちゃんと入るのは次の牡牛座からで、それまでは牡羊座は自分探しをして、ずっと中空をさまよっています。何をしてもこれだと決まることはなく、さまざまなことにチャレンジする。また途中でやめてしまうこともありますが、とても忙しい動きをしてゆきます。

肉体感覚は牡牛座で定着しますが、牡羊座の段階ではまだ肉体に入りきっていないので、火星の作用が自分の身体や感覚にうまく適合できないケースも増加します。体がついて来ないくらい火星のスピードが速い人も多く、急に立ち上がって腰を壊したり、何かにぶつけて血だらけなのに気がついていなかったり。そういう人を見ると、肉体リズムと火星リズムをちゃんと合わせましょうと注意したくなります。

活動力と肉体がうまく合流していないということは、予測のつかないケガや事故を起こしやすいということでもあります。食事も急ぎすぎて、自分の舌や口内を噛んでしまったりする人もいます。自己が体にちゃんと入っていない間は、ともかくうっかりすると、体が取り残されて、おかしなことになりやすいのです。自分の持ち物なのに、まだ肉体はまるで他人のようなものなのです。

火星の作用がまだちゃんと身体に合っていないという点では、この牡羊座の火星はあまり世俗的でもないし、また前に住んでいた宇宙の記憶が無意識に残っているという点から直感的な理解力が鋭く、なんとなく世離れしている面があります。妥協もせず、損得を考えることもしないでしょう。

さて、この牡羊座は火の元素の活動サインという性質なので、他者に影響を受けて行動するという要素は少なく、自分一人で自発的に活動をスタートします。協調性はあまりありません。ですから、運動をするにしても、何かを試みるにしても、一人で勝手に始めてしまうのが理想的です。直感的に感じたことをそのまま行動に移しましょう。

実際には牡羊座の火星は、抽象的な哲学や形而上学のようなものに対するセンスのほうが発達していますが、スポーツなど運動をするのに適していないということではありません。ただし、運動するには、先に書いたように、火星の速度と肉体の速度を合わせなくてはなりません。そうでないと、体がついていきません。

♈

もともと、火のサインはスポーツに適しています。火のサインには牡羊座、獅子座、射手座の三つがありますが、獅子座は固定サインとして、見せるもの、いつも同じスタイルを続けることをあらわしているので、演技的な競技に適していると言えます。射手座は柔軟サインですので、その場その場で変化する対戦ゲームなどに適しています。それらに比較して、牡羊座は一人でするスポーツ、人に合わせる必要のないものという点で、一人でランニングしたり、また登山したりするということが適しているでしょう。

牡羊座は次の牡牛座に移行した時に肉体に接触しますが、牡牛座の始まりは頭のてっぺん、イメージとしては山の頂点です。そのため、牡羊座は、まだこの山の頂点に降りてきていない段階ということになります。その点では、登山にしても、〝より上空にいる〟というイメージのものがよく、そのほうが火星の活力がチャージされやすいのです。高いところ。具体的な感覚にまだあまり触れていないもの。超越的なもの。高みにあるもの。そして無謀なチャレンジ、保証のないものなどに関係します。

自分探しをしているのが牡羊座ですから、探しものをしてあてもなくさまよったり、旅に出たりなども適合するイメージで、火星を元気にするのに適しています。

1ハウスの火星

【1ハウスの始まりが牡羊座で、そこに火星がある場合】

1ハウスは、個人の受肉をあらわしており、ほとんど意識的でない、つまり物心つく前の、生まれてきた瞬間の状況をあらわしています。そこで火星が働いているというのは、生まれて来ることを火星に関係した何かが援助したと考えます。受肉する時に、この受肉を火星が助けたということです。

この1ハウスの始まりが、何かを考えたり、何かを始めたり、朝起きたり、ともかくどんな小さなことでも、それが「始まる」時に再現されます。生まれてきた時に周囲にいた人、出生場所の近所の状況などを調べてみてください。それは生涯あなたの生存にとって助けになる火星イメージを作り出しています。

考える前に行動してしまう癖があり、火星はほとんどコントロールできていないでしょう。これはあなたが未熟だからでなく、あなたの意識が発生する前に、すでに火星が機能していたので、識域下で働く習慣がついてしまっているからです。

手つかずの天然な火星は、非常に直感的で、抽象的、哲学的です。何かを理解する時に具体的に説明されなくても、そのまま理解できる力があります。

火星はマクロコスモスへの挑戦ですので、いつも何か未知へのチャレンジをしようという意欲があり、思わず躊躇するようなことでも真っ先に実践しようとする傾向があります。それ自体は悪いことではありません。

この火星は、この地球生活、肉体生活の中にまだ入り込んではいないので、脳がその情報をすべて取り込むことはできず、それはいつまでも変わらないでしょう。

この火星の動きに、知性や頭脳がいかについていくかが重要です。

［1ハウスの始まりが魚座で、ハウスの途中から牡羊座になり、そこに火星がある場合］

表向き、あなたはおとなしく、行動的でもなく、1ハウスに火星がある人のように見えないでしょう。初めは茫漠とした霧の中で、何も判断せず、どこを見ているかわからないような状態だったのが、急に行動的、積極的な姿勢に変化します。注意力が拡散し、どこか一点に集中できない魚座の雲の中から、牡羊座の行動化が生じるのです。これは水から火が出てくるという意味です。

たくさんの可能性を吟味し、そこから一つ選んで、それを行動化する。誰かの意見や話に刺激を受けてではなく、無意識の広大な海の中から意志を取り出すので、それは純粋に創造的な意志に満たされています。そして前代未聞のことをすることも多く、それについて、他の人はいろいろと言うかもしれません。しかし、常識で何か言う人はあてにはなりません。というのも、あなたは、世間の中からではなく、いわば宇宙の中から意志を取り出したからです。この新しい意志を大切にしなくてはなりません。思いついたことは実行すべきでしょう。

この火星を磨くには、まだ誰も起きていないような早朝や、人のいない場所などで行動や運動をしてみるとよいでしょう。誰かと何かを一緒にするのは適していません。一人でしてください。しかも何も参考にしないほうがいいです。

2ハウスの火星

[2ハウスの始まりが牡羊座で、そこに火星がある場合]

所有物やモノに対する姿勢や収入などでは素早く行動します。火星は自分でテンションをあげて自発的に開拓するので、会社員として収入を得るのではなく、自力で商売したり、起業したりして、収入を得るのがよいでしょう。そういう商業的な活動をすることで、火星の活発さが開発されます。人生のメインテーマをあらわす天体は太陽なので、火星が2ハウスにあるからと言って、商売が人生のメインではない人はたくさんいます。そういう意味では、趣味とか副業でもかまいません。

♈

牡羊座の火星なので、人の真似でなく、自分でアイデアを考え出すのがよいでしょう。また活動サインらしくどんどん変転しますから、一つのことをじっと続けると逆にストレスになります。探索し、工夫し、試行錯誤するほうがよいのです。また無駄なエネルギーを使うことのほうが、実は火星のエンジンを働かせるきっかけになります。つまり、衝動買いや散財なども、むしろ意欲を刺激するのです。中には持ち金を全部なくすことでやる気が出る人もいます。

2ハウスは自分の身体の資質ということもあらわします。遺伝的に、運動能力などの面で何かを受けついでいることも多いでしょう。始めるきっかけは、ともかく自分の好きなことをすること。そこからたぐり寄せていくと、自分が受け継いだものがわかります。身体が答えを知っているので、素朴なものから始めるとよいでしょう。ほしいものを探して、歩き回るのもよいです。とくに、荒涼とした場所から、目的のものを探しだすのがよいです。

[2ハウスの始まりが魚座で、ハウスの途中から牡羊座になり、そこに火星がある場合]

魚座は何も考えずに、なんでも集めて来るサインです。つまり2ハウスが持ちもの、物質だとすると、たくさんのものが乱雑に集められた倉庫のようなものが、この魚座の2ハウスです。私たちは、いつもは視野の中心でものを見ていますが、視野の周辺にも膨大な情報が集められています。しかし、意識が中心に集中しているので、この周辺の視野が拾ってきたものには気がつきません。魚座というのはそういう周辺視野に似ています。この中から、牡羊座の火星という行動衝動を促す火が自発的に発生します。

しかし魚座の腹の中からはたくさんの種類のパターンの火星が引き出せるので、無数の可能性の中から自然発生的にさまざまな試みが始まるというふうに考えるとよいでしょう。これは商売、お金儲け、仕事に関係したことなど、自分から始める類のものです。その新しい思いつきをスムーズに行うには、考えずにただリラックスすることです。つまり魚座の意識に任せること。すると、自発的に何か新しいことを思いつきます。無意識の中から生まれてくるというのがキーワードなので、夢で見るのもよいです。

いずれにしても、牡羊座の火星については、借り物をどこかから持ってくるのがもっとも適していないことなので、深いリラックスの中で閃光のようにやってくるアイデアを重視するのがよいのです。無から有ということを、あなたのモットーにしましょう。もちろん収入、商売、仕事に関しての話です。

3ハウスの火星

[3ハウスの始まりが牡羊座で、そこに火星がある場合]

3ハウスは国内旅行など、身近な範囲での旅や散歩、または知的な探索などをあらわします。知性の幅を広げるために自分が知らないことに関心を抱き、頭脳活動を多彩にしていくことに3ハウスは関係しますから、そのような活動をしていくことで火星は元気になり、同時にあなたの活力も免疫力も上がります。

牡羊座と火星は、鉄、金属、機械などにも関係しますから、バイクや自動車などであちこち動き回ることを好む人も増えてきます。とはいえ、そもそも牡羊座は12サインでは初期の段階で、蟹座のように保護されている状態ではありません。そのために乗り物にしても、人体をすっぽり包む母の子宮のような自動車は好まず、むしろ身体がむき出しになってリスクの高いバイクなどがより適しているでしょう。

知的な書物を読んだり学習するなども3ハウスの意味です。しかし牡羊座の火星は始源的であり、書物を読むというより、野山を走り回るというイメージで見たほうがいいかもしれません。

自分を拡大し、狭いところに閉じ込めないこと。それを意識して探索してみましょう。

[3ハウスの始まりが魚座で、ハウスの途中から牡羊座になり、そこに火星がある場合]

3ハウスは知的な探索、個人の人格のマルチな方向への細分化された発展という成長プロセスを意味しています。ハウスの始まりが魚座の場合は、まずはこの成長への積極的な意志を持つよりも、さまざまな可能性の中から自然発生的に意志が生まれてくるのを待つというのが特徴です。

魚座は12サインの最後。牡羊座は12サインの始まりです。円回転の最後の段階は、エッセンスが集約して、その後、次の円回転の目的が決まります。つまりある段階においてのすべての総括が、そのあとの再出発の方向を決めるのです。終わりが始まりを作り出す。あるいは死んでいくものが次の新生を促すのです。その点では、古い、壊れかけた、あるいは壊れてしまいつつあるもの、廃墟、死んでいくもの、腐るもの、形がないもの、そういうものの中で、新しく生まれてくる力をあなたが作り出すことになります。

他の人が評価しているとか、世間で認められているとかを評価の基準にせず、あらゆる可能性の中から、あなたの本能的な興味が向かうものごとに好奇心を働かせましょう。旅行にしても、廃墟のようなところに行ってみると可能性が開きます。

古いものが大切なのではなく、古いものから新しく生まれてくることが重要です。スポーツにしても、すでに廃れたものを再生してみるのもいいです。

4ハウスの火星

[4ハウスの始まりが牡羊座で、そこに火星がある場合]

4ハウスの意味することにダイレクトに火星が働きます。4ハウスはリラックスして眠れる場所、個を捨ててより大きな意識に飲み込まれること、家、住む場所、あるいは死に場所などを意味します。毎夜眠るとは、夜に死に、朝に生まれるという意味です。また、落ち着く場所ならば、それがたとえ洞窟だとしても4ハウスです。そしてそこは個を捨てて、共有的な集団意識に飲み込まれる場所ですから、少数であれ家族的な関係が作られやすい場所です。ところが、牡羊座の火星はまるで未開人のように保護されておらず、荒れ果てているか、あるいはまだ何も作られていない荒野のようなものです。野宿するとか、風通しのよい場所でドアを開け放して眠るようなスタイルになりやすいと言えます。

また牡羊座は、火・活動のサインで、それは休みない探索や試行錯誤を意味するので、どこかにじっと定着することはありません。年に数回も引っ越をしてしまうような人もいるかもしれません。部屋の中は乱雑で、ちっとも整頓されていないかもしれません。それでもかまいません。他人のいうことを気にせず、こうした自分の自然体の姿勢を再確認しましょう。その時、あなたの火星は元気になります。

[4ハウスの始まりが魚座で、ハウスの途中から牡羊座になり、そこに火星がある場合]

魚座は12サインの終わりをあらわし、牡羊座は12サインの始まりをあらわしています。まずは何かが終わり、そして自動的に次のものがスタートするという意味になります。

4ハウスは家系なども意味します。魚座の段階で、家系というものが解体することも多いです。たとえば魚座の25度には「根絶やし」という意味があります。これは終焉というよりも、より大きなものに拡大するために、小さな枠がなくなることを示しているのです。ですから、否定的な意味を持っていません。範囲を拡大し、そこからまったく新しい家族的な関係がスタートするのです。

牡羊座は種まきをあらわしています。たとえば日本という範囲の家族が終わって、こんどはアジアというより大きな範囲での家族的な関係がスタートするなどというイメージも参考にしてみてください。より大きな範囲で、自分のリラックスできる場所、安住の場所を探索する。日本ではない場所に住むということも考えられます。こうした本当の意味での故郷探しをしてみるのもいいでしょう。どこが一番落ち着くか。中には樹の上に住む人だっている。可能性を限定しないで、無意識の中から湧き上がってくるものに敏感になり、自分の居場所を探索しましょう。

いずれにしても牡羊座は活動サインなので、これで終わりということがなく、永遠の模索となるでしょう。

5ハウスの火星

[5ハウスの始まりが牡羊座で、そこに火星がある場合]

5ハウスは遊戯、ゲーム、趣味、道楽などを意味しますから、この配置の場合、楽しいことを自分の発案から一人で勝手に始めてしまうことを意味します。また、起業などをすることもあります。創作という点では、自分で作曲したり、何かの作品を作ったりすることもあります。もともと5ハウスには子どもを産むという意味もありますから、それが代替的に人間でなく、作品であってもいいのです。牡羊座は始まりですから、流行しているものを真似して作るというのには適していません。たとえばラノヴェが流行しているから自分もラノヴェを書いてみたいというのは、まったく牡羊座的ではないのです。

また5ハウスは放出で、それは失う快感でもあります。持ってるお金をみんな使ってしまうというのも楽しいものです。一人で何か遊んでみましょう。そのことで火星は力強くなります。もちろんこれはスポーツでもいいです。登山なんかもよいでしょう。

[5ハウスの始まりが魚座で、ハウスの途中から牡羊座になり、そこに火星がある場合]

5ハウスの「遊び」は、魚座から始まります。でも、魚座は水のサインで受動的で、自分から何かを始めるという性質を持っていません。まずは受け入れたものたちの中から、牡羊座の火が自然発火するというようなスタイルになります。

魚座にとっては時間の制約がなく、古いものも新しいものも同じ価値を持っています。そのため、趣味や楽しみに、時代にそぐわない古いものを取り入れてもかまいません。それをすればするほど、牡羊座の新しいことを始めるというエネルギーが刺激されます。ずっと考えていてもアイデアがまったく出てこないのに、あきらめてボーッとリラックスした途端に新しいアイデアが出てくる。これが魚座から牡羊座の推移を示しています。力を抜くと、推進力が出るのです。

まずは、魚座からということを意識して、人からすすめられた趣味や楽しみなどを受け入れてみるのがいいでしょう。たとえば、面白いかどうかわからないけど、友だちに誘われて文楽を観に行った。すると、文楽のような伝統芸術に反発を感じて、そこから自分らしい趣味の追及が始まった。水から火というのは、そんなふうに反発力としての火が動くという意味です。静かな水面を叩いて波紋が生まれるようなイメージです。牡羊座の火星にスイッチを入れるには、まずは受動的に受け入れることから始まるのです。

6ハウスの火星

[6ハウスの始まりが牡羊座で、そこに火星がある場合]

6ハウスは、働くこと、奉仕すること、素直に従うこと、健康管理、訓練などを意味します。そのため、自発的に盛んに働くことを通して、自分の力を鍛えます。牡羊座はとくに女性的でも男性的でもないのですが、しかし行動的で、机の前にずっと座って仕事するよりは、体を動かし、力仕事もします。工場現場などもこの牡羊座の範囲にあります。
6ハウスは会社に勤めることとは限らず、自営のような自発的な仕事ということもあらわします。とくに牡羊座はまだ他人の言うことを聞くような段階ではないので、仕事を自分でするのがよいでしょう。その場合、注文、対応、伝票書き、掃除、企画などすべて自分でやってしまうほうが向いています。
また6ハウスは訓練も意味しますから、自分で運動能力を鍛える、ジムに行くなどということもあらわします。しかし、ジムはやはり室内。牡羊座は野外のほうがよいです。目標を自分で立てて、それを達成するように頑張るとよいでしょう。一人で仕事しても、勤勉で怠けず働くことができる。これが6ハウスの自己訓練というものです。

【6ハウスの始まりが魚座で、ハウスの途中から牡羊座になり、そこに火星がある場合】

魚座では、特定の分野というものがなくなり、雑多なものが混在した場のようなものになるので、働く職場は特定の業種で仕事の中身がはっきり決まっているようなものではありません。さまざまなことを境界を越えてしなくてはならないような職業です。こうした中で、自発的に行動し、必要なことを自分で見つけだし、率先して働くということになります。つまり分野も方向もあらかじめ何も決まっておらず、自分のアイデアで仕事をするのです。

魚座を、何をしてもいい広場、あらゆるものが混在する場のようなものだと考えてみましょう。何をしてもいいと言われると、いかに面白いことを自分で考え出せるかが重要になります。しかも、それはみなちゃんと役立ち、儲かる仕事にならなくてはいけないのです。手伝いなしで、労力をいとわず、なんでもこなし、夜になると疲れて死んだように寝て、起きたら、また自分でなんでもやるような生活になるかもしれません。

まだ何もないところから始めるのが牡羊座が6ハウスのカスプにある場合であるのに対して、魚座のカスプの場合には、いろいろなもので乱雑に混乱している場から考えていくという違いがあります。でも牡羊座の火星ということは変わらないので、仕事としてすることは結局、同じかもしれません。

7ハウスの火星

[7ハウスが牡羊座から始まり、そこに火星がある場合]

7ハウスは対人関係、パートナー、本人が赴く環境などをあらわしているので、出かけた先が牡羊座の火星ということで、実験的な場、戦闘的な場なども想定できます。

7ハウスは自分を確認するための鏡です。たとえば、レスリングをしている人たちの中にいたら、強いか弱いかで判断されます。あなたに対して下されるその評価が、あなたの

♈

自己確認のベースになります。このように、誰でも自分がいる場の中で自分を評価することになり、それをもとに自分というものを作ります。牡羊座の火星は世間ずれしておらず、実験的で新しいものなので、何か新しいことをしないと生きる価値がないという自己評価をする場にいることを意味します。たとえば発明家ばかりの集まりの中にいるようなものです。牡羊座の火星に対しては、関わる相手も発言に遠慮がなくなり、あけすけです。火星を元気にするには、関わる相手のペースに素直に合わせていくこと、誘いにも積極的に取り組むことです。基本的に攻撃的な相手が多く、無理なことを要求されることが多くなります。常に対人関係でいろいろなことが起きて、静かな時がありません。

【7ハウスが魚座で始まり、ハウスの途中から牡羊座になり、そこに火星がある場合】

7ハウスが魚座で始まる時は、1ハウスが乙女座になります。これはあなたが細かいことが気になる人で、狭い枠にとらわれがちな傾向があることをあらわしています。それを補正するため、対人関係では、よくわからない理解しにくい人と関わりやすい傾向があります。ところが、この不確定な対人関係の中でこそ、あなたの人生に積極的で新鮮なインパクトを与えてくるような出来事が生じやすいのです。

何も決断できず、相手しだい――そういう状況の中では、断定的で一方的な人物が相手として登場しやすいのですが、それは実はあなたの中に潜在する、もう一人のあなたなのです。あなたの表向きの人格では、そういうキャラクターを打ち出していないので、そのぶん相手に投影されやすいのです。一方的で勝手に決めてしまうような相手が現れたら、それはあなたの分身だと考えましょう。この関係に本気で取り組むことで、あなたの潜在する火星は活性化します。そしてそれが人生全体に勢いと張りを与えます。巻き込まれることに抵抗しないで、むしろ飛び込んでみるのがよいでしょう。その結果、閉鎖的なあなたの人生が打開できます。

8ハウスの火星

【8ハウスの始まりが牡羊座で、そこに火星がある場合】

牡羊座は種まきを意味し、また火星は自然発火する火のように、突然始まる活動をあらわします。それは関わる相手や環境からもたらされ、ともかく自分からではない、外部からもたらされるものとして機能します。つまり8ハウスというのは、そもそも人から贈与されたり継承したりすることが多く、自発性がありません。自主性や見切り発車的な力は自分からは発揮できず、密接な関係を持つ相手からもたらされるのです。

8ハウスでは、あなたの人格の境界線を打ち破り、個人より大きな力が入り込んできます。たいていの人は、その力からこれまでの自分を守ろうと、8ハウスを封じてしまいます。でも、そうすると人生の発展性も拡大もなくなってしまいます。むしろ、この根拠なく切り込んでくるもの、一方的に始まるもの、新しい実験的な行動、これらを誰かから持ち込まれた場合には、それを受け入れることであなたの生命力は拡大していきます。自分から始めるのではなく、誘われたり、押しつけられたりして始まるもののほうがいいのです。

たとえば、一緒に走ろうとか、一緒に登山しよう、一緒に旅行しよう、一緒に会社を作ろう、一緒に大きな野望を持とうという提案があった場合には、それには乗るべきです。あなたは十分に自発的で、積極的な要素を持っていますが、それが現在の自分のキャラクターとは折り合いがつかないので、それを誰か他者に託してしまうのです。そしてその人に代弁させてしまうということを選んでいます。だからこそ、そこから持ち込まれたことには、乗らなくてはならないのだと言えるでしょう。巻き込まれることで、よりよいあなたが作られていくのです。

[8ハウスの始まりが魚座で、ハウスの途中から牡羊座になり、そこに火星がある場合]

8ハウスの作用は、まずは受動的で何も決めつけない魚座の性質から始まり、次いで、牡羊座という新しい12サインの輪廻の中での出発が起こります。何も決めていないからこそ、自然な形で新しいことがスタートするのです。

８ハウスに魚座が入ると、いろいろな人がいろいろな意志、提案、影響を押しつけてきます。あなたはどんな人の影響も、そのまま飲み込もうとします。それは無数の可能性をサーチしているようなもので、ここから何か新しい実験的なことを試行錯誤しようという動きが始まります。あなたは、自分から何か始めるのではなく、いろいろな人が新しいことをしようとすることに協力したり、または押しつけられたことを実践したりすることによって、あなたの火星を活かすことになるのです。自発的に自分から何かするという意欲はわきませんが、むしろ巻き込まれることで活力が生まれます。

魚座がスタート点なので、一つだけではなく、雑多でバラエティーある可能性のすべてに乗ってみるということで意欲が燃えます。言いかえれば、さまざまな対人関係に深入りすることで力が出てくるのです。

９ハウスの火星

［９ハウスの始まりが牡羊座で、そこに火星がある場合］

９ハウスは思想や教養、学習、研究などをあらわしますから、これまでになかった新しい思想や考え方を見つけることが、あなたの火星を活発化させる鍵になります。

牡羊座は活動サインで、かつ火の元素なので、受容性がありません。つまり、受け身的に本を読んだり学習したりということには適していないので、思想・教養ならば、自分で考えだし、自分で打ち出すのがよいと言えます。周囲の人は理解するのに時間がかかりますが、それは気にする必要がありません。時間が経てば浸透するからです。それに反対意見があっても、それはむしろ大歓迎とも言えます。火のサインは、衝突することを否定的に見ないからです。火星が6ハウスにあると、どうしても主張は先鋭的になり気味ですが、それが個性なので抑える必要もないでしょう。

また9ハウスは海外もあらわします。まだ開発されていない発展途上の国に行ってみると、強い刺激があります。牡羊座はイギリス周辺の国もあらわしてもいます。過去の歴史において、文明のスタートに関係したところだからです。直感的に自分にふさわしい国を選んでみるとよいでしょう。一つの国や地域にとどまらず、さまざまなところを実験的に開拓していくのが好ましいです。

[9ハウスの始まりが魚座で、ハウスの途中から牡羊座になり、そこに火星がある場合]

魚座は偶数サインで受け身です。その次の牡羊座は能動的ということから、まず、いろいろなことを勉強しつくしたあとに、自分が見つけた新しい見解や思想が出てくるということを意味しています。器がいっぱいになるとあふれ出すように、たくさんの考え方、知識などを学習するにつれて、打ち出したいものが自然に出てくるようになったということなのです。また終わりが始まりを導くということもあり、廃れたもの、整理対象になったものを扱うことで、この中から新しく再生してみたいことが出てきます。

いろいろな国に無計画に旅してみましょう。すでに衰退が始まっている国がおすすめです。必ず、この経験から新たに意志を刺激するものがあるはずです。終わりというのは必ず始まりに結びついているからです。

考え方が古ければ古いほど、そこに新しい芽が隠れています。いずれにしても、計画的に考えないほうが、むしろ新しく実験的な意志を刺激します。あなたの火星を燃やすには、思想的な活動か、海外の旅がよいということです。

10ハウスの火星

［10ハウスの始まりが牡羊座で、そこに火星がある場合］

職業的な立場として、積極的で実験的な姿勢が打ち出されます。そもそも10ハウスはその人の社会的な看板のような部分です。そこに尖った主張をする火星があると、日本社会のような周囲との和を大事にするところでは孤立しやすいと言えます。しかし、たとえばアメリカなどであれば、むしろこの主張の強さは歓迎されるかもしれません。

また10ハウスは集団社会をあらわすので、牡羊座の火星としては創業者や一人で奮闘する起業家というような形で、スタイルをはっきりさせたほうが理解されやすいと言えます。仲間をたのまず、一人で行動するということでもかまいません。これまでになかった新しい業態や手法、商品を打ち出し、戦闘的に仕事をしましょう。普通なら前例がないといって躊躇するようなものでも、見切り発車できるのが牡羊座の火星のいいところです。成功か失敗かだけを気にしている人には理解できない行動ですが、面白いかどうかがこの人の基準です。

［10ハウスの始まりが魚座で、ハウスの途中から牡羊座になり、そこに火星がある場合］

表向きはおとなしく、同調的で、そんなに尖っていないのですが、実際には斬新で積極的な仕事をします。

10ハウスは社会集団などをあらわしますが、魚座はかなり雑多な性質を含むので、キャリアがはっきりわかりにくい面があります。あいまいな肩書きで、いろいろなことをすることもあるし、または精神世界やセラピー的なもの、霊的なものなどを仕事にすることもあります。こうした分野の中で、新しい実験的な姿勢を打ち出すことになるでしょう。古い題材を使いながら新しい打ち出し方を考えるということかもしれません。

牡羊座の火星という尖ったものが表面に見えてこないので、そもそも興味があまりない人には、あなたがいかに斬新なことをしようとしているかがわからないかもしれません。

しかし、ちゃんと見ればそこに新しさがあることがわかるはずです。

火星を燃やすには、仕事で挑戦をするのが一番ナチュラルです。そして必ず成果を目に見えるものとして打ち出すことです。10ハウスは明確な結果を出さなくてはならない場所なので、成果を出すというのは必須です。

11ハウスの火星

[11ハウスの始まりが牡羊座で、そこに火星がある場合]

クラブ、サークル、友人たちと何か未来的なことをするということに、あなたの火星が燃えていきます。

11ハウスは〝仕事が終わったあと〟というイメージのハウスであり、ここが牡羊座で火星の人は、仕事外のことに夢中になる人を意味します。仕事はだらだらと取り組んでいる一方で、仕事外のことにだけ燃えてしまうこともあります。しかも、牡羊座の火星は実利を意識しないので、役に立たないことに夢中になる場合も。でも、火星は生命力を活性化するので、元気を与えるためには役に立っているのです。

牡羊座は能動的に新しいスタートをするという点で、既存の集まりやサークルに参加するよりは、むしろ自分から作り、始めるほうがよいでしょう。友人と一緒にスポーツなどを始めてもいいでしょう。11ハウスは複数の人と共有する遊びという意味ですので、ランニングクラブみたいなものでもよいでしょう。うまくいくかどうか、結果は考えてはなりません。

［11ハウスの始まりが魚座で、ハウスの途中から牡羊座になり、そこに火星がある場合］

人の集まり、クラブ、サークル、結社、組織など、すでにあるものに初めは受動的に参加し、その中で新しい動きを内部に作り出すという特徴が出てきやすいでしょう。それまで属していた古いものに対する批判から、新しいものを作り出していくということもあります。しかし独立して、別個に自分で何かをするというほどではなく、むしろ内部で、新しい考え方や姿勢、工夫を打ち出すということが多いと言えます。

精神的なもの、霊的なものを扱う集まりに参加するというケースも多いのですが、必ずそこに自分なりのオリジナリティ、新しさを加えていくことになるでしょうし、それは未来を開くことにもなります。会社に勤めている場合は、サブ的な部門で行われていたものが、逆に本体を引っ張っていくような力を持ち始めることに関わる、あるいは主導することになるかもしれません。つまり、メインではないものが大きな意味を持つようになることに関わるのです。

いずれにしても、サブ的な活動に夢中になれます。たとえ、そのために本体を忘れてしまうことがあったとしても、そのほうが火星にとっては刺激的なのです。

12ハウスの火星

[12ハウスの始まりが牡羊座で、そこに火星がある場合]

この場合、火星の攻撃力や積極性は他人に見えないところで発揮されます。表向きには積極的な振る舞いはしないのですが、秘密の場所やネット活動などでは急激に積極性を帯びます。これは人目に触れない秘密兵器というイメージで考えてもいいでしょう。

自己主張も屈折しやすいと言えます。今日ではインターネットやメディアの役割は極端に大きくなっています。それにつれて12ハウスというものがクローズアップされていきます。本人はどこにいるかわからない。しかしメッセージは拡大している。これが12ハウスです。この分野で挑戦的で新しいことをしましょう。姿を見る限り、あなたがそんなことをするとはとうてい思えないというギャップ感があります。

またスポーツにしても、人に見えないところでしたほうがやりやすいでしょう。たとえば深夜に走ったり、自宅でウェイトトレーニングするなどです。火星をあまり人前に出したくないのです。他人からは見えない、しかし自分ではこの火星は十分に意識しているという姿勢が理想的です。

[12ハウスの始まりが魚座で、ハウスの途中から牡羊座になり、そこに火星がある場合]

この場合は、火星は奥に隠れていて見えにくいと言えます。洞窟の奥に隠された剣というようなイメージで、それは古い時代からあるものかもしれません。火星の行動力や意志は、表向きの世界では使いにくいと感じているでしょう。実際、それは明るみに出されると、うまく機能しないかもしれません。しかし霊的なもの、精神の世界、またメディア、内面的なもの、そういうところでは鋭く働きます。

この火星は扱い方が微妙で、ストレートに出そうとすると、あなたの目から見えなくなってしまうことがあるかもしれません。また、本来攻撃的なのに、そのことに自覚がなく、結果として無意識に発揮されてしまう場合もあるでしょう。これでは予測のできない動きをしてしまうので、安定的にそれを発揮できるように、スポーツなども人から見えないところでしましょう。また新しいことを始めて、それをネットなどで展開するのもよいでしょう。匿名性が確保できるとさらに理想的です。

牡牛座

General remarks

牡牛座は、自分の可能性を探して空中をさまよっている牡羊座と比較すると、その牡羊座の活力がそのまま肉体に着地したことをあらわしています。着地する場所はまずは頭のてっぺんです。昔の日本には、死者は先祖霊になって山の頂上にいるという思想がありました。そして春になると下界に降りていく。これをお迎えするのが桜です。この〝山〟は、個人の肉体を象徴しています。そこに霊が入るのです。すると肉体が蓄積している潜在的な資質、遺伝的な要素、家系の持つ資質などが一気に開花します。

この肉体という〝山〟の持つ資質では、いくつかの地層が重なっており、上層の家系の持つものから、さらに深いもの、民族的なものへと拡大・深化してゆき、深くなるほどそのエネルギーが強力になって個を超えたものになってゆきます。この深いレベルのパワーを引き出すには、その上にあるより表面的なものを使いきることが大切で、そのため、牡牛座にとっては消費ということが可能性を開拓する時に大きく貢献するのです。いま持っているお金を全部使いきると、もっと大きな金額が入るというようなイメージで考えてみましょう。

火星は自然体で発揮されるものではなく、限界値をあげるために苦しく無理なことをすることでスイッチが入ります。牡牛座は肉体の持つ資質を開発することをあらわします。あらゆる可能性は全部自分の身体の中にあるので、他人の手を借りる必要はありません。開発のしかたは誰かに聞くのでなく、繰り返し続けることで扉を開き、より深い鉱脈を掘り出すことになります。

ここでは繰り返しということが重要になってきます。知らないことや目指していることに近づくには、初めは単純で愚直な方法でいいので何度も繰り返してみることです。それは他の人があきれるほど、しつこくすることが大切です。そうすれば、地層の深い部分の力が引き出されます。しかも使い切ることが大切ということは、「もう限界だ、これ以上は一滴も出てこない」というところまで行く必要があるのです。

ただし、火星は常時スイッチを入れておくものではありません。目標が決まった後に、全力投球でしつこく繰り返せばいいのです。ある作家は、一編の小説を完成するまでに50回書き直すといいます。普通であれば、自分には才能がないからと、ちょっと試してみてダメならあきらめるでしょう。しかし牡牛座の火星は、驚くほどしつこく取り組むのです。この行為を続けるうちに、やがて自分は何でもできるという気分になってきます。才能があるなしはどうでもいいのです。言いかえれば、才能は生まれた時からそのまま使えるように置いてある便利な道具ではありません。それは洞窟の奥深くに保管されていて、引き出さないことには使えないのです。ゆっくり、じっくり、しつこく取り組みましょう。

そもそも牡牛座は土・固定サインなので、周囲の動きや他者の動向には極端に鈍感で、空気を読めない性質です。しかも、一度決めた方針を変更できません。そのため、スポーツには向かないように見えますが、プロボクサーでこの火星の人がいます。ただし、敏感に相手の動きを読むのでなく、ただ力で押し切るだけのボクサーです。

また、牡牛座はお金に関係します。火星は、やる気があるとどんどん増える状態もあらわします。そのため、会社勤めのように給料の金額が決まっているとなかなか開発されません。ファイトマネーのように勝利したら金額が上がるようなシステムがあると、この牡牛座の火星の人は一気に燃えることができます。牡牛座の火星は、モノやお金を象徴するので、頑張っただけ増えるという条件があると頑張れるのです。

音楽、芸術、食べ物、そのほかの感覚的なもの、または伝統的な思想、その土地のものなどに、繰り返ししつこく取り組むことができれば、火星は健全な発達を遂げ、元気になります。しかし、牡牛座は増やしても、減らすということがないサインで、欲張りです。たとえば部屋の中にものがたくさんありすぎると、そのノイズが原因で本来の目的が見えなくなり、それが人生を妨害する場合もあります。重要なことに集中し、余分なものは捨わない、集めない、増やさないという姿勢でいたほうがスムーズに行くでしょう。

あきらめが悪くしつこいというのが最大のメリットです。これをうまく発揮しましょう。そして稼ぐにも、能力を発揮するにも、人の手を借りる必要はありません。すべては自分の中にあるのです。

Particulars of each house

1ハウスの火星

【1ハウスの始まりが牡牛座で、そこに火星がある場合】

1ハウスは個人の生まれつきのキャラクターをあらわしています。そこが牡牛座である場合は、物欲が強く、また求めるものに対しては決してあきらめないという執着心の強さをあらわします。動きはゆっくりしていますが、持久力が強いので、生まれつきの才能を発揮するような仕事では成功しやすいといえます。何らかの分野で優れた才能というものを持っています。それがどんな種類の才能なのかを早めに発見することがうまくいく鍵になります。この牡牛座の力を、火星はさらに強めます。お金や物欲、あるいは食べ物でもいいのですが、自分が好きなものは何かを自覚して、自分が元気になるために、それに集中していくとよいでしょう。牡牛座の段階ではまだ対人関係があまり重要ではなく、その結果として他人の都合があまり読めない人が多くなってきます。自分のメリットにだけこだわり過ぎると、人との関係がうまくいかなくなるのですが、そもそも人との関係は重要ではないのです。それよりも才能を発揮したり、欲しいものを手に入れるほうがまだ重要である人が多いのです。

欲張ることに躊躇しないほうがよいでしょう。減らすことが苦手で、どんな時でも増やす方向に向かってしまう傾向があります。時々整理するとより追求力が高まります。

［1ハウスの始まりが牡羊座で、ハウスの途中から牡牛座になり、そこに火星がある場合］

表向きのキャラクターとして牡牛座の性質がでてこないので、即断即決でスピードの速い人のように思われることがあります。一方、牡羊座の性質には確実性というものが欠けていて、あらゆることが中途半端になりやすいのです。しかしながら牡牛座は、その反対に一度決めると手に入れるまでしつこく食い下がります。したがって、ここでは素早く行動するが、何か決まるとそこでじっととどまって、一つのことを追求していくという傾向が出てくるのです。つまり、十分に慎重に選ぶのではなく、瞬間的に決めてしまい、それでいて決めると二度と動かないという特徴が出てきます。素早く行動して、なおかつつかんで離さないというのは、まるでバーゲン会場の奪い合いのようです。ということは、スピード勝負で何かを手に入れるというような行動なら、火星の能力も発揮できるということになります。手に入れるということにスピードが要求されている場合は、文句なしに得意分野になるのではないでしょうか。

2ハウスの火星

[2ハウスの始まりが牡牛座で、そこに火星がある場合]

もともと2ハウスは牡牛座に一番身近なハウスです。2ハウスは収入や、生まれつきの才能、過去からやってきたもの、つまり生まれた時にすでに手に入れているもの、自分の体のリズムに合わせて運営していく事柄などに関係しています。

火星は積極的に働きかけることで、どんどん活動的になっていきます。決まりきったことを続けるのでは火星はテンションが落ちていきます。頑張れば頑張るほど収入が上がるというスタイルであれば、火星にとってはこれほど楽しいことはないでしょう。したがって、会社員にはあまり適していない火星です。なぜならば、会社員はどんなに頑張っても給料は変わらないからです。自分で商売をするなど、自由な収入の手段があればそれに取り組むことで火星の活力を上げることができます。

物欲がとても強い配置で、わかりやすく、屈折もしていませんが、牡牛座は執着心が強いので、より儲けるために今のものを手放すという考えはしません。そのため、投資は難しいかもしれません。お金だけでなくモノも手に入れるということが、火星を燃やす秘訣です。

【2ハウスの始まりが牡羊座で、ハウスの途中から牡牛座になり、そこに火星がある場合】

収入を得るという2ハウスの性質が実験的で高速になり、試行錯誤も増えてきます。しかしながら、その結果は確実な収入に結びつきます。むしろこの人にとっては、他の人が手を出したくないような新しい種類の事業などを試みることで、他の人だったら失敗するような場合でも、うまく成功することができます。多少リスクのあることや、既存のデータが少ないもの、また実際に試さないと結果がわからないような種類のものに対しては、躊躇なく取り組むことができるでしょう。

物欲が強いために確実に成果を得ようとするので、初めは危なかしくても確実に結果を出します。未完成なもの、中途半端に終わっているもの、計画のままになっているもの、それらを拾い上げて実現していくことが得意分野だと考えてもいいでしょう。言いかえれば、空中を飛んでいるものを捕まえるようなイメージの収入スタイルです。このイメージに近いものは何かを考えてみましょう。速度が速いものを止めてしまう、不安定なものを定着させる、そんなイメージのものです。いずれにしてもリスクがある分野でも確実に稼げるでしょう。

3ハウスの火星

[3ハウスの始まりが牡牛座で、そこに火星がある場合]

3ハウスというのは知的な発達や、能力がバラエティー豊かに拡大していくこと、あるいは通信や移動などを意味しています。牡牛座というのは、自分自身の体の中に潜在する資質を開拓することに関係していますから、3ハウスが牡牛座というのは、具体的な技能や技術など、実際に慣れ親しんでいる能力などを意味します。本で読んだ情報ではなく、自分自身が実地に日々取り込み、熟達したような種類のものです。たとえば、料理というのは、自分で試さないことには何も進みません。頭で考えてるだけでは料理はうまくならないのですから。料理を教えるというのは、自分が慣れ親しんだものを教えていることになります。これが3ハウスの牡牛座の特徴です。

職人技のようなものを教育する場合もあるでしょう。陶芸を教えたり、逆に学習したりというケースもあるかもしれません。火星はいつでも熱中しますから、取り組むことに熱くなります。

3ハウスを旅行と考えた場合には、、食べ歩きのようなものをしてみてもいいでしょう。牡牛座は常に人ではなく、モノに向かっているので、人に会うために旅をするのではなく、食物や民芸品などを探索するというほうが適しています。

［3ハウスの始まりが牡羊座で、ハウスの途中から牡牛座になり、そこに火星がある場合］

3ハウスでの探索はまず牡羊座から始まります。牡羊座は、自分探しをしていて、いろいろなことを試します。一方の牡牛座は確実性が高く、自分にいちばん縁のあることをしますが、牡羊座ではまだそのことがわかっていないのです。だから3ハウスの行動においては、まずいろなことを試してゆき、そのあとでようやく牡羊座に関係のある火星が、牡牛座という大地に着地するのです。初めは試行錯誤、その後から確実なものに向かっていくという、常にどんな時にもこのリズムが存在します。たとえば、旅行する時にも、いろいろな場所に行ってみるうちに、自分にとっていちばん縁のあるものがわかってくるという具合です。

脳は何かを考える時に、無数の演算をした後に最終結論を導き出します。しかし、本人は初めから一つのことを決めていたというふうに思い込んでいます。3ハウスを読書にたとえた場合には、数多くの本を模索して、やっと目的のものを見つけ出すという具合。最初から目的のものがわかっていたわけではないのです。これは幅広く検討した後で決めていくということになりますから、閉鎖的でない知性と考えることができるでしょう。

たくさんの無駄があってもいいのです。最終的には確実なものに落ち着いていくからです。いろいろな情報に興味を向けてみましょう。その中から自分にフィットするものが最終的に見つかります。

4ハウスの火星

[4ハウスの始まりが牡牛座で、そこに火星がある場合]

4ハウスは落ち着ける家、不動産、家族との関係などをあらわしていますから、そこに熱くなる火星があると、静かに落ち着いた状況になるより、自分の家が熱中できるホットな環境になるということをあらわしています。

たとえば、牡牛座はものに熱中すると考えた場合、家の中に自分の好きなものがあって、それに熱中しているのかもしれません。牡牛座は五感をあらわしています。音や味など、感覚的なものに対してこだわりがあります。人によっては自分の好きな家具を入手することに熱中するかもしれません。また、食べ物と熱と部屋から連想すれば、発酵のための室を作るなどということもそんなに嫌いではないでしょう。こだわりのあるもの。物質的なもの。室内でそれに熱中すること。いずれにしても牡牛座は土の元素の固定サインですので、外で歩き回ることはあまり刺激になりません。自分のリラックスできる場所で熱中できるような何かを考えましょう。

外に向かって意志が働かないという傾向が出てくるでしょう。

[4ハウスの始まりが牡羊座で、ハウスの途中から牡牛座になり、そこに火星がある場合]

4ハウスが二重構造になっていると考えればいいでしょう。4ハウスを家や不動産、あるいは落ち着ける事務所のように考えた時に、外側は牡羊座の特徴を持ちます。それは整理されず、自然に放置されているもの、雑なものというイメージです。いわば資材置き場みたいなものです。ところが中のほうには、土の元素、固定サインとしての牡牛座がいて、そこは集中ができ、目的もはっきりしています。たとえば、入り口近くにはいろいろな材料がたくさん置いてあるが、それらを使ってちゃんとまとまったものを奥で作っていくというようなイメージで考えてもいいでしょう。入り口には残骸がたくさんあり、しかしながら奥には、窯があって、そこで焼かれた綺麗な陶器が並んでいる。これは外面を気にしない人の私生活と言えます。自分は充実しているが、そのことをあまり人に見せつけていないのです。だから、誰かが訪ねてくると雑然としたところを最初に見てしまう。しかしながら、実際にはそこまで雑ではないという生活スタイルを物語っています。

いずれにしても自分の好みのスタイルの空間を作っていくといいでしょう。それは適度に放置されたものですが、それでもうまくまとまっています。自分が燃えるものは室内にあるということです。

5ハウスの火星

[5ハウスの始まりが牡牛座で、そこに火星がある場合]

5ハウスは遊びやゲームなどを象徴していて、外に向かって創造意志が放射されるような行為をあらわしています。それは何かの役に立つ行動ではなく、純粋に自分が興奮できて面白いと感じることを、無駄だと思っても実践することで、そのことが火星を活発化します。もともと5ハウスは無駄なことをあらわしています。5ハウスは消費や蕩尽ということを意味していますから、それは無駄なことに違いありません。失う時の快感というものが5ハウスの感情なのです。何かのために役に立つという考えから解放される必要があります。現代人は何でもかんでも何の役に立つかということを考えますが、5ハウスの意義はそもそも何の役にも立たないことなのです。いわば、役に立たないということを目標にしてもいいでしょう。たとえば5ハウスは賭け事に関連していますが、儲ける必要はありません。お金をすってでも楽しければいいのです。でも、牡牛座は欲張りですから、失うということに抵抗します。

火星は鉄などの金属をあらわすこともあり、エッチングに熱中するこの火星の配置の人を見たことがあります。牡牛座はモノをあらわしていますから、モノづくりにハマっていくというようなケースもあるでしょう。5ハウスの投機という要素から考えると、株に熱中することも効果的です。しかしながら、失うことを恐れると5ハウスの可能性を見失ってしまいますから、無駄になってもいいと考えるべきです。

【5ハウスの始まりが牡羊座で、ハウスの途中から牡牛座になり、そこに火星がある場合】

5ハウスがあらわしている趣味や遊び、ゲーム的なもの、創造的な行為、無駄に浪費してしまうことなどにおいて、最初は牡羊座の影響で思いつきからいろいろなことに手を出し、無計画に進んでいくのですが、それが意外と確実な成果を上げてしまうという、牡牛座的な変化を遂げることを意味しています。

ずいぶん昔のことですが、初めて原付のスクーターに乗りたいと思った時、私は解体業者のところに行きました。そこで壊れたバイクから使える部品を集めて、1台のスクーターを完成させたのです。このように中途半端なものからいろいろ集めて、最後はまとまったものにしていくというプロセスは、牡羊座から牡牛座の変化を表現しています。

5ハウスは恋愛ということも意味しています。火星は男性ですから、女性のホロスコープにおいては、男性とのつき合いということを意味します。牡羊座はたくさんの候補をあらわし、そして牡牛座はこの中から確実なものが決まっていくことをあらわします。試行錯誤から本命が決まっていく恋愛のスタイルということをあらわしているのかもしれません。そしてこの行為に熱くなれるということが、あなたの免疫力を上げて生命力を活発化するキーワードになるということです。

6ハウスの火星

[6ハウスの始まりが牡牛座で、そこに火星がある場合]

6ハウスというのは役に立つ仕事などをあらわしていますから、真面目に安定して働く人を意味しています。とりわけ火星は労力を使うことで元気になりますから、仕事に体力も労力も使って真剣に取り組むことで、あなたの生命力は健全になっていきます。

どんなサインであれ、火星は6ハウスにあれば熱意をもって仕事に取り組みます。この

6ハウスが牡牛座だと、感覚的な分野のもの、芸術、食べ物、具体的な技能などモノに関係があるような分野の仕事で、積極的に熱く働くことがあなたを活性化させるキーワードになります。

6ハウスはしつけということも示し、暴れる火星を思いのままにコントロールすることに興味を抱きます。自分の中に存在する動物的なもの、本能的なもの、それを意識的にコントロールすることに喜びを感じるのです。そのため、ここでは筋トレなども歓迎します。それが自分の思いのままに肉体を改造することだからです。いずれにしても放置したままではなく、自分の火星をコントロールするということがあなたにとっては重要なのです。

[6ハウスの始まりが牡羊座で、ハウスの途中から牡牛座になり、そこに火星がある場合]

6ハウスの入り口はしばしば職種などをあらわしていることがあります。牡羊座は具体的な職種は示しません。なぜならば、牡羊座は自分探しであって、まだ決着していない、着地していないということをあらわしているからです。ということは、仕事においても具体的に何も決まっていないという状況なのかもしれません。いろいろな仕事を試してみる。アルバイトしてみる。次々と変えてみる。しかしながら、その落としどころは牡牛座の火星ですから、常に成果は確実です。いろいろな仕事に取り組みながら、持久力や能力が高いので、どこでも重宝されていくのではないでしょうか。たとえば職場はどんどん変わっても、常に確実に仕事はこなすようなイメージです。

牡羊座の入り口だということは、静かに取り組む仕事よりは、変化の多さを考慮に入れたほうがいいでしょう。変化の多さがなければ退屈します。しかし変化が多い状況の中でも、確実に仕上げる能力があります。変動の多い環境の中で自分自身が確実性をもたらすもの。これを参考にして、自分に適した仕事を考えてみましょう。仕事をするということがあなたにとっては元気になれる重要な鍵なのです。

7ハウスの火星

[7ハウスの始まりが牡牛座で、そこに火星がある場合]

7ハウスは対人関係や結婚、共同作業などをあらわしています。そのため、牡牛座の火星のような人と関わるということを考えてみてもよいでしょう。7ハウスは他人をあらわしていて、自分自身の火星の性質を相手に投影するということを意味しています。それは、自分が火星を演じるのではなく、あたかも他人からやってきたようなもので自分の火星を満足させようとしていることになるのです。なぜならば、自分のキャラクターでは火星を十分に発揮しようとすると矛盾が発生するからです。7ハウスが牡牛座だと、1ハウスは蠍座になります。それは、相手との関係に深く入り込んだり、自分自身では個人的に勝手に動かないということを意味しています。あなたが関わる相手は執着心が強く、欲張りですが、実はそれこそがあなたの姿です。儲け話に熱中したり、物欲が強かったり、こうした相手との関わりは、あなたにとっては楽しいものとなるでしょう。7ハウスの火星の人は、対人関係に熱中すると考えてもいいでしょう。

相手の執着心が強いということは、あなたがこの相手との関係の中で自由を奪われていく傾向が強くなっていくことを示しています。相手はあなたをまるで所有物のようにみなすかもしれません。相手との関係に大きな労力を使うということが、あなたの活力を増加させる重要なカギになってきます。

［7ハウスの始まりが牡羊座で、ハウスの途中から牡牛座になり、そこに火星がある場合］

牡羊座は試行錯誤、そして牡牛座は決定を意味しますから、7ハウスの対人関係は、まずは模索や試行錯誤から始まります。それはまるでオーディションのようなもので、初めからこれだと決められないのです。試してみてから、この中から確実なものは誰かということが決まります。最初100の可能性があり、その後1に決まる。こういうリズムがいつでも対人関係では成立していくと思いましょう。複数の可能性を考えないと、牡牛座に行き着かない。複数の候補がないことには何も決められない。それでも、その後、この牡牛座の火星の人との関係は、長く継続することになるでしょう。

また芸術家やモノづくりの才能のある人、センスのいい人などとの関係が、あなたの人格形成に大きな貢献をします。そういう人たちの評価力の中で、あなたが作られていくのです。

8ハウスの火星

[8ハウスの始まりが牡牛座で、そこに火星がある場合]

8ハウスは贈与される、受け継ぐなどをあらわしますから、これは牡牛座が示す資産、金銭、資質などを関わった相手から継承することを示しています。8ハウスはしばしば死者をあらわし、死者との関係か、あるいは誰かの死によって得たものをあらわします。遺されたものはあなたが受け取るケースが多いのです。

また、8ハウスは個人の壁を打ち破り、他者に過剰に侵入したり、されたりします。つまり誰かとの関係において互いにテリトリーを守れないのです。その深入りする関係によって得るものが多いのです。ただし、牡牛座の火星は、強い執着心を持っているので、一度関わると関係が切れないことが多く、また相手の意見を聞くよりも自分の意見を押しつけてしまうことが増えてきます。この関係によって、通常よりももっと深い生命力を引き出します。眠っていた大きなバッテリーのスイッチを入れるというような感じです。このためには壁を打ち破る必要があります。この壁を破るきっかけとして、欲張りを利用することもできます。とことん関わるということをしてみましょう。

【8ハウスの始まりが牡羊座、ハウスの途中から牡牛座になり、そこに火星がある場合】

牡羊座は何も決めることもなく、ただ可能性を探索するというサインです。いきあたりばったりに試しながら方向を探ります。そして、牡牛座はそれを定着させるという意味になります。

8ハウスは、不確実で多様なものと、確実で安定したものの、二段構造になっています。あるいは、開かれているものと、閉じられているものです。牡牛座は確保して外に漏らさないようなものですから、8ハウスという密閉された空間で、誰にも知られず秘密に隠し持っているというような資産、物資、恩恵をあらわします。表向きの牡羊座の扉は、それを隠すために使われているような傾向もあります。8ハウスは非常に深いところに入り込むことをあらわし、徹底して集中することで限界を突破し、非日常の意識に入ります。牡牛座はモノをあらわしますから、このモノの中に深く入り込むことで、そこに潜在する力を引き出すということも考えられます。骨董品があれば、それに集中して、ここからエネルギーを取りだすというイメージです。いずれにしても8ハウスは壁を越えて集中することで爆発的な力が手に入ります。

9ハウスの火星

[9ハウスの始まりが牡牛座で、そこに火星がある場合]

9ハウスは思想や哲学、教養的な面をあらわすので、牡牛座的な思想を火星は積極的に推進していくことを意味しています。火星は強調する癖があるので、考え方や思想が強く強調されていく傾向を示しています。つまり、議論する時も、意思表示がはっきりしてくることになります。牡牛座は抽象的ではなく、体の感覚に結びついた土の元素の特徴を強く帯びていますので、たとえば食べ物に思想的な傾向が加わると、ビーガン・ベジタリズムのような思想を打ち出すのも牡牛座の9ハウスではないでしょうか。

私の友人で料理の本をたくさん出版している編集者がいますが、9ハウスは牡牛座でした。単に食べるとか美味しいという表現ではなく、9ハウスは常にグレードアップしたいという欲求を持っていますから、だんだんとレベルアップしていきます。この編集者は自然農法に関しての革新的な本も出版しています。身体性に結びついたところでの思想や教養について積極的に推し進めていくということに、あなたの火星の力が貢献します。

また9ハウスは海外旅行もあらわしています。海外で食べ歩きをするというようなイメージで考えてみてもいいのではないでしょうか。もちろん牡牛座は食べるだけではなく、芸術ということにも関係しています。

[9ハウスの始まりが牡羊座で、ハウスの途中から牡牛座になり、そこに火星がある場合]

9ハウスという思想や哲学の表現は、まず初めは牡羊座というところから始まります。それはとても抽象的なものです。なぜならば、牡羊座は、まだ体の中に着地していない精神性をあらわしていて、それは自分が降りる場所を探しているからです。そして、結果として牡牛座という身体に深く結びついたところに落ち着いていくのです。つまり、最初の段階では空中をさまよって飛行機が降りる場所を探しているようなイメージです。さまざまな思想や哲学、とりわけ地に足のついていない精神的な分野を模索し、それがだんだんと具体的になっていくということを意味しています。まず初めは精神性であって、次にそれが実際的になっていくという変化を伴うことになります。可能性もありそうなものを片っ端から点検するという傾向があるので、教養に関してはいろいろな分野に関心を持つのがよいでしょう。それらを具体化していく能力が潜在しています。わかりにくいものをわかるようにしていくという能力が備わっていると考えてもいいでしょう。

9ハウスは海外ということもあらわしています。いろいろな場所をさまよって、最終的に落ち着く場所を見つけ出すというような経過をたどっていくことも意識しましょう。いろいろな国の音楽を楽しんでみること。あるいは、いろいろな国の芸術について探求してみることが火星を活性化することでしょう。

10ハウスの火星

［10ハウスの始まりが牡牛座で、そこに火星がある場合］

10ハウスは、社会的な立場をあらわしていて、ローカルな場所においてあなたがどういう役割を担っているのかということを考える時に役立ちます。そこが牡牛座ということは、あなたの遺伝的な身体がもつ可能性、感覚、才能などを発揮して、社会的な立場を確立することを意味します。音楽、あるいは色彩に関係したこと、食べ物、絵画、イラストレーション、芸術的なもの、美意識、いずれにしても感覚的なものとして卓越した才能を発揮する傾向の人が多いでしょう。火星はそれを強調しようとするので、あなたは社会的な立場という点で、自分の趣旨や意見をはっきり表明しようとします。したがって、意見の合わない人とは衝突するかもしれませんが、そのような人生を自ら選んでいるので妥協する必要はないとも言えます。多くの人に自分の姿勢をはっきり打ち出すことが大切なのです。

加えて牡牛座の火星というのは強い持久力を示していますから、一度打ち出したものは決してあきらめないという傾向を持っています。自分の能力を妥協なく発揮するのです。なかには自分の体の能力を誇示するというようなケースもあります。たとえばボディビルというのも、身体の特徴を看板にしていることになりますから、この10ハウスの火星の人に似つかわしいとも言えます。

［10ハウスの始まりが牡羊座で、ハウスの途中から牡牛座になり、そこに火星がある場合］

この配置では、社会的な立場が二重構造になっています。入り口は実験的で新しいものという姿勢を打ち出しています。たとえば仕事においても、まだ社会ではそれほど認められていない実験的で斬新な分野にチャレンジするという傾向が強くなります。新味のない類のことをするのは牡羊座には退屈なのです。成功が保証されていなくても不安を感じない強気なところもあるので、思い切り自由に振る舞ったほうがいいのです。このような状況の中でも、あなたは確実な成果を作り出すことができます。始まりは牡羊座でも、後半からは確実性の高い牡牛座になり、そこに積極的な火星があるからです。たとえば儲かるかどうかわからない分野においても、最終的に稼ぎを生みだすことができるのは、あなたです。つまり、不安定でリスクがあるような分野でも確実に儲けを作り出すチャレンジをしていくと、それはあなたの火星がどんどん元気になっていくことになるのです。他の人はうまくいかなかった。しかしながら、あなたは成功した。この違いは牡牛座の火星という欲張りさがあるかどうかにかかっています。

いずれにしても、海のものとも山のものともつかないような分野で挑戦してみるのがよいでしょう。そこで成果を得ることにあなたの火星力が発揮されるのです。

11ハウスの火星

［11ハウスの始まりが牡牛座で、そこに火星がある場合］

11ハウスは仕事から離れ、複数の人と共有できる趣味や遊びをあらわしていて、同時にそれは今の社会生活では果たすことのできなかった未来の夢を実現することも意味しています。たとえば、定年退職後にしたいこと、生まれ変わったらしたいこと、そうしたビジョンは11ハウスに現れるのです。11ハウスに火星があるというのは、仕事には興奮しないが、その後の趣味の集まりにおいては熱中してしまうという傾向や、友人との関係に多くの時間を使ってしまう傾向をあらわしています。しかしながら、牡牛座の火星は外に開かれた性質ではなく、むしろ個人の才能を発揮するということを意味しているので、たとえば会社が終わると趣味の料理教室に行き、そこで情熱を燃やすというような人も出てくるでしょう。いずれにしても本業ではなく、副業に強い能力を発揮するということです。むしろ本業から離れているほうが、やる気を刺激するケースもあるでしょう。本業とごちゃ混ぜにしたくないということです。もしこのエネルギーが本業に使われていたら、本業は大成功するに違いない、そう思われるくらいに余暇の活動に力を注ぎこんでいるかもしれません。でも、それがあなたの生命力を高めていることなので、セーブする必要などありません。

[11ハウスの始まりが牡羊座で、ハウスの途中から牡牛座になり、そこに火星がある場合]

11ハウスは友人との関係やサークル活動、クラブ活動などをあらわしており、そこで実験的なことを始めていくということをあらわしています。今の世の中ではまだ認められていない新しいことに、仕事が終わった後や自分の時間に取り組んでいこうとするのです。そして、そうしたまだ評価されていない不確定な分野において、あなただけが確実な成果を獲得することを意味しています。なぜならば、牡牛座の火星は曖昧なまま終わってしまうことを嫌い、必ず物質的な成果を手にすることを目標にしてしまうからです。

牡羊座は着地していないサインです。それは空中を漂っています。この飛んでいる鳥を地面に落とすような特徴は、あなたに内在しています。未来にあり、不確定で曖昧なもの、そこからあなたは確実な成果を生み出すことができます。飛んでいるものを落とすというイメージそのものが趣味になってしまうと、それは射撃で鳥を落とすということになってしまいます。

未来を引き寄せて確実なものにしていく。尖端的な芸術や生活スタイルなど、何か模索してみましょう。牡牛座は過去をあらわしますが、しかし11ハウスは未来です。つまり過去にあるもので、未来に役立ちそうなものを取り出すということです。奈良時代のものが、実は未来においては非常に重要だったなどということもあるかもしれません。

12ハウスの火星

［12ハウスの始まりが牡牛座で、そこに火星がある場合］

12ハウスというのは隠れたものを意味しています。それは表に出してしまうと壊れてしまうような微妙な可能性や、形になっていない曖昧なものをあらわしています。古い占星術は物質主義的に考えるので、このハウスはまるで閉じ込められるかのような特徴を持っていました。ところが、現代の占星術では精神と肉体との二つに分けて考えるので、肉体はおとなしいが、精神は拡大していくという分裂現象を意味しています。たとえば、マスコミというのは、身体としてはスタジオに閉じこもっています。しかし、メッセージは世界中に広がっていくのです。これが12ハウスの性質です。

あなたの火星の力は表立ったところではなかなか発揮できません。反対に隠れた場所であれば、熱く、活発に働くことができます。なぜなら、あなたはこの火星を神聖視し、世間には出したくないという扱いをしているからです。したがって、特別な時間にだけ火星を使うのです。いわば、神秘的な剣は秘密の場所に隠されているというイメージです。

日常的な状態では火星はうまく使われていないというのは、誰かと争ったり競争したりするのがあまり得意ではないということもあらわしています。とはいえ、ネット上での活動ではむしろ積極的に現れてきます。まるで別人のように能動的になる人もいるでしょう。他人の見ていないところで活用される火星。このことを意識して自分にとって何が一番いいのか考えてみましょう。

牡牛座は食べ物をあらわし、火星の刺激が辛いものだとすれば、12ハウスの意味する神秘的な精神を刺激する特別な食物という場合もあります。100人に一人ぐらいは、こういう火星の使い方をしている人もいるかもしれません。

［12ハウスの始まりが牡羊座で、ハウスの途中から牡牛座になり、そこに火星がある場合］

牡羊座は肉体的に地球に着地する前の、まだ精神が可能性を探して空中を飛び回っているような状態を意味していますから、それは抽象的で具体的ではありません。しかし、それは途中から牡牛座という確実なものへと定着していきます。しかし、12ハウスはもともと世俗的ではない、神秘的な精神の場所、あるいは宇宙的に開かれている場所なので、そこに落ち着く牡牛座があるとしたら、人に知られていない秘密の場所に自分の落ち着く空間があることになります。それを牡羊座はあてもなく探しているのです。

また、あなたにとって、個人的に特別な価値のある品物は重要な意味を持ちます。ハウスの始まりが牡羊座なので、それは価値の確定していないもので、たとえばいわくや由緒がありそうに見えるが、証明書がない骨董品のようなものかもしれません。2000年前のギリシャのものだと言って、私に古いペンダントを見せてくれた人がいますが、その人はそうと確信しているのに証明書がない。でも、それはその人にとっては秘密の牡牛座のアイテムなのです。

ともかくも神聖視された火星があり、それはあなたをインスパイアします。それを他人に見せたくなく、共有もできない。そして、それは別宇宙につながっている。そういうイメージで考えてみてください。それを通じて開かれた世界に飛びだすことができます。

双子座

General remarks

双子座は情報や言葉をあらわす風の元素で、しかもバラエティー豊かな柔軟サインです。いろいろな情報や知識が行き交うサインで、火星は興奮状態や加速する性質をあらわすので、知識や言葉を扱うことで元気になります。この前のサインの牡牛座で人間は身体に深く結びつきますが、その次にこの身体を動かすこと、あちこちと探索するようになるのが双子座での成長過程と言えます。

これは散歩のイメージで捉えてみるとよいでしょう。柔軟サインは、予定どおりに行動しないので、好奇心のおもむくまま、あちこち寄り道するような散歩をしながら、新しい情報を手に入れます。もちろん、ここには何が飛び出してくるかわからないリスクもあります。海外旅行で危ない路地に入り込んでしまうことだってあるのです。

牡羊座の段階では人は他者を認識していません。牡牛座の肉体を手に入れて初めて、人は個体としての自分を意識するようになります。その結果、個体としての人間を見ると、同じような人がたくさんいることに気がつきます。そして次の双子座の段階で、このたくさんの人との競争が生まれます。競争にはサバイバルということも含まれます。なぜなら敵対的な存在もいるからです。

双子座は、ライバルなどと戦いながら冒険的な行動を通じて、サバイバルする能力を鍛えます。少しばかりリスクのあるところに向かっても、そこで切り抜ける知恵を得ようとします。火星は、興奮してアドレナリンが出てくる状況をあらわしていますから、このサバイバルを楽しむこともあるでしょう。遊戯を象徴するサインは双子座と獅子座の2種類ですが、獅子座は情感的な遊戯や演劇であるのに対して、双子座の遊戯は神経興奮の類です。そのため、ゲームなどでも速度の速い瞬間的な判断を要求されるようなものが適しています。

男性であれば、火星は鉄などの金属をあらわすこともあり、双子座の火星の人の中にはバイクや自動車などに熱中する人も出てきます。女性の場合は旅行など、動くということに関心が出やすいでしょう。占星術では、海外旅行は射手座、国内旅行は双子座というふうに分けられることもあるので、国内をふらりと旅をするというのが双子座の範囲になります。

情報と言葉を扱うという点では、日々さまざまな情報が飛び交うことに昂揚感を感じます。双子座の本性として、バラエティー化、分散化への強い関心が働くので、牡牛座のように同じことをずっと続けるのではなく、日々変化するほうがいいのです。そこに統一性やまとまりのようなものは必要ありません。そのために、双子座が火星の場合、神経が統合性を失って危うくなるケースもあります。本やニュースなどの情報を扱うことに、火星の力を発揮するカギがあります。

また、このバラエティー豊かな情報を扱うということは、そのぶん不要な情報が増えるということでもあります。私はしばしば双子座をゴミのサインと呼びます。バラエティーを求めて多様化すると、どうしても無駄で意味のないものも増えてくることになるからです。本質から脱線したもの、対立するもの、歪曲したもの、こんなものもたくさん集まってきます。多くの人は自分にとって都合の悪い情報は取り入れたくないと思うものですが、双子座は違います。自分を痛めつけるような情報さえじっくり見てしまうのです。散らかってゴミだらけの部屋——整理されていない双子座の人の頭の中はそんな状態です。ゴミを集めることで盛り上がるわけではないのですが、気がつくとそうなってしまう傾向があり、これは精神を痛めつけますから、ほどほどにしたほうがいいでしょう。

火星は強く押す力でもあるので、ドラマなどで出てくるような、わざと間違ったことを言って相手を怒らせ、本音を引き出すというようなことも、双子座の火星なら難しくありません。でたらめなことを思いついた端から口にしてしまうこともあります。

双子座の火星の人が元気になるためには、多様な情報と言葉、そして身近なところを動き回ること、予想外のものに出会うこと、そしてその中でサバイバルすること、神経的な興奮、それらをキーワードにして自分を活性化させましょう。反対に、じっと動かない、変化しない、繰り返されることに埋没してしまうと、この火星はだんだん力を失います。ゲーテは頭を働かせるために散歩すると言いました。本屋さんめぐりをしてみるのもいいでしょう。

また、双子座をコミュニケーションと考える解釈もかつてありましたが、双子座は自分の内面に閉じているので、実はコミュニケーションは上手ではありません。言葉、知識などはたくさん出てきますが、出てくる分だけ実はコミュニケーションできていないのです。矛盾しているように見えますが、言葉がたくさんあるほど、逆にコミュニケーションは表層的になり、意思疎通はうまくいかないのです。言葉は人間そのものと同一視されるものではないからです。この意思疎通できにくいという欠陥は、次の蟹座で補正しようとします。しかし、蟹座の前の双子座の段階では、個人の能力を強めるということがテーマだとしても、それを人に伝えたり、人の意志を理解したりするということはまだスムーズに進めることができないのです。

Particulars of each house

1ハウスの火星

【1ハウスが双子座で始まり、そこに火星がある場合】

風の元素で柔軟サインという、吹き巡る風のような双子座の好奇心がそのまま行動としてあらわれやすいと言えます。思いついたらすぐに動き、話す人です。また双子座は、神経の興奮も意味しますから、発せられた言葉は笑いや緊張を含むことにもなります。

1ハウスはそもそも意識的でありません。なぜなら、1ハウスとは個人が生まれてくる段階をあらわしていて、生まれてきた時にすでに備わっていたものは、物心ついた時には自動化されてしまい、ほとんど意識的に扱われないからです。そのため、この1ハウスの火星の力はほぼ無自覚に働きます。瞬間的な反応の速さや、攻撃的な知性が自動的に出てしまうのです。面白そうなことや未知なことを見つけたら、すぐに飛び込んでみましょう。

長く続かないものはたんに情報調査というふうに割り切って、頭を突っ込んでみるといいのです。

1ハウス牡羊座と少し似ているのですが、違いは個人という枠がはっきり決まっていることです。牡羊座は自分と他を混同しますが、双子座はくっきりと個人の意識を確立しているので、他の人と競争し、出し抜いたりもします。動きの活発さ、変化の多さ、いつも同じではないこと、これらがあなたの火星を強め、免疫力や耐久力もあげていきます。スポーツなら、力に頼らず、速度が重要なものがよいです。軽快なものです。

[1ハウスの始まりが牡牛座で、ハウスの途中から双子座になり、そこに火星がある場合]

牡牛座と双子座の二層構造は、入り口から見ると、固定的で変化がないが、その内部では忙しく動いているというものになります。つまり他人から見ると、あなたは双子座的な変化の多い人には見えない。むしろおとなしい人のように見えてきます。しかし、ある範囲の中では、忙しく動く人になります。これは〝ある範囲の内部〟ということが重要なのです。1ハウスが牡牛座の人は、生まれつき何かの才能があり、優れたものを受け継いでいますが、たとえば伝統芸を継承している人の場合、この伝統芸の種類については変更ができません。しかし、その伝統芸の内部ではさまざまに工夫ができて、またバラエティーを作り出すことができるのです。そのように、牡牛座というパッケージの内部で、流動的な双子座が働くのです。

テーマは固定的。しかし中では多様化する。このように考えて、その展開について想像してみてください。そこに熱中することで、あなたの生命力が活発になります。

2ハウスの火星

[2ハウスが双子座で始まり、そこに火星がある場合]

2ハウスは商売、収入、金銭、また生まれつきの才能などをあらわします。2ハウスに惑星がある人は、勤め人というよりは、自分の能力を活用して、生きていくことができる人たちです。双子座の火星は、情報関係のものに熱中するということを意味しますから、たとえば料理などはあまり考えられそうにありません。情報に関係した商売といえば、新聞なども双子座の分野です。また双子座は人生における〝子どもの段階〟を意味しますから、子どもの教育などに関したことでもいいでしょう。雑多で整理されていない情報、保険、日々変化する事件に関係したこと、交通関係、郵便関係なども双子座に関係していますという。金銭収入としては、双子座はまとまった大金をあらわすことはなく、小額でたくさんというものです。雑誌を売ったり本を売ったりという人もいるでしょう。そもそも書籍などはどんなにたくさん売っても、一つ一つの儲けはわりに少ないので、それは双子座的です。モノとしての重さを嫌うというのが、そのままお金に関しても軽いものがたくさんあるという性質に転じていくのです。でも、それでも2ハウスの火星の場合は、商売や儲けなどに邁進すると、生命力は活性化し、心拍数も上がることでしょう。

[2ハウスの始まりが牡牛座で、ハウスの途中から双子座になり、そこに火星がある場合]

商売や仕事に関しての二層構造があります。入り口の牡牛座は固定サインなので、たとえばお店にたとえて言えば、変わることのない店構えです。しかし内部は双子座で変化や移動が多いので、デリバリーなどのイメージになります。双子座には、近所を動き回るという意味もありますから、配達などに関係するのです。外から見ると固定的なのに、内部では変化があり、またバラエティーがあるわけです。これは一つの業種でも、内部的には多彩な工夫をするという意味でもあります。多様なメニューを作ることで収益を上げようと燃えるのは、あなたの火星を元気にしていくでしょう。常に商売、仕事、お金を得ることなどについて関心を向けましょう。それは楽しく、あなたを健全にします。

3ハウスの火星

[3ハウスの始まりが双子座で、そこに火星がある場合]

もともと3ハウスは双子座的な性質の場所なので、ここでは双子座の火星はよけいに強調されます。火星は行動的なので、3ハウスが象徴する移動、小旅行、学習などの分野で、活発な動きが出てきます。柔軟サインなので知性は分散傾向にあり、一つのことにじっくり取り組むのに適していません。長続きしない知性と考えてもいいのですが、それでもまったくかまいません。むしろ一つのことをしなくてはならないと考えると、ストレスになります。あちこち吹き巡る風をイメージして、いろいろなことに関心を抱きましょう。自分のリズムがつかめたら、あなたはそれをうまく生かして自分を元気にすることができます。調査のような作業に適している面があり、興味があればその現場に直接行ってみるのがよいでしょう。また動くことで頭が働きます。鉄道、交通、移動、地図などにも興味を向けるといいでしょう。たとえば、取材したり、また事件現場に向かったりするということに関係する仕事では、うまく自分の能力を生かすことができます。

男性の場合、火星は金属機械も象徴するので、交通に関係する機械、つまり乗り物のバイク、自動車、また列車やクルマの模型などを楽しむこともおすすめです。

[3ハウスの始まりが牡牛座で、ハウスの途中から双子座になり、そこに火星がある場合]

3ハウスが意味する学習や知的な発展などが、入り口から見るとあまり変わり映えしないように見えます。たとえば3ハウスは小旅行を意味しますが、牡牛座が固定サインなので、あまり動かない人のように見えます。牡牛座というある程度固定的な範囲の中に双子座が封入されているので、イメージで言えば、一つの庭園があり、この中を盛んに動き回ると考えてもいいでしょう。大きな庭園の中は変化に富んでいます。それらを双子座的に探索するのです。つまり、牡牛座に封入された双子座という点で、一つの分野の中で多様化したものを探索すると考えるとよいでしょう。牡牛座は土の元素で、双子座はこの土の塊を砕いて細かいものに分けたというふうに想像してみます。あるいはまた、一つの道具が多機能になっているというふうにも考えられます。

このように固定的なものから始まるほうが、実は集中力も高まります。双子座の火星は発散して勢いを無くす傾向があるので、ある程度範囲を制限されたほうが活力が保てます。一つのものをあれこれ細かく楽しむことに注意してみましょう。

4ハウスの火星

[4ハウスの始まりが双子座で、そこに火星がある場合]

4ハウスは家、落ち着く場所、眠る場所、無防備になって個人を捨てる場所を意味します。一方、双子座はいわば路上、道端、家の外の周辺などを意味しますから、あなたはわりにオープンな場所で落ち着くという傾向を持ちます。それは保護されていない空間ともいえるもので、そもそも双子座はサバイバルですから、安心して眠る場所よりも、少しは変化があり、風通しがよく、あまり整理されていない場所のほうが適しています。ということは、たとえばキャンプなども向いていることになります。また、部屋にしても、たくさんのものがゴミのように乱雑に置かれているほうがいいのです。双子座は風のサインで、文字通り、家では隙間風が吹き込んだりするなど、あまり暖かくなり過ぎない場所がよいでしょう。誰かと話をする時にも、家の中よりも近所の公園などの野外や、歩きながらのほうが火星は元気になります。いつも変化のある家。落ち着かない家。それを肯定的に見て、その可能性をもっと開発するとよいでしょう。

【4ハウスの始まりが牡牛座で、ハウスの途中から双子座になり、そこに火星がある場合】

4ハウスは家や落ち着く場所をあらわしています。そこが牡牛座になると、固定サインなので、なかなか引越ししないとか、じっと動かないという意味になります。一方でその後に変化の激しい双子座の火星が来ますから、外から見ると動かないのに、中ではたくさんの変化と興奮があると考えます。つまり家は変えないけど、家の中では事件がたくさん起きる。まるでハムスターのように、ケージの中では目まぐるしく忙しいということです。室内でたくさんの遊びがある人と考えると、男性ならばオタク的な人かもしれません。神経興奮をもたらすゲームなどは双子座の象徴ですので、室内でゲームに興奮している人というのも、このパターンです。また、スポーツジムなども、結局は固定的な場所の中にたくさんの運動器具があるのですから、同じだとも言えます。

双子座を情報活動とすると、ネットに夢中な人も、このパターンにあたります。バラエティーのあるものはみな、家の中の身近な手元に置いてあるということです。そのことを意識して、室内で汗をかくような運動を活発に続けましょう。そこにあなたの生命力を活発化させる鍵があることになります。

5ハウスの火星

[5ハウスの始まりが双子座で、そこに火星がある場合]

5ハウスというのは遊びやレジャー、あるいはまた子どもの遊戯のような行為をあらわしています。その場所に開放的な風のサインの双子座の火星が入ると、大人であっても子どものような遊び性を発揮します。そもそも双子座は、神経興奮とサバイバル的なスリルを味わうという要素があり、また5ハウスはゲームという意味もあるので、スピード感覚を伴うようなゲームに一番適しているのではないでしょうか。深く考えるよりは、瞬間的に判断するような性質の遊び方です。それにまた風の元素で柔軟サインの双子座は、興味が集中するよりは拡散していくので、あちこちと関心が移っていくようなやり方がよいのです。体を動かすよりは、反射神経を動かすというようなイメージで捉えてみましょう。また、狭い範囲を動き回るというような動作を伴うので、逃げるものを捕まえるとか、あるいは自分が逃げるなどの行動を含んだ遊びというのを考えてみるといいでしょう。

[5ハウスの始まりが牡牛座で、ハウスの途中から双子座になり、そこに火星がある場合]

牡牛座は動かないものであるのに対して、双子座は動くものです。その結果として〝動かないもの〟の中にある〝動くものと〟いう意味になってきます。つまり、箱の中や建物の中といった動かないものの中で、活発な運動があるということになります。私たちの体は、じっと静止していたとしても、内臓は休みなく動いていますが、それに似ています。となると、たとえば室内で遊ぶものというイメージで考えることもできます。

牡牛座は物をあらわしていますから、いつも変わらない器具を使うのだけど、動きそのものは常に変化していくというイメージも出てきます。気に入った道具などがあれば、それを活用することでさまざまな運動をするというような印象でしょうか。土のサインの後には必ず風のサインがやってきて、それは土を応用的に分散させるという意味を持っています。それは固まったものを柔軟にしていくという意味でもあって、堅い部分を動かしていくことです。その点では、体全体をストレッチして、固くなっているものを柔らかくしていくという意味でもあるでしょう。5ハウスの遊戯的な要素と、ストレッチのようなものを組み合わせて体操するといったことを考えてもいいのではないでしょうか。繰り返しますが、ここでは固まったものを動かしていくということがメインになってきます。

6ハウスの火星

[6ハウスの始まりが双子座で、その場所に火星がある場合]

6ハウスは働くということをあらわしています。このハウスではどんな時にでも役に立つということが大切です。そのため、運動するにしても、何か他の目的と結びつけたほうがやりやすいでしょう。何のために、何に役立つのかなど、実用性を考慮に入れないと動きにくいのです。目的のない散歩ではなく、どこかに行くために歩いているということならやりやすいということです。

また、双子座は分散する知性をあらわしていますから、一つのことにじっくり取り組むのではなく、忙しくマルチに作業をしていくほうが気楽です。休みなく変化していくものを扱うような仕事を通じて、自分の火星を鍛えていくのがよいでしょう。移動に関係のある仕事。じっとしていられない仕事。何かあるとすぐに動いていくような姿勢。あるいは、どうでもいいような細かいものまでも含めた情報を扱うこと。一つ一つの意義は考える必要はありません。むしろ意味のないことに熱中することが大事なのです。どんなことをしても、それらはすべて仕事に役立つことがキーです。

【6ハウスの始まりが牡牛座で、ハウスの途中から双子座になり、そこに火星がある場合】

入り口は固定的なもので、その内部では忙しい動きがあるというふうに考えますから、仕事においてはまず固定的な場所が存在し、そこからいろいろな場所に移動していくというイメージを伴っています。もしこれが入り口が双子座になってしまえば、仕事場を転々と変えていくということになるのですが、牡牛座の場合は変更が難しいので、ずっと同じ場所で、なおかつ内部的には変化が多いと考えたほうがいいでしょう。転職はしないが、仕事そのものは変化が多いというイメージでもあります。双子座はいろいろなことに分散していくので、同じ作業を繰り返すのはとても苦手で、常に休みなく変わっていくのがよいといえます。そうした仕事にエネルギーを使うことで、あなたの火星は元気になっていきます。労力を厭わないことが大切で、仕事に関しては徹底して取り組むほど、火星は元気になります。

双子座は軽さを表すので、重い仕事ではなく、軽く動きの速いものということを意識しましょう。6ハウスは要求に応えるという意味も持っています。いろいろな要求に対して素早く対応できるような柔軟な姿勢を維持することが大切です。

7ハウスの火星

[7ハウスの始まりが双子座で、その場所に火星がある場合]

7ハウスは対人関係や結婚、共同作業をあらわしています。双子座は分散する知性を示しているので、ここではいろいろな人と話をしたり、いろいろな人と交流することをあらわしています。特定の人との固定的な関係というものは意味していません。また、一人の人に長く興味を持つということも示していません。相手にあまり深入りしない状態で、いろいろな情報や会話が行き来するような状態が、あなたの火星を元気にします。突っ込んでみたり、突っ込まれたり、リズミカルな関わり方というのが大切でしょう。それはまるでピンポンやバトミントンのような感じかもしれません。実際のところ、速度の速いスポーツは双子座から見るとそんなに悪くはないものです。

7ハウスの火星は攻撃的な相手と関わるということもあらわしているのですが、そうしたところでサバイバルという行動とも関係してきます。必ずしも温和な共感を示しているわけではありません。ちなみに戦乱のさなかの中東地域は、地球では双子座をあらわしている地域です。

[7ハウスの始まりが牡牛座で、ハウスの途中から双子座になり、そこに火星がある場合]

個性的な対人関係の中で、いろいろな変化が起こります。7ハウスは対人関係を表すのですが、相手はそれほど変わらないという意味になります。にもかかわらず、その決まった相手との関わり方がいろいろ変化していくという意味になるのです。また、相手は火星のようであるということです。あなたは自分の火星を自分で発揮しようとしません。関わる相手にそれを投影するのです。したがって、相手に巻き込まれることを通じて、あなたの火星は活発化します。自分で計画せず、相手に振り回され、そのことで汗をかき、元気になります。漫才というのは、決まった相方がいて、話題がたくさん変化し、そこに刺激があり、突っ込んだり、突っ込まれたりします。こうした関係を構築することが、あなたの火星を健全にしていきます。

8ハウスの火星

[8ハウスの始まりが双子座で、その場所に火星がある場合]

8ハウスは深層意識ということもあらわしています。表面的な心理ではなく、奥底にあるものです。そこにどんどん深入りしていこうとします。しかしながら双子座というのは無責任な好奇心もあらわしているので、信頼関係があるというわけでもなく、ただ好奇心からのぞいてみたいということです。人の心の奥底を好奇心でのぞいていく。心霊的なものに対しても好奇心で取り組んでいく。この場合、いつでも手を引くことができるようでなくてはなりません。女性のホロスコープにとっては、火星はしばしば男性をあらわしていますから、男性と深入りする関係を意味していますが、それでもなお双子座は自分を守っていくサインなので、都合が悪くなれば退くことができることが不可欠です。言い方はおかしいかもしれませんが、修羅場を遊ぶというような意味でもあります。

[8ハウスの始まりが牡牛座で、ハウスの途中から双子座になり、そこに火星がある場合]

特定の相手との深い関係が維持されます。それでいて、その関係にさまざまな変化が起こることを意味しています。固定的な関係性が、状況に応じていろいろな関係に変わっていくというのは、一つの素材を余すところなく活用するような効率のよさをあらわしているのかもしれません。いわば、固定的な対人関係が味わい尽くされていく、そんな意味を持っています。いずれにしても、特定の相手と深く関わり、そこでいろいろなトラブルを体験したり、さまざまな変化を体験することが、あなたの火星を活発化します。

9ハウスの火星

[9ハウスの始まりが双子座で、その場所に火星がある場合]

9ハウスは思想や哲学、勉強、教養、また海外との関係などをあらわしています。双子座はいろいろなことに関心を向け、一つのことに集中しないので、これらのテーマに関してさまざまなバリエーションを展開していきます。たとえば、何か勉強しようとした場合も、一つのことを続けるわけではなく、あちこちに手を伸ばしていくのです。気がつくとバラバラになっています。しかしながら、それが楽しいのです。いろいろな講習会に出かけていったり、いろいろな稽古ごとをしてみたりすることでで火星を元気にしましょう。

【9ハウスの始まりが牡牛座で、ハウスの途中から双子座になり、そこに火星がある場合】

9ハウスの意味する教養、研究、思想などは、牡牛座の影響を帯びて抽象的なものよりは感覚的なもの、美意識に関係したもの、身体性に結びついたものとなる傾向があります。こうしたものをベースにして、そこから応用的に発展したものに関心を拡大していきます。土の元素から双子座の風の元素へ。これは具体的なあるものから、知識や応用的な情報などが生成されることをあらわします。何か一つのものに取り組むと、それがたくさんのバリエーションを作り始める。たとえばコショウに関心が向くと、そこからコショウの歴史、伝播ルート、貿易などに関しての知識へと拡大していきます。一つのことをしても、それが多様に拡散することが特徴です。一つのはっきりした目標をもとにして、結果としてさまよう、ふらつくということができるとよいです。

10ハウスの火星

[10ハウスの始まりが双子座で、そこに火星がある場合]

10ハウスは社会的な立場や仕事などを意味していますから、社会に対して攻撃的にアピールすることになります。双子座の性質からすると、たくさんの情報を扱うとか、言葉や知識に関係したこと、あるいは、いろいろな仕事を転々とすることなどに関係しています。自分を社会的に目立たせること、他の人の関わりで競争に勝つこと、あっと驚くような優れた能力を見せつけることなど。いずれにしても、会社員として協調的に働くというのはあまり適していません。それは双子座の特徴は競争にあるからです。仕事で成功することに熱意を傾けることで、あなたの火星は元気になるでしょう。

[10ハウスの始まりが牡牛座で、ハウスの途中から双子座になり、そこに火星がある場合]

職業の分野が牡牛座的なものになりやすい傾向があります。それは感覚的なもの、体に関係したもの、生まれつきの資質を発揮するもの、美意識に関係したものなどです。具体的には音楽や食べ物、色や香りに関係したもので、デザイン、美術などの分野かもしれません。後半の双子座の火星は、これらをもとにして多彩な発展をしていきます。双子座は、一つのことにじっと取り組むことができません。一つの素材を取り込んでも、そこからいろいろな派生物をつくり出していき、まるで初心を忘れたかのように脱線をしていく傾向もあります。職業面で多様に拡大していくので、実際には職業分野や肩書きからは想像もつかないようないろいろなことをしているというケースが多くなってきます。この双子座の性質は、職業的な肩書きなどにこだわっていると、かえって抑圧される傾向があります。自由に興味が向く方向にどんどん脱線させていくことは悪いわけではありません。また双子座は、一つのことだけをやっているとストレスを感じるので、最低三つぐらいのことを同時進行させたほうが健康にはよいでしょう。食べ物屋さんなのになぜか裏では自転車を売っている。こんなパターンも面白いものです。

11ハウスの火星

[11ハウスの始まりが双子座で、そこに火星がある場合]

11ハウスは友人関係などをあらわし、興味があるサークルなどの人の集まりに参加するような意味もあります。それは直接仕事には役立たない趣味の集まりですが、火星はそれに熱中するので、仕事そっちのけでクラブ活動にハマってしまうかもしれません。たとえば、趣味の漫画を描いていて、本業が手薄になるような人です。でも、火星はその人の生命力を高めるので、実際にそんなことになっても悪いわけではありません。楽しいほうが火星にとってはいいからです。知識や情報に関係ある集まり。これらに盛んに参加することで、あなたの火星を元気にさせるとよいでしょう。

［11ハウスの始まりが牡牛座で、ハウスの途中から双子座になり、そこに火星がある場合］

趣味で参加する集りなどで、そこからいろいろな発展性が出てきます。たとえば、料理教室に通っていると、そこで友人関係ができ、まったく違う分野の人を紹介してもらったりなどです。風は分散する性質ですから、牡牛座という固定的なものへの取り組みをしつつ、気がつくと予想もしないような発展が出てくることが特徴です。そのためには、長期的に続くサークルなどに参加してみるとよいでしょう。友人関係は忙しくなりますが、そのことで健康で元気になる結果に。

12ハウスの火星

［12ハウスの始まりが双子座で、そこに火星がある場合］

12ハウスは表からは隠れて見えない場所での活動をあらわしています。昔ならば隠遁するとか逃避することに関係したものでした。現代であれば、本人は隠れてどこにいるかわからないけれど、そのメッセージだけは発信されている状態と考えます。そういう意味では、マスコミやネットの世界をあらわしているとも言えます。身体と精神が分離すると、精神のほうがより広い方向に働きかけることができるということです。もし私たちが体を伴って活動する場合は同時にいろいろなところに行くことは不可能ですが、メッセージ、あるいは精神だけならば時間や空間に制約されずに拡大をしていくことができるのです。

　双子座は情報のサインですから、こうした隠れた見えない場所で活発に発信したり、情報が行き来したりするような状態をあらわしています。あるいはまた社会的な束縛を感じない場所で、行動したり、運動したりすることもあらわしています。真夜中に走ってみたり、果てしなく広く誰もいないような場所や人里離れた場所を散歩するということも火星を刺激します。人の住んでいない場所を探してみるのも興味深く思われるでしょう。


［12ハウスの始まりが牡牛座で、ハウスの途中から双子座になり、そこに火星がある場合］

　この火星の配置の人の場合、感覚的なものを通じて精神が解放されるという性質を持っています。たとえば、何かを食べたり、音楽を聞いたり、あるいは色を感知するといった感覚の運動の中で、精神が肉体をこえて拡大していくという体験をします。それがやがて、感覚が言葉になったり、印象がはっきりとした知識に変化するというように、多様な変化をしていきます。

　あなたの火星を活性化するには、精神的なもの、見えないもの、無限に開かれているものには、感覚を通じて向かっていくことができるこの性質を生かすとよいでしょう。そして感覚が言葉に変わっていくのを体験してみるといいでしょう。

それはどこにも出かけなくてもいい、つまり部屋の中に閉じこもってもできることです。絵をじっと見続けるのでもよいのです。

蟹座

General remarks

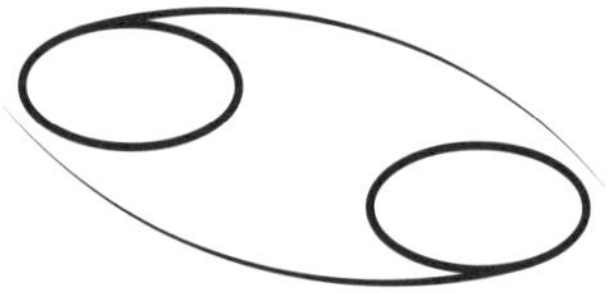

蟹座は水の元素で、これは情緒や情感の強さをあらわし、加えて活動サインなので、積極的に自分から働きかける愛着などもあらわしています。水のサインは結合力という意味で、人に対して反発したり、対立したりすることを嫌います。だから、自分の意志をはっきり言えなくなります。そのために蟹座の火星の人は、自分を押さえ込んでいるように感じ、ストレスがたまりやすい傾向があります。また、蟹座は家やリラックスできる場所をあらわすので、内輪では火星の意志や怒りを出すのに、外ではおとなしいという傾向を作っ

てしまいます。ごく一部ですが、外では借りてきた猫のようにおとなしいのに、家庭内暴力をふるっているというケースもありえます。

意志が内向きになるのが悪いというわけではありません。むしろそれが内面の強さへと結びつくことも多いのです。

サビアンシンボルという、ホロスコープの円の360度の1度ずつに象徴的な言葉をあてはめたものがありますが、蟹座の13度のシンボルが「親指を折り曲げて、他の指で包んでいる」というものです。親指はもともと意思表示をあらわすもので、それを外に出さずに内側に隠すということです。蟹座はもともと夏至点から始まるサインで、これは水分を含み、暖かく、成長力のある夏をあらわしていますから、内側から膨張するもの、育てていくことをあらわしているのです。母胎の中でだんだんと成長していき、十分に硬くなるまでは外に出ないというわけです。

外に出るとおとなしくなってしまうということを意識し、何かする時は室内で取り組むのです。また親しい人の間では意思表示をしやすいのですが、知らない人に囲まれると、はっきり言えなくなるということも。そもそも水のサインは相手と同化して結合する性質なので、スポーツにはあまり向いていません。ですから火星を発揮するために運動するのは効率がよくありません。

蟹座の象徴としては、家庭内のこと、育成すること、情感的なもの、また育てるという意味では食育も関係し、食べることなどとは密接に関わります。食物は味覚や体内に取り入れるという点では牡牛座であり、育てるという意味では蟹座ですので、牡牛座と蟹座のセットは料理など食物に関係した仕事の人の王道です。火星は刺激の強い、新陳代謝が活発になるという意味ですから、スパイスを活用した料理なども蟹座の火星には関係しやすいと考えてもいいでしょう。太るようなものは金星や木星ですが、カプサイシンが含まれたようなホットで刺激的なものは火星に対応します。辛いだけでなく、さまざまな刺激のあるスパイス類はみな火星に関係していると考えてもいいでしょう。

蟹座は内臓をあらわしています。また、火星はシュタイナーによると、特に胆汁に対応しているそうです。胆汁は木星をあらわす肝臓で作られ、界面活性剤として脂肪を乳化して細かい粒にして消化吸収できるようにします。いわば脂肪の塊を攻撃して粉々にし、無力化して取り込んでいくわけです。蟹座の火星は、このように内臓の中では活発で力強いのです。スパイスなどの刺激のあるもの、また火鍋のように熱いもの、新陳代謝を高めるような食べ物や料理に凝ってみるのも、蟹座の火星を活用することになります。基本的なイメージとしては、力強く元気な内臓というふうに考えてみるとよいでしょう。そのためにできることをすべてしてみましょう。

また、蟹座は聴覚に関係するともいわれています。聴覚は身体の外に広がる感覚です。蟹座が室内的なものなら、室内聴覚の場ということでカラオケもいいのではないでしょうか。有名な作曲家の多くは、ホロスコープ内で蟹座がとても強い位置を占めています。これは音楽が情感的なものだということと、やはり聴覚的な領域だからなのでしょうか。火星は興奮作用ですから、盛り上がる性質の音楽は蟹座の火星に関係すると考えましょう。

ただし蟹座は活動サインなので、受身になることを嫌います。あまり受動的ではないのです。感情は自分から発するけれども、誰かのものを受け入れることは苦手です。常に何かに愛着し、それを育成しようとするというのには適しています。まだ人気の出ていないミュージシャンやバンドなどの追っかけもいいですね。十分に認められたものに対しては見向きもしないのに、未熟なものは育てるのが蟹座です。誰も知らなかったのに、自分が最初に発掘したんだというようなグループならば応援できるのです。

Particulars of each house

1ハウスの火星

[1ハウスの始まりが蟹座で、そこに火星がある場合]

相手に同化する蟹座の性質のために、生まれつきのキャラクターがおとなしく見えます。蟹座は器の中の水をあらわし、外には水（意志）は飛び出さないが、器の中、すなわち親しい家族的な関係の間では火星が強く出てきます。そのため、知らない人、親しい人の間で態度が違います。器の中で煮たっているというイメージで考えるといいと思いますが、内部で熱くなり、それが臨界レベルに達すると、行動に結びつくということになります。風や火のサインは異化作用なので、離れる、遠ざかる、どこかに行く、飛び出すという作用で、水のサインの場合には何かに深くもぐりこむ、没入するということなので、結びつくことに情熱的になるということになります。愛着があるものに積極的に近づく、そして同調するということに興奮作用があるわけです。とくに蟹座は聴覚に関係すると言われているので、共感の感情が身体から外に波動のように拡大していくということです。新しく作るのではなく、既存の愛着のわくものに向かいましょう。

［1ハウスの始まりが双子座で、ハウスの途中から蟹座になり、そこに火星がある場合］

双子座は分散する興味をあらわしています。つまり、一つのことに集中することがなく、関心が複数のいろいろなものに向かっていくのですが、このたくさんの可能性の中から一つのことに深く集中していく方向に態度が変化していくのがこの火星配置のパターンです。たくさんの商品を並べてその中からどれかを選ぶことに似ています。初めから一つしかないとその価値がわからない。でも比較すればどれか一つを選ぶことができる。そのため、行動する時に自由に選べる状態を確保しておく必要があります。また、風のサインのあとには必ず水のサインが出てくるのですが、これはいろいろな部品を接着剤でくっつけて一つのものを作るという意味にも結びついています。プラモデルのようにたくさんの部品があり、後でそれは一つのものに統合されていくのです。バラバラなものがたくさんあるというイメージではパズルなどもそういうものでしょう。部品を組み立てるということに熱中してみましょう。それはあなたの火星を元気にさせます。

2ハウスの火星

[2ハウスの始まりが蟹座で、そこに火星がある場合]

2ハウスは所有物や金銭収入をあらわす場所です。蟹座が象徴する分野で積極的に働きかけることでお金が儲かるということを意味しているので、食べ物、子どもに関係することと、育てること、住居に関係したもの、日用雑貨、水に関係したものなどが収入に関係しやすいことになります。特殊な題材ではなく、誰にとっても必要な生活の基本的なものに関わるような分野に取り組むと収入がスムーズになります。また、お金を儲けることに興奮し、規則的な収入よりやる気になった分だけ増えるような種類の仕事が適していることになります。積極的に商売に取り組んでみましょう。

［2ハウスの始まりが双子座で、ハウスの途中から蟹座になり、そこに火星がある場合］

2ハウスは収入をあらわしますが、この配置パターンでは、収入の道を探す段階では双子座のようにたくさんの情報があり、後でそれが一つにまとまっていくという二重構造を持っていることになります。双子座は〝外で遊んでいる子ども〟というイメージです。蟹座はその子どもが家に戻ってくるというイメージとなります。もちろん、火星は蟹座にあるわけですから、外で遊んでいることがメインではなく、戻ってきて熱くまとまることのほうに意義があります。乾いてバラバラになったものが、火星が意味する熱を加えられ、蟹座が意味する水分を含んでまとまっていくというイメージです。

あるいはまた、蟹座は、結合して家族になるというところから、結婚などにも関係します。こうした方向で仕事をしていくということが火星を元気にしていくことになります。

3ハウスの火星

［3ハウスの始まりが蟹座で、そこに火星がある場合］

3ハウスは移動や初等教育、知的な発展ということに関係しています。蟹座は感情をあらわすサインなので、感情抜きで知的に学習したり、興味を持ったりすることができません。そのため、どうしても興味があるものに集中し、他のことには関心が向かないということができますから、たくさんの科目を勉強しなくてはいけない初等教育の段階で偏りができてしまいがちです。たとえば国語はいいけど、算数が嫌いとか、なじむ・なじまないということに振り回されてしまうのです。愛着があるものにくっつくという蟹座イメージと、3ハウスという移動を結びつけると、愛着のあるものを追いかけて移動するということになります。好きなバンドのツアーを追跡するということも考えられるかもしれません。蟹座は作り出さず、受け取るか吸引し、それを育てることをします。また、蟹座は家庭内を意味し、3ハウスは兄弟なども意味します。つまり家族内で戦うというような作用です。これもまた火星の活性化の鍵です。

[3ハウスの始まりが双子座で、ハウスの途中から蟹座となり、そこに火星がある場合]

双子座は、外を歩き回ることや、決して内輪に入り込んでこないものなどをあらわします。外には雑菌などもたくさんありますが、途中から蟹座に、つまり家の中になると、蟹座は内臓を意味するので、そこに雑菌などが入ると傷つくことになります。そのため、外にあるものを内に持ち込んだ後に、熱と水を加えて心理的に深くなじむものにしていくのです。この推移が、3ハウスにあらわれてくることになります。たとえば、見知らぬ人たちを集めて仲間にするということもあるでしょう。バラバラに存在しているいろいろな言語のもとにある、ルーツ的なものを探索するということもあるでしょう。いずれにしても分散してばらばらになったものを統合化するような知性ということです。こういった推移を経るものが、あなたの火星を刺激します。

4ハウスの火星

[4ハウスの始まりが蟹座で、そこに火星がある場合]

4ハウスも蟹座も両方とも、家や不動産、落ち着く場所、眠れる場所などをあらわしています。火星は熱くなるので家に熱中します。しかし、家の中では火星は燃えても、外では燃えません。他人からはわからないところで燃えているのです。室内の暖炉というのは、この4ハウス、あるいは蟹座、火星のイメージです。それは外に熱を逃がさないことにメリットがあります。また4ハウスも蟹座も土地や、その地下をあらわすので、地下に熱のある温泉もこの配置パターンの象徴です。あなたの火星の刺激に温泉はいいと思います。

[4ハウスの始まりが双子座で、ハウスの途中から蟹座になり、そこに火星がある場合]

双子座は外をあらわし、蟹座は家の中をあらわします。4ハウスにこの二つのサインが同居しているケースでは、入り口の開かれた家や、あるいは門から家までの距離があり、門は人が出入りしてもいいが、奥にある家屋（蟹座）には入ってはいけないというイメージとなります。つまり、家は二重構造で、途中までは人が出入りしてもいいのです。火星は蟹座を大切にしていますが、単に閉鎖的なのではなく、ちゃんと双子座という外部との接点を持っています。外に向かってアピールしているけれども、実は閉鎖的な武道の道場のようなイメージでもあります。つまり、閉鎖された蟹座空間で戦っているのです。この配置パターンの人の場合、火星という興奮作用は外にむき出しになっていない閉じられた場所で維持できます。スポーツなども室内でするほうがいいです。

5ハウスの火星

[5ハウスの始まりが蟹座で、そこに火星がある場合]

火星が5ハウスの場合、5ハウスが意味する遊び、ゲーム、創作などで火星の力は発揮されますが、自分から発揮しない場合、5ハウスの象徴である子どもが火星のようになり、子どもがかわりに発散するということもあります。つまり自分の火星を子どもに吐き出し、かわりに暴れてもらうということです。蟹座は家庭内を意味するので、5ハウスの遊びも、室内でするものがよいでしょう。他人や外に触れると、とたんに力を弱めていくのが、この配置パターンの火星です。完全燃焼ができなくなってきます。また、限られた狭い範囲の中で楽しめるとなると、どうしても遊びのサイズも小さくなりがちかもしれません。また、5ハウスは投資などもあらわし、蟹座は不動産をあらわすので、不動産投資というようなことも、火星の活性化につながるでしょう。

[5ハウスの始まりが双子座で、ハウスの途中から蟹座になり、そこに火星がある場合]

双子座は外にあって分散したものをあらわします。一方の蟹座は、内輪にあるものをあらわします。これを5ハウスが意味する子どものイメージで考えると、あまり愛着のわかない子どもと、特別に愛着がある子どもの二人がいるような、2種類のもので構成されていると考えることができます。言いかえれば、外にあるものと、内にあるものの2種類です。もちろん子どもというイメージで考えず、遊び、趣味、ゲーム、賭け事などで、この二層構造を考えてみてもかまいません。たとえば、たくさんある候補から一つを選ぶという、抽選などにも関係します。双子座は通信、手紙などもあらわしますから、懸賞に応募するような種類のものかもしれません。あたれば、内側に入れて熱くなるというわけです。

6ハウスの火星

[6ハウスの始まりが蟹座で、そこに火星がある場合]

6ハウスは働く場所を意味するので、そこに火星があると、盛んに仕事をすることで火星は元気になります。蟹座的な分野が仕事によいとなると、それは家や室内に関連したこととなり、たとえば家を建てる仕事、内装、レストラン、閉鎖的で落ち着いた場所を作ることなどになります。また6ハウスは訓練も意味するので、ここでも室内で練習したり運動したりすることから、ジムなどがよいことになります。

蟹座は内側から同化して、相手を育てるということに関係します。保護された中での育成ということでは、ビニールハウスなどもイメージされます。また、6ハウスは穀物の育成にも関係しています。

[6ハウスの始まりが双子座で、ハウスの途中から蟹座になり、そこに火星がある場合]

双子座は家の外に関係し、蟹座は家の中に関係しています。ここから類推すれば、ものを家に持ち込む運送などとも関係してきます。でも、そもそも火星が蟹座だとあまり動きたくなくなるので、たとえば運送関係であれば内勤みたいなものになります。さまざまな地方から送られてきたものを一ヵ所に集めて調理するようなイメージもあります。部品を集めて、室内で組み立てるようなイメージも。双子座が関わると、蟹座の家はすぐに解体できるプレハブのようなものになるかもしれません。部品を集めて仮に組み立て、そしてまたすぐに分解できるものが、この火星の配置パターンがあらわすイメージです。

7ハウスの火星

[7ハウスの始まりが蟹座で、そこに火星がある場合]

7ハウスは対人関係を意味するので、人との関わりに熱くなります。蟹座は内輪なサインなので、家族的な関係などのとても親しい関わりの中で感情の交流が活発です。この関係は比較的閉鎖的なので、いつでも同じ人と親密に関わるということが多いでしょう。この関係が続くと自他の境界線がなくなってしまい、相手と自分の混同も起きやすいです。火星をケンカという意味で解読する人もいますが、そういうケンカがあると、そのぶんさらに親密になるような関係です。しかも、互いに大人的な発言をしない面があり、ケンカの原因がどちらにあるのかわからないことが多いでしょう。

[7ハウスの始まりが双子座で、ハウスの途中から蟹座になり、そこに火星がある場合]

対人関係が二層構造になっていて、一つはあまり深く関わらない不特定の話相手のような人たちとの関係、もう一つは親密に交流し、たがいのテリトリーがないような少数の人との関係で、これらを使い分けます。この2種類の人たちに対しては、言うことも違うでしょう。親密な関係のほうでは盛んに感情の交流があり、それがあなたの元気を強めることになります。この関係維持のために、かなり無理なことをするでしょう。

8ハウスの火星

[8ハウスが蟹座で始まり、そこに火星がある場合]

8ハウスの蟹座は、家族的で親密な関係の相手から、いろいろなものを贈与されたり、援助してもらうことをあらわします。その場合、互いのテリトリーがなくなるほど、相手との関係に深入りしたほうが、得るものが大きくなります。また、自分で何か決めるよりも、相手に指示されたことをしたほうがメリットが大きいでしょう。このことに熱意をもって取り組むことが、あなたの火星を活性化します。

[8ハウスの始まりが双子座で、ハウスの途中から蟹座になり、そこに火星がある場合]

尊敬する人たちや、何らかの組織などによって能力を鍛えられることをあらわします。ハウスの始まりが双子座なので、さまざまな知識を伝授された後、自分を鍛えてくれた人や組織の後継者のような立場になりやすいでしょう。何をすべきかを自分の自由意志で決定するよりも、他者や組織に従うことのほうがよい結果を生み、火星の生命力がより強まります。

9ハウスの火星

[9ハウスの始まりが蟹座で、そこに火星がある場合]

9ハウスがあらわす哲学、思想、教養、勉強などの分野で熱くなります。しかしながら蟹座は、親しみあるものにだけ積極的にアプローチし、その反対に自分の感情を刺激しないものには見向きもしないので、他人の目にはあまり知的な感じに映らないかもしれません。共感のできる分野や考え方に対しては、情緒的に深入りして過大評価してしまう傾向があります。この深入りした思想に熱くなるというのが特徴ですが、そのことで元気になれるので、悪いことではありません。何か共感できる重要な意義をもったテーマを研究したりするかもしれません。

[9ハウスの始まりが双子座で、ハウスの途中から蟹座になり、そこに火星がある場合]

いろいろなことに関心を抱き、広い教養を持つ人が多くなります。しかし、このさまざまな知識の中で、特別扱いのものが一つだけあり、それを考えると熱くなる傾向があります。むしろ、その特別扱いの知識を大切にしたいがために、他のものにも広く関心を持つという姿勢ではないでしょうか。この思想、探索、研究などによってあなたの生命力が高まります。

10ハウスの火星

［10ハウスの始まりが蟹座で、そこに火星がある場合］

いわばあなたの社会的な看板が10ハウスで、そこに火星があると、自分の主張を社会に向けてはっきりと表明したいという熱望が強くなります。一方で、蟹座はストレートに意志が出にくいサインなので、その表明も婉曲な表現になってしまいます。また、大きな組織や国家に関係したものに所属することで、自分の主張をはっきりとさせることもできる人です。あまり独立独歩の人ではないのですが、そのぶん、大きなものに意志を合わせる面が強くなるでしょう。組織の代表のような姿勢で、自分を前面に出すような立場をとると、火星は活発化します。

［10ハウスの始まりが双子座で、ハウスの途中から蟹座になり、そこに火星がある場合］

いろいろな仕事を転々として、その後、落ち着く方向に向かうことを暗示しています。また、仕事のしかたも、バラバラな状態のものをまとめていくような取り組み方になります。たとえば、部品を集めて全体としてうまくまとめていくような仕事、熱意を持って取り組みます。また、どこかに移動したり、引っ越したりするのも、次に戻ってきた時により高度なものに取り組むための下地作りと考えるとよいでしょう。分散し、まとめ、また分散しというスタイルを繰り返す傾向がありますが、この活発な活動の中で、火星は元気になります。

11ハウスの火星

[11ハウスの始まりが蟹座で、そこに火星がある場合]

後天的な家族、第二の家族のような関係に、あなたは熱意を持ちます。たとえば血縁ではないのに家族的な関係の輪ができて、そこに思い入れするというようなことです。施設の子どもたちの面倒を見るというようなことも、このイメージに属しています。そういう人たちを助けることに熱意を抱き、そのことで火星が活発化します。

[11ハウスの始まりが双子座で、ハウスの途中から蟹座になり、そこに火星がある場合]

意見がばらばらな人をまとめて、グループにしていくという能力があります。対立より調和という方向に仕向ける力を持っています。意見の合わない人たちを協調させるように誘導することは、有意義な活動です。自分の身近ではない場所を家族的に感じ、共同で人を助けたりすることもあるでしょう。支援活動などに積極的に取り組むとよいでしょう。

12ハウスの火星

[12ハウスの始まりが蟹座で、そこに火星がある場合]

何かを失った思い出や、家族や国家、民族などへの思いがあり、形がなくなったにもかかわらず、そんな郷愁があなたの感情を刺激します。目に見えるものの中には行動の動機を刺激するものは少なく、むしろ失われたもののほうに情熱を掻き立てるものがあります。神聖な意志というものを意識することが多く、この意志の聖別をすることが大切です。すると、非個人的な大きな集団的な意志がチャージされ、神聖な行動をとることになり、それが火星の作用としてあなたを活性化します。

[12ハウスの始まりが双子座で、ハウスの途中から蟹座なり、そこに火星がある場合]

分散した断片を集めて、失われたものを再現しようとすることに熱意を抱きます。あとになるにつれて高邁な理想というものが生まれ、それが火星を刺激し、あなたを積極的かつ元気にします。しかし、日常生活では、なんとなく決断力に乏しく、意志の弱い感じに見えるところがあり、それは行動力や決断力などを訓練する場がなかったか、あるいはその模範となる人が失われたからかもしれません。

獅子座

General remarks

獅子座は火のサインで、これは高揚感、精神性、表現することなどをあらわします。また、とくに獅子座は熱感覚も象徴していて、いわば一人だけ精神的に熱い状態でいることを意味しています。そのために周囲との温度差があり、これが孤立を生み出しますが、同時に、獅子座のやむことのない創造意志を温存できるのです。獅子座は固定サインですが、これはずっと変化しないで続くものをあらわし、火・固定サインというのは、いつまでも消えない永遠の火という意味でもあります。変ることなくいつも同じというのは、たとえば同じ物語が繰り返される演劇や演技、儀式などもあらわします。演劇が儀式的なのは、同じ所作をすることで同じ情熱が蘇るという作用を活用するからです。

火のサインはスポーツに関係していますが、休みなく変化する対戦ゲームは柔軟サインの火である射手座のほうに適しており、型にはまった獅子座は、次々と変化していく相手の攻撃をかわすことが苦手です。そのため、演劇的なスポーツが向いていることになり、たとえばフィギュアスケートなどが獅子座向きということになります。

獅子座に関係する天体は太陽で、これは言うまでもなく太陽系の中心です。自分が中心になる主役的なものが獅子座に適していますから、見せるもの、自慢できるもの、誇らしいものということが大切です。時に獅子座性の強い人に落ち込みの激しい人がいますが、それはそもそも、常に熱くありたい獅子座の基準からは、普通で平凡な状態であることがすでに落ち込みの原因になってしまうからです。普通であること、平凡であることは蟹座から見るといいことですが、獅子座にとってはマイナスに受け取られることなのです。

獅子座にとっては火星のスイッチを常に入れておく必要はなく、時々活性化すればいいでしょう。日ごろはおとなしい人が、時に思い切ったことをするということでかまいません。日常的に継続することは太陽や月の受け持ちで、火星は時に応じて活躍します。時々いつもの人格が変わるという人は、火星が獅子座なのに対し、太陽や月がずっと地味なサインなのかもしれません。この場合、火星の力が発揮されるのは、演劇的、儀式的、目立つもの、派手なものということになります。以前、若い女性がバイクを走らせているのを目撃した時、すばやいスピードと切り回しで、ほとんど演技を見ているかのようでした。これも獅子座的と言えます。彼女は人の視線を意識していましたから。

　繰り返される所作としての運動は、ストレッチやタバタ・プロトコルのようなインターバル運動などがそうです。いつも同じことを繰り返している間に、日ごとに熱くなり、上手になっていきます。森光子さんは放浪記を２０１７回公演したそうですが、途中で飽きるどころか、回数を重ねるごとに高揚感を高めていったことでしょう。これが獅子座の性質です。

　決まった動作が繰り返されるということでは、ダンスなどもよいでしょう。ゆっくりとしたものでも、また速いものでもよいし、古典的なものでも現代的なものでもいいのですが、獅子座の固定サインからすると、パターンが次々と変化するものはストレスになりますから、アドリブがないもののほうがよいかもしれません。獅子座に関係した太陽は恒星ですが、恒星という天体は神話的、元型的な性質を持っているものなので、神話的なものを表現するということにも関係があるかもしれません。とすれば、ねぶたや阿波踊りなど日本の伝統的なお祭りも関係づけてもいいでしょう。もともと獅子座には「山車《だし》」というシンボルがあるのですが、これはお祭りで頂点にいる人をあらわします。一年中ごろごろしているのに、お祭りになると、いきなりスターになる人。これもまたとても獅子座的な火星のスタイルです。

　固定サインの火は年齢にも時代にも関係ないという点からは、レトロな趣味を持つのもよいです。日々移り変わる時代の変化というものを獅子座の火星は嫌うので、古くても愛着のあるものに取り組むとよいのです。

Particulars of each house

1ハウスの火星

[1ハウスの始まりが獅子座で、そこに火星がある場合]

あなたは、わがままな人に見られることが多いかもしれません。でも、あなたの個性は言いたいことを言い、好きなことをして楽しい人生を歩むことです。生まれてきたからには、好きなことをしなくては面白くありません。キャラクターとして尖っていたり、浮いていてもかまうことではありません。他の人に自分を見せるような特徴的な自己表現することで、あなたの生命力は活性化します。スポーツは、ある程度形の決まったものをするとよいと思います。一人で黙って取り組むのは適していません。いろいろな人が見るようなところがよいでしょう。

［1ハウスの始まりが蟹座で、ハウスの途中から獅子座となり、火星がある場合］

表向きおとなしいように見えますが、内面には強い自己主張や自己表現欲が隠れています。場所や時を選ばず本来の自分をむき出しにすることは躊躇してしまうので、自分自身をさらしても安心できるところで自分を表現することになるでしょう。いわば小劇場やサロンでの演技といえます。少数の人が、あるいはよく知っている人たちが見てくれる場所で、演技していくというような姿勢がよいでしょう。自分の部屋の中に舞台があるというようなイメージで、考えてみるといいかもしれません。

2ハウスの火星

［2ハウスの始まりが獅子座で、そこに火星がある場合］

2ハウスは商売や収入に関係しています。獅子座はお祭りなど演出的なものをあらわすので、たとえばイベントなど面白いことをしてお金儲けをすることがあなたを燃えさせます。また、火星の場合には、盛り上がれば盛り上がるほど儲けも大きくなってくるのです。もしあなたが会社員だったとしても、休みの日を利用して何かそういうお祭り的なもう一つの収入を確保しましょう。それを本業にしてもかまいません。

[2ハウスの始まりが蟹座で、ハウスの途中から獅子座になり、そこに火星がある場合]

2ハウスは商売や収入に関係しています。この火星の配置パターンの場合、むき出しの獅子座ではないので、公共の組織や企業などに保護された環境で、自由にアイディアを出して仕事をしていくというスタイルとなり、それがあなたの火星を刺激します。安心できる場の中で好きなことをするとなると、ある程度は自由が制限されてしまいますが、それでも獅子座の火星は満足します。また、企業内でイベントをすることがあっても、火星が2ハウスなので、お金が儲からないとやった意味がないと考えるのがあなたです。

3ハウスの火星

[3ハウスの始まりが獅子座で、そこに火星がある場合]

3ハウスは勉強、近距離の移動などに関係しています。教育などにも関係します。獅子座らしい演劇的なもの、楽しいもの、創造的、遊び的なことに、移動というものを加えると、いろいろな場所を移動しながらイベント的なことをするのがいいとも考えられます。そのことで多少迷惑をかけたとしても、気分がすっきりします。

[3ハウスの始まりが蟹座で、ハウスの途中から獅子座になり、そこに火星がある場合]

ハウスの始まりが蟹座なので、集団から一人で飛び出すという獅子座的行動ができません。そのため、何か公共の組織や仲間の目的にあわせて移動したり、獅子座的行動をすることになるでしょう。たとえば学校などのイベントで何かを演じたりするなどというイメージです。そんなことができる組織などを探してみるのもいいでしょう。演劇的なもののほうが火星は活躍できます、

4ハウスの火星

[4ハウスが獅子座で始まり、そこに火星がある場合]

4ハウスは家や不動産、または落ち着いて眠れる場所などをあらわします。つまり、自宅などの落ち着けるところに、楽しいことや派手なことができる空間があるとよいということになります。自宅で演劇をするというのはおかしいかもしれませんが、実際、自宅にカラオケルームを作っている人もいます。個人的に楽しむだけでなく、イベント的に表現するような場を自分で作ることも、火星の活性化にはよいでしょう。

[4ハウスの始まりが蟹座で、ハウスの途中から獅子座になり、そこに火星がある場合]

4ハウスは自宅のような安らかでくつろげる空間をあらわしますので、そんな落ち着い

た空間で何か楽しいことをすることが火星の活性化につながります。屋内で、あまり目立たずに、個人的に遊べるものがあるといいでしょう。ハウスの始まりが蟹座なので、それは周囲から隠され、保護された空間の中でないとできないことを意味します。つまり、外からは静かに見えても、中はにぎやかというような構造がいいでしょう。屋外ではなく、屋内で、遊んだりスポーツをしたりするのがよいというわけです。

5ハウスの火星

[5ハウスの始まりが獅子座で、そこに火星がある場合]

獅子座と5ハウスは相性がよいので、獅子座的なものが強調されることになります。楽しい遊びや派手に表現すること、創作すること、演じることなど、これらのことで何か一つ目立つことをしたいと思うでしょう。同時に、他人に従うのではなく、自分の好きなことを好きなように外に向かって表現したいと思うはずです。火星は自分の中の子ども的な要素を開放したいのです。それはスポーツ的なことでも、演劇的なことでも、どちらでもかまいません。

[5ハウスの始まりが蟹座で、ハウスの途中から獅子座になり、そこに火星がある場合]

蟹座があらわす安心できる場の中でコンパクトに、獅子座的に楽しむというスタイルになるでしょう。できれば、自分から積極的にチャレンジするのでなく、組織や会社などが用意してくれた場の中で楽しむほうを好みます。つまりは年末の会社のイベントで何かしたりというほうが、あなたにとっては楽なのです。また室内で趣味に興じることも、あなたの火星らしい行動です。家の中に趣味のおもちゃや道具があり、それで遊ぶというのはちょっとオタク的かもしれませんが、あなたの場合はそれでバランスがとれるので大丈夫です。

6ハウスの火星

[6ハウスの始まりが獅子座で、そこに火星がある場合]

6ハウスは働くことをあらわすので、自分で企画を実現でき、しかも楽しい仕事に燃えることが火星の活性化につながります。自己表現のできる仕事で、楽しいならいくら労力がかかっても惜しくないと思うでしょう。また自分の感情や衝動をコントロールすることに関心があるので、そういう訓練をするのもよいかもしれません。たとえば、笑いたくない時でも、笑えるといったことです。

[6ハウスの始まりが蟹座で、ハウスの途中から獅子座になり、そこに火星がある場合]

蟹座が象徴する組織など大きな集団に守られた中で、自分のアイデア、企画を出せるような仕事で火星が活性化されます。たとえば企業の中であっても、企画を生かせるような立場にあると満足できます。決められたことをこなすだけではストレスがたまる一方で、遊べる要素が含まれていないとあなたには無理です。もしもこれから就職するのなら、そんな働き方ができるかどうか、前もって調べたほうがよいでしょう。

7ハウスの火星

[7ハウスの始まりが獅子座で、そこに火星がある場合]

7ハウスは対人関係をあらわしますので、そこが獅子座ということは、派手な自己主張の強い人に囲まれ、そのなかで人格形成がされることを意味しています。あなたはクセの強い表現者ばかりを相手にすることになるでしょうが、そこでセンスを磨くことができます。また、何か楽しいことを人に見せつけるような活動、仕事などをすると、それが評価され、同時に演出など見せ方に詳しくなっていくでしょう。7ハウスは人との関係において人がどう見ているかを意識するハウスですので、宣伝、広報などでも、あなたの火星は活躍できるでしょう。

【7ハウスの始まりが蟹座で、ハウスの途中で獅子座になり、そこに火星がある場合】

7ハウスは対人関係をあらわしますが、蟹座的な関係と獅子座的な関係というように、あなたの対人関係は二重構造のようになるでしょう。蟹座的な親密な関係の中に、冒険できるような獅子座的な少数の仲間ができます。7ハウスが蟹座の場合、1ハウスは山羊座になりますので、あなたの表向きのタイプは山羊座的な地味なものかもしれません。そのため、地味なノーマルな人には似合わないような冒険的なことに、仲間と一緒にチャレンジするように周囲には見えることでしょう。一人ではなく、よい相棒たちと一緒に、楽しく冒険的なことをしましょう。

8ハウスの火星

【8ハウスの始まりが獅子座で、そこに火星がある場合】

8ハウスは、他人からの贈与や継承をあらわします。獅子座が象徴する自己表現などの創造的なこと、遊び的なものなどを師にあたるような人から学んだり、あるいは演劇の訓練を受けるというようなことをするでしょう。楽しい仕事を受け継ぐことなども考えられます。自分からは何一つ挑戦しませんが、師匠などから継承する姿勢でいるなら、かなり大胆なこともできます。獅子座の火星ですので、たとえばお笑いに弟子入りして学ぶようなことも当てはまります。

[8ハウスの始まりが蟹座で、ハウスの途中で獅子座になり、そこに火星がある場合]

蟹座があらわす家族的な関係の人などから、獅子座があらわす遊戯的なものや創造的なものを受け継ぐことを意味します。それはお金かもしれませんし、技芸などの継承かもしれません。自分から作り出さなくてもすみ、相手に合わせて受け身で習得すればいいので、気楽ではあります。でもこれらは外から見ては目立たない、親密な関係の中でないとわからないような種類の仕事や活動になります。教えてくれる相手に深入りすればするほど、情熱的になり、火星も元気になります。

9ハウスの火星

[9ハウスの始まりが獅子座で、そこに火星がある場合]

9ハウスは海外に関係するので、演劇などの創造的なこと、あるいは投機について学ぶために海外留学をしたり、あるいは海外で実際にそういう活動をしたりするかもしれません。たとえばニューヨークのブロードウェイに演劇やミュージカルを見に行ったり、レッスンを受けたりするようなことです。また、国内でよりも、海外でのほうが大胆になれるという意味もあります。獅子座的に、表現を大げさにしていくトレーニングをすると火星が元気になります。

［9ハウスの始まりが蟹座で、ハウスの途中で獅子座になり、そこに火星がある場合］

蟹座があらわす、学校など集団で学ぶ場で吸収し、学び終えると、こんどは教えたり発表したりする側に変わります。まずは模倣から始まりますが、やがて獅子座的なオリジナリティを発揮するようになります。初めはおとなしいけれど、後に積極的な人に変わるわけです。創造的なテーマのものを学ぶとよいでしょう。スポーツなど、体を動かすことにも適しています。

10ハウスの火星

［10ハウスの始まりが獅子座で、そこに火星がある場合］

社会的な立場や仕事上の立場を、独自の個性的なものによって確立したいと思い、実際にそれができる人です。若いころは、尊大な感じや挑発的な発言で年上の人たちから嫌われるかもしれませんが、年齢を重ねるごとに中身と姿勢がマッチしてきます。自分を表現できるような仕事が適しているので、書いたり話したり、あるいは舞台の前面に立ったりという役回りであれば、満足します。組織に所属するよりは、自分一人で仕事をするほうが火星が元気になります。

【10ハウスの始まりが蟹座で、ハウスの途中から獅子座になり、そこに火星がある場合】

所属する大きな組織などに保護されながら、仕事として自由な表現をするような立場になる人です。エネルギーを外に放出する、あるいは自分から飛び出していくというのが獅子座の火星の意味ですが、ハウスの始まりが蟹座ですので、この獅子座の火星の放射の準備を、蟹座的な集団が助けてくれます。たとえば、会社が用意してくれた余暇や資金、名目などのおかげで、自分が頑張って準備しなくても目標が実現できます。むしろ、一人では何もできない傾向があります。

11ハウスの火星

【11ハウスの始まりが獅子座で、そこに火星がある場合】

この火星の配置の場合、たとえば演劇や漫画の会など、仕事外の趣味の集まりに参加し、それに熱中してしまうので、仕事に身が入らなくなる人もいるかもしれません。でも、重要なのは自分の中の創造心を満たすことであり、それがあなたを健全かつ活性化するのです。レジャーの時間を増やすと、あなたの火星は元気になります。とくに仲間と一緒のほうがよいでしょう。

[11ハウスの始まりが蟹座で、ハウスの途中から獅子座になり、そこに火星がある場合]

蟹座に象徴される家族的な集まりに参加し、そこで催されるイベントやレジャーなどに参加することで、火星が元気になります。自分が企画するのではなく、その集まりが計画したものに参加するほうがよいのです。つまり一人ではできないことも、仲間に後押しされることでできるようになるのです。楽しい遊びやスポーツがよいのですが、予想外のものがあるととまどうので、定番的で演技的なものがよいでしょう。ダンスなどがそれに該当するでしょうか。

12ハウスの火星

[12ハウスの始まりが獅子座で、そこに火星がある場合]

12ハウスは非個人的な広がりを持つ場所をあらわします。不特定多数の人にアピールするネットやマスコミでの活動なども、それにあてはまります。また12ハウスでは、自分のものではない集団的な意志なども混入してくるので、自分の意志と集団のそれとの混同がおきやすくなります。言いかえれば、多くの人に働きかける仕事などをしないと、この自他の混同を扱いきれなくなります。職業で言えば、テレビのアナウンサーなどは12ハウスの火星のイメージに近いでしょう。この火星の配置の人は、伝えたい強い主張があるのに、それを表で出しにくく感じますが、何か演技的なものならばストレートに吐き出せるでしょう。

［12ハウスの始まりが蟹座で、ハウスの途中から獅子座になり、そこに火星がある場合］

集団を代弁して、何かを演劇的に表現する人でしょう。集団というのは、たとえば国家や大きな組織などです。そこから吸い込んだ非個人的な感情や衝動を、自分が代表になって打ち出すのです。12ハウスはテレビ、ラジオなどのマスコミや、インターネットなどをあらわしますので、そういうメディアで多くの人にアピールすることを、あなたは自分の仕事にするかもしれません。

乙女座

General remarks

土の元素で柔軟サインの乙女座は、一見、燃え上がる火星の性質とは合わないように見えます。土の元素というのは、何かに限定されて閉じこもったイメージです。とはいえ、この中に多様なものがコンパクトに圧縮されているので、ある種のミニチュア的な宇宙と考えてもいいでしょう。一方、柔軟サインは、自分から働きかけはしませんが、要求されたことに柔軟に応えることができるので、、頼まれたことは確実に処理することができます。そういう意味では、乙女座というのはもっとも実務的で、仕事に役立つサインです。

そんな乙女座に火星があるのは、細かい作業や実務的なことに熱意を持って取り組むことができ、それに熱くなれるということです。何かつまらないと思うかもしれませんが、人や組織にとって一番役立つ人なのです。乙女座は実用的なサインなので、汗を出してがんばったものはすべて何かの役に立ち、また収入の増加にも関係することになります。

乙女座は、一個人のテリトリーを重視して、一個人の人格を育成するというサインです。つまり、全体を見るのはあまり得意でなく、部分化され、専門化された、自分の受け持ちの範囲を完璧にこなすという特徴があります。そのために、目前のことに夢中になる傾向があります。とくに火星は何かに熱中する惑星ですから、目前のことに夢中になると周囲のことがまったくわからなくなる可能性があります。この周囲のことがわからなくなるという傾向のために、乙女座の人は依存的になります。つまり全体を見て管理する人がいれば、その人に依存し、自分は細かい作業に熱中するのです。現代は学問も専門的に分業化されすぎていて、隣の分野のことさえわかりませんが、そんなふうに分業化されたものに取り組むのが乙女座なので、何かを成し遂げるには他の人との協力関係が不可欠です。一人で何かをすれば、ほんとに一部分的なものになってしまうということなのです。

しかし、乙女座が木を見て森を見ないタイプだといっても、乙女座の要素だけで成り立っている人は存在しません。惑星は10個あり、この中で火星だけが乙女座であったり、あるいは、ほかの一つか二つの天体が乙女座にあるというのが普通です。ですから、ほとんどの人はさまざまなサインの能力を発揮していることになります。ここで述べているのは、火星を活発化するには火星が位置する乙女座としての行為をしようということだけです。

具体的には、何か細かい作業に熱中するといいと言えます。ただし、この細かい作業を他の作業と合体させ、大きなプロジェクトとして統合化する必要はまだありません。統合化は、乙女座の細かい作業を中途半端にして火星の活性化を抑止するかもしれないからです。その前に、まずは火星を元気にするために、細かいことに集中するのです。細かすぎると無意味になっていく傾向がありますが、有益であることをしなくてはいけないと思う必要はありません。無意味に見えることでも熱中すると心理的な浄化効果があります。いろいろな考え方を気にしてノイズだらけになった心理状態に対して、意味を持たないものに熱中し続けるというのは、ノイズを押しのけ、心の耐性を高め、志を純粋化するという効果をもたらします。いったいこんなことして何になるのだろうなどと考えず、無心に取り組むとよいのです。たとえば、私個人の話ですが、4000枚のCDをパソコンにリッピング（デジタルデータ化して取り込むこと）しましたが、途中でそれが不完全だと感じたので3回も総入れ直しをしました。加えて、かなりの数のタイトルなどを手入力で修正しました。石を積んで塔を作る。すると、それは壊される。そしてまた石を積んで塔を作る。チベットの修行でこういうものがありますが、少し似ているかもしれません。

乙女座の火星の人は、たとえ無益で無意味なことに感じたとしても、細かい作業に集中的に取り組んでみましょう。細かく集中すればするほど、不思議な力が湧いてくることに気がつきます。細かいところがやがて拡大し、それにつれて自分の世界も急激に拡大したような感じを味わいます。火星はマクロコスモスへの誘《いざな》い。小さなものをマクロにしてゆき、それに乗じて新しい世界を開くという作用があります。体験してみないことには、この感じは実感できないと思います。私の知り合いに点描画家がいますが、その人はドットを毎日描き込み、1枚の絵を作るのに半月くらいかけます。途中からとりつかれたようになってしまうのですが、そこから大きなパワーを引き出しているのです。

Particulars of each house

1ハウスの火星

［1ハウスの始まりが乙女座で、そこに火星がある場合］

大きなところを見るよりも、細かいことに目が行きやすいのですが、そのぶん、実務的なところでの実行力、実際性が強く、能力の高い人になりやすいでしょう。「なんのために」とか、「こういうメリットがある」ということを意識しないと、何もできない面があるので、ただ意味なく遊ぶだけというのはできない人です。無目的な散歩より、どこそこに用事があるから歩いていくというのだと行動に移しやすいのです。たとえば掃除に熱中してみるというだけでも、火星は活性化されます。

［1ハウスの始まりが獅子座で、ハウスの途中から乙女座になり、そこに火星がある場合］

おおらかでアバウトな人に見えて、その実、細かいところでフォローしたりするなど、思いのほか腰が低い人です。何かをして遊んだ後はちゃんと片づけるというように、後始末がきちんとできる人でもあります。また、遊び的なところから始めた勉強や作業なのに、それが結果的に役立つ能力になったりもするでしょう。自由にのびのびしたくても、いったん考え始めてしまうとそれができなくなるので、リラックスすることを学びつつ、趣味と実益を兼ねたようなことに時間を使うのが、火星の活性化のためにはよいでしょう。

2ハウスの火星

［2ハウスの始まりが乙女座で、そこに火星がある場合］

2ハウスは収入や、収入源となる才能を意味します。ここに乙女座の火星がある人は、もともと何かの能力があり、それを小出しにすることで生活していける人が多く、その能力を維持するために自分から訓練します。自分一人で儲けるということを意識しながら、いろいろな可能性を探索するといいでしょう。どんなことも必ず収入になるということを意識するのです。企業などに勤めると、この力は弱体化しやすくなります。休みなく自分から働きかけるということをしなくなるからです。火星の力を発揮し、可能性を開くには、追い詰められたほうがいいのです。

[2ハウスの始まりが獅子座で、ハウスの途中から乙女座になり、そこに火星がある場合]

趣味で取り組んだものが、やがて成長して、収入を得ることができるだけでなく、それで生活もできるような状態になります。労力を惜しまず取り組むことで、元気になり、豊かになります。会社勤めよりも、自分で儲けるような仕事のほうが能力を発揮できるでしょう。遊び的な事業の分野で、実務担当というようなものがよいです。人にまかせず、細かいことも全部自分ですするとさらに元気に。

3ハウスの火星

[3ハウスの始まりが乙女座で、そこに火星がある場合]

勉強すること、あるいは散歩や短期の旅行など移動することに燃えます。勉強の面では、資格を取得するための勉強に時間を使うとよいでしょう。移動についても、何か明確な目的を作りましょう。若いころに学んでいたことが、30代後半から役立ってきます。また、同時にいくつものことに取り組むのは難しいので、取り組む分野を一つに決めてみるとよいでしょう。もしも自分で決めにくい場合には、信頼できる人にアドバイスしてもらってもかまいません。

［3ハウスの始まりが獅子座で、ハウスの途中から乙女座になり、そこに火星がある場合］

3ハウスは勉強などを意味しますが、楽しみのための勉強と、実務に関係した勉強の2種類に取り組んでみるとよいでしょう。そしてどんなものも記録に残し、後で見られるようにしておきましょう。そのために気に入った文房具を用意したりするといいでしょう。細かい情報を調査したりすることも火星を活発化させます。

4ハウスの火星

［4ハウスの始まりが乙女座で、そこに火星がある場合］

4ハウスは家や落ち着く場所などをあらわします。この火星の配置は、自分の家で仕事をするというような組み合わせです。活発な活動は外ではなく、全部自分の家の中でするほうがよいのです。その作業のための道具などを揃えてみましょう。またスポーツなどの場合は、この火星の配置の人はそもそもスポーツの楽しさというのを感じにくいので、たとえばダイエットのためなどといった目標を持つとよいでしょう。狭い部屋は向かない人もいて、ジムのマシンなどを使うほうがよいかもしれません。あちこち動き回れるくらいの広さは、火星の活性化のためには必要です。

[4ハウスの始まりが獅子座で、ハウスの途中から乙女座になり、そこに火星がある場合]

獅子座は遊びなどをあらわします。その獅子座から、乙女座の細かい作業に入るということは、創造的な目的で細かい作業を楽しむということになります。4ハウスは家をあらわしますから、家でする作業を増やすのがよいでしょう。仕事をどんどん家に持ち込むわけです。家で仕事をするようなスタイルが火星の活性化に役立つのです。また、頻繁に家の中を掃除するのもよいでしょう。それをスポーツだとみなしてみましょう。掃除はおおざっぱではダメで、細部まできちんとしないと意味がありません。

5ハウスの火星

[5ハウスの始まりが乙女座で、そこに火星がある場合]

細部を拡大して大きく見えるようにしていくのが、乙女座の火星です。5ハウスは趣味のハウスですから、自分の遊びとして取り組める、何かしらこまごまとした類のものがあるといいです。5ハウスを創作に使う人もいます。その場合、乙女座は自由にのびのびと発想を広げるのが苦手なので、ディテールの正確さを発揮した作品を作るとよいでしょう。

［5ハウスの始まりが獅子座で、ハウスの途中から乙女座になり、そこに火星がある場合］

思いつきやクリエイティヴィティは豊かなので、自分で好きなことを表現してみるといいでしょう。しかし、表現すればするほど、細かいことにこだわるようになり、それが仕事につながるような展開に変わっていきます。5ハウスの後半は、仕事の6ハウスに近いので、趣味で始めたことも、しだいに仕事化していく傾向があるのです。仕事になると、よけい集中できることになるでしょう。

6ハウスの火星

［6ハウスの始まりが乙女座で、そこに火星がある場合］

6ハウスと乙女座は、両方ともに仕事という意味があり、似ているので、とにかく仕事に向いた有能な人になるでしょう。とくに根気や労力を使う仕事に向いています。気合を入れて頑張ると、そのぶん、さらにパワーが出てくるので、この妙味を覚えて手抜きしない人になります。ただ自分の適性が何なのか、わからない人が多いようです。つまり、自分ならなんでもできそうだという自信が、かえって適性をわからなくしているのです。求められると頑張れる人ですので、仕事で火星を活発化させましょう。

[6ハウスの始まりが獅子座で、ハウスの途中から乙女座になり、そこに火星がある場合]

長くするつもりもなく一時的に始めた仕事でも、途中からだんだんと真剣になり、やがて貴重な戦力になっていくような人です。要求されたことには応えたいと考えていますが、表向き、そうは見えません。それなのに、実際は仕事がとてもよくできる人なのです。いずれにしても、仕事をすることで火星が燃えるので、自由業の人でも、自分で自分を雇うという感じで働きましょう。

7ハウスの火星

[7ハウスの始まりが乙女座で、そこに火星がある場合]

7ハウスが乙女座の人の場合、1ハウスは必ず魚座になります。1ハウスが魚座の人にはボーッとしたタイプが多く、それを相手が補うので、細かいことばかりを指摘してくるような人が相棒や上司としてなぜか登場します。実は、この細かいことを指摘する性格も、あなたの一面で、それを他人に投影しているのです。また、あなたは仕事の成果や能力の高低などで自分を評価する傾向があります。他人や仕事に役立つ人になることに労力を使いましょう。そして協力者と有意義な成果をあげましょう。それが、あなたの火星を活発化します。

[7ハウスの始まりが獅子座で、ハウスの途中から乙女座になり、そこに火星がある場合]

自由な交友関係が、あなたの身上。あなたも関わる相手も自由で、会社など、世の中の一般的な考え方には従わない姿勢で交流します。しかし自由な交友関係の中でも、仕事などの能力が高い人と関わろうとし、また、あなた自身も高い能力を求められます。たとえば、国際的な場で活動することが多いので、国内での立場や人間関係などは気にしないが、しかし医療ではちゃんとした実力がある医師――そんなイメージかもしれません。自由な立場でありつつ、能力はちゃんと発揮する。そういう姿勢で、自分を鍛えましょう。

8ハウスの火星

[8ハウスの始まりが乙女座で、そこに火星がある場合]

技術や技能を、誰か重要な人から伝授され、その継承者となるというパターンが多いでしょう。自分一人だけで火星の力を発揮するのは難しく、組織として求められることが多くなります。しかし、その求めに応じて役割を果たすことで、あなたの火星はとても元気になります。繊細な技術を伝授されるなどというのは、たとえば会社で優れた技術者が定年退職する時に、その匠の技を継ぐなどという場合もあるでしょう。そんな継承によって、あなたに特別な価値が与えられます。そのことに熱意を抱いて取り組みましょう。

[8ハウスの始まりが獅子座で、ハウスの途中から乙女座になり、そこに火星がある場合]

のびのびと自由に遊び、表現する方法を、誰かから教えてもらうことが多いでしょう。そして、そのことに真剣に取り組みます。ものづくりを継承することなどもあるかもしれません。言いかえれば、火星の力を発揮する時は依存的で、一人では何もできないということでもあります。でも、模倣は人からでなく、本などの間接的な媒体からも可能です。自分でいろいろ調べ、これならやってみたいと思うものを探し出してみてはどうでしょう。

9ハウスの火星

[9ハウスの始まりが乙女座で、そこに火星がある場合]

♍

9ハウスは向上心、または海外などの遠方をあらわします。たとえば何かの技能や技術をより優れたものにするために、外国に留学することがあるかもしれません。もちろん、自分一人でもさまざまに工夫、努力をします。また、思想、哲学などもあらわすのが9ハウスですが、抽象的なものでなく、具体的なものを含んだ思想でないと、あなたには興味がわかないことでしょう。いわば実用哲学みたいなもののほうに、関心を抱くでしょう。いつまでも成長したいと考えるのが、あなたです。これをあきらめないかぎりは、火星は元気です。

【9ハウスの始まりが獅子座で、ハウスの途中から乙女座になり、そこに火星がある場合】

獅子座は奇数サインなので、吸収するよりは、吐き出すという行動スタイルが前面に出てきます。つまり、9ハウスのあらわす学問という点では吐き出す側、つまり教える側になりやすいということです。しかし、乙女座の火星はもともと受動的ですので、人に教えながら、同時に学習するといったことになるでしょう。自分から積極的に働きかけることで、受けとるものが増えるという考え方でもかまいません。最初は自己中心的な子どもっぽい行為でも、やがて、それは確実にグレードアップされるはずです。

10ハウスの火星

[10ハウスの始まりが乙女座で、そこに火星がある場合]

10ハウスは集団社会においての立場をあらわします。乙女座の火星は、実務的な能力だけでなく、機械技術も意味するので、その分野などで会社を立ち上げ、代表になるのもよいでしょう。乙女座の能力はもともとは雇われて発揮されるのですが、10ハウスは代表を意味するので、依頼を受ける仕事の代表者としての立場を作るとよいでしょう。こうした代表としての仕事をすることで火星は元気になります。

[10ハウスの始まりが獅子座で、ハウスの途中から乙女座になり、そこに火星がある場合]

10ハウスは職業的な立場をあらわし、そこが獅子座だと、演劇や儀式、派手な自己表現に関係した社会的立場を意味します。一方で、乙女座の火星は機械技術などをあらわすので、たとえば演劇やイベントなどで照明や音響など技術的な仕事をしているなど、獅子座と乙女座がマッチングしていると満足感があります。獅子座は、光を放射する太陽のイメージなので、楽しみ、遊び、レジャー、創造的な分野をあらわしますが、そういった中で実用的な技能を身につけ、発揮できる仕事をするとよいでしょう。

11ハウスの火星

[11ハウスの始まりが乙女座で、そこに火星がある場合]

11ハウスは時間的には未来をあらわし、また社会的には副業的なものをあらわします。言いかえれば、将来何をしたいかというイメージが11ハウスにあらわれます。乙女座の火星は、時にはメカニックな技術的なものに実際的に取り組んでみたいという希望もあらわします。そのために技術などが習得できるクラブや教室みたいなものに通ってもいいのではないでしょうか。収入にならなくても取り組むという姿勢でいましょう。

[11ハウスの始まりが獅子座で、ハウスの途中から乙女座になり、そこに火星がある場合]

何かのサークルや友人たちの集まりに遊び心から参加したところ、途中から真剣に取り組むようになることをあらわしています。また、未来の自己イメージが、実務的能力や機械技術を究めている有能な人というもので、そのためには具体的に何かに取り組む必要があります。その技術などを習得するための教室のようなものがないか探してみてもよいでしょう。先に書いたように、最初は遊び心で取り組むのですが、それが将来には本職になる可能性があるのです。。

12ハウスの火星

[12ハウスの始まりが乙女座で、そこに火星がある場合]

火星の力が人に見えないところで発揮されるのが、12ハウスの火星の特徴です。また、乙女座は努力家で、自分を厳しく訓練することを意味するので、人の目が届かないところで日々練習・鍛錬することに燃えることでしょう。何にでも頭で細かく分析しがちなので、精神をリラックスさせるようなテクニックを習得すると、のちのち役立つはずです。なお、乙女座の火星にはスポーツは少し不向きかもしれません。

[12ハウスの始まりが獅子座で、ハウスの途中から乙女座になり、そこに火星がある場合]

12ハウスはインターネットなどの、送り手が他人の目に見えないメディアをあらわします。12ハウスの火星はこのネットの世界で燃えることになるので、あなたにとってはそこが自分を解放できる場所だということになります。とくにネットを通じて何か放送するようなことを考えてみると面白いかもしれません。その際は、技術的なことも全部自分で調べて、自分で準備するのがよいでしょう。外からは本人が見えないメディアを使うと、あなたは積極的に振舞えるようになります。いつもと違う、もう一人の自分を発見しましょう。それがあなたを元気にしていくきっかけを作ることでしょう。

天秤座

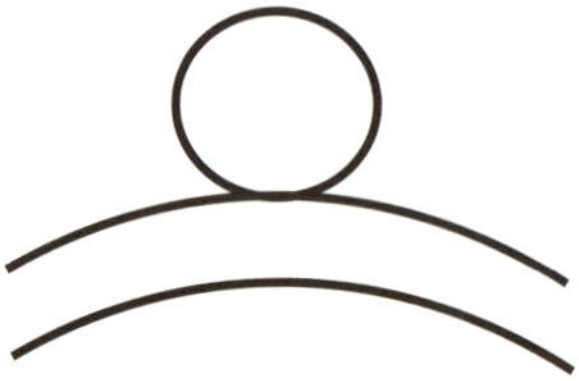

General remarks

天秤座は、秋分点から始まるサインです。秋は、春に植えた種が育ち、実った作物を収穫する季節です。つまり、それまで変化し続けた作物の形が完成し、その成果を取り込むことで成長を止めるわけです。天秤座はそんな秋の象徴でもあります。

天秤座は触覚をあらわすと言われますが、触覚とは肉体が輪郭を持ち、そこに閉じ込められることを意味します。つまり肉体という形の中に閉じ込められることです。形の中に閉じ込められ、そのことで宇宙から拒絶されていると感じるからこそ、天秤座の人にはほかの多くの人と関わりたいという意志が芽生えるのです。

世の中にはさまざまな個性の人がいて、みな畑の作物のように色とりどりの成長をしています。この多彩な個性の、いろいろな意見の人と交流することが天秤座は好きです。個人に飽きたら、もっと大きな範囲の民族や国の違い、文明の違いなどに関心を抱くこともあります。でも、これは個人を集団化させたものですので、やはり個性の違いということでは興味の方向は同じです。

火星は熱中することで体温を上げ、新陳代謝を活発化させることをあらわしていますから、天秤座の火星は人との交流に熱中し、そこに過剰にはまり込んでしまう傾向があります。また天秤座は、人との関わりの中で受け入れられるか、拒否されるかはっきりとしているサインであり、思い込みの中にとどまるということがありません。裁判なども天秤座の象徴であるゆえんです。法律そのものは射手座や山羊座があらわすとしても、実際の評定・判決は天秤座があらわすのです。

個人が他人からどう見えるか——これは、他者の目線の鏡に映されたもののことです。天秤座は鏡をあらわすサイン。したがって人との争いというのも、天秤座の火星の一側面です。自分は正しいと思っても、人はそう思わない。あるいはその反対もある。人がどう見ているのか知りたい。その結果をはっきりと知るということに、大きなエネルギーを使うのです。

昔の占星術では、火星は牡羊座と蠍座に関係していました。牡羊座は春の種植えに関係し、これは新しいことを始めるのに関係します。また蠍座は人と人の関係の壁を壊して、もっと深く入り込むことをあらわしています。壁を破って共同的な関係を作り、集団化していくのです。牡羊座に関係する火星は、他人のことに関心はなく、ほとんど一人でなんでもしてしまいますが、蠍座に関係する火星は、相手に圧力をかけて深入りします。このことを考えると、天秤座の火星の人は、深入りする要素を伴って、人との関係に踏み込んでいくということになります。すると、個人と個人の境界線がどこにあるのか、時々わからなくなります。そして天秤座は、途中でこの境界線が破れてしまう体験もします。私の知人のあるカウンセラーは、クライアントに関わりすぎて自分の立ち居地がわからなくなると言います。そんなふうに、個人を守る堤防が壊れていくというのが、こうした天秤座の人に時々あらわれる症状です。でも、先に書いたように、触覚をあらわす天秤座は、明確な形や個性という境界線を作ることを意味するのですから、一度堤防が壊れても、すぐに新しい考え方をもとに、また堤防を作ります。そこには新しい評価や価値、意義を見出す力が生まれます。牡羊座のまいた種の曖昧な可能性にはっきりとした形を与えて、地上に出現させることが天秤座の作業ですから、何にでも正しい意義を与える評価力を持つことになります。天秤座の火星を持つ人は、火星を活発化させるためには、積極的に人と関わり、人のすることに乗ってみるのがいいのです。

加えて、天秤座は風の活動サインであり、それは積極的な知性をあらわします。学者や研究者には天秤座が多いのです。火星は熱中する惑星ですから、教えることに熱意を傾けます。また研究すること、考えること、書くことなどに集中することも大いに火星を刺激します。ただし乙女座のように細部に入り込んで、それを過剰拡大するという姿勢は天秤座にありません。なぜなら、天秤座は7色、7音など、7つのバランスをあらわしており、統合的なバランスを重視するからです。何よりも偏りを嫌うのです。そのために知性に関しても平均的で、バランスのとれた追求をしようとします。そのことを踏まえ、知的なことに集中してみましょう。

Particulars of each house

1ハウスの火星

［1ハウスの始まりが天秤座で、そこに火星がある場合］

天秤座は対人関係に関係し、加えて1ハウスは自分を外界に押し出す作用を持つので、人との関係に積極的に飛び込んでいく行動力があるということになります。かといって押しつけるわけでなく、むしろ人の意見を盛んに聞こうとします。しかし、1ハウスはまだ目的をはっきり自覚できないので、その関係によって何をしたいのかは自分ではわかりません。ともかく、関心を刺激されれば飛び出していくという、行動だけが突出しています。人との交流を活発にすることで、だんだん自分のことを理解できるようになるでしょう。

［1ハウスの始まりが乙女座で、ハウスの途中から天秤座になり、そこに火星がある場合］

いわば乙女座の皮をかぶった天秤座は、本当の自分を隠して職能の中に閉じこもっているように見えて、実は親しくなると心を開く人だったとわかるようなタイプです。自分と他人との間のテリトリー意識が強いように見えて、実際にはテリトリーを自分からしばしば破る人でもあります。人と共同で何かするということは火星をどんどん元気にするので、まずは人に関心を持つようにしましょう。そこから自分がしたいことも見えてくることでしょう。

2ハウスの火星

［2ハウスの始まりが天秤座で、そこに火星がある場合］

人を相手にした商売などの仕事をするでしょう。対人で商品の説明をしたり、レクチャーしたりすることで、収入があります。そしてやる気さえあれば、どんどん収入が増えるので、それが励みになることでしょう。新しいことに積極的に挑戦をしている人がいると、その人の真似をする傾向があります。でも、その相手よりも、もっと収入を増やすセンスがあなたにはあります。他人にどう見えるかを意識しながら、多くの人にアピールできるような仕事をしてみましょう。

[2ハウスの始まりが乙女座で、ハウスの途中から天秤座になり、そこに火星がある場合]

仕事に関しては、技術的な分野に取り組み、この中でクライアントに説明したり、対応したりするようにしましょう。仕事抜きの私的な関係の中で自分をさらけ出し、他人と接触するということに、あなたは躊躇します。仕事の関係において接するということをすれば気分的に安心です。でも、働いたぶん稼げるので、頑張りましょう。儲かることで火星は燃えるのです。

3ハウスの火星

[3ハウスの始まりが天秤座で、そこに火星がある場合]

そのままではまったく理解されないような新しい考え方を、上手に人に説明したり、教えたりすることができる人です。それは思い込みがなく、人がどう受け取るかを観察しながら展開できるからです。そのため、職業としては、黙って一人で黙々と働くよりも、たとえば教師など、人前に出る類のもののほうがよいでしょう。何かを教えるために旅をするというのも、この火星配置の人にはぴったりです。

[3ハウスの始まりが乙女座で、ハウスの途中から天秤座になり、そこに火星がある場合]

誰にでもオープンに接する人ではなく、特定の分野や仕事の交流関係においてだけ積極的に振舞うという傾向があります。何かの目的ができると、そのためにいろいろなところに短距離旅行をします。そうした出かけた先で出会いがあったり、交流が活発になったりすることでしょう。専門技術的な分野などで人に教えたりすることが適しており、相手に理解できるように説明できる能力も高いはずです。

4ハウスの火星

[4ハウスの始まりが天秤座で、そこに火星がある場合]

自宅など落ち着く場所でこそ、積極的になれる人です。そこに客を招いて、人と盛んに交流することもあるでしょう。天秤座は風のサインで、情報、知識、交流をあらわします。

自宅内で情報を行き来させるという意味では、ネットを積極的に活用したりするかもしれません。通販での買い物も好きかもしれません。一方で、家の中に閉じ込められて風通しが悪くなると、火星はしだいに元気を失っていきます。自宅に教室のようなスペースを作って、そこで何かを教授するというのもよいかもしれません。いずれにしても、休みなく変化することが火星を活性化するキーです。

［4ハウスの始まりが乙女座で、ハウスの途中から天秤座になり、そこに火星がある場合］

4ハウスが乙女座の人は、10ハウスが魚座になるので、社会的な立場の枠組みが曖昧になりやすいでしょう。そのため、自分の足もとにきちんと整理した空間を作り、そこで何か実技的・技術的なことに取り組んで、社会的立場とのバランスを取るようにするとよいでしょう。この自分だけの場で訓練した成果をもって、人に教えたり、教室を開いたりするのもよいでしょう。身近で活発な交流があり、日々変化があると火星は元気になります。

5ハウスの火星

［5ハウスの始まりが天秤座で、そこに火星がある場合］

遊びを意味する5ハウスの火星は、趣味などに凝ると燃えるのですが、天秤座は個人的に一人楽しむということはしません。人との交流を重視し、さらに偏ったものにハマるのを嫌います。そのために、趣味も、遊びも、スポーツも、誰か一緒に夢中になってくれる人がいるとやりやすいでしょう。みっともない格好はできないと思う人ですので、形から入ってもいいでしょう。

【5ハウスの始まりが乙女座で、ハウスの途中から天秤座になり、そこに火星がある場合】

5ハウスは創造的な行為などをあらわしますが、この火星配置の人は思い込みにはまらず、自分の作ったものがちゃんと人に伝わり、理解されることが大事だと考えます。5ハウスは個人的な表現意欲もあらわしますが、自分の子どもの写真を人に可愛いだろうと見せるように、他の人には楽しくないことを一人で喜ぶようなところがあります。天秤座はそういった5ハウスの行動を嫌がります。表現したものは、自分だけでなく、ちゃんと他の人にも伝わるようにしたいと願うのです。絵を描いたり、文章を書いたり、ものを作ったりしても、それらをきちんと磨いて端正な形にしようとする人です。

6ハウスの火星

【6ハウスの始まりが天秤座で、そこに火星がある場合】

この火星の配置の人は、他人と接触することが仕事になるかもしれません。たとえば美容に関連した仕事などもそうです。天秤座は対人関係や美意識などに関係しますので、同じ惑星配置の知人はマナー教室を開いていました。また、無理なことまでして働こうとはしません。アンバランスなことが嫌だからです。職場環境を美しくしたいと考えるのもこの火星配置の人です。6ハウスは訓練という意味もあるので、美容的なもので訓練するということもあるかもしれません。いずれにしても、自分に適した仕事で労力を使うというのが、火星が燃える秘訣です。

[6ハウスの始まりが乙女座で、ハウスの途中から天秤座になり、そこに火星がある場合]

6ハウスと乙女座は両方とも労働という意味を持っています。一方で、天秤座の火星は、他人に対してオープンで、積極的に教えたりすることができます。この火星の配置の場合、他人にオープンな天秤座的な姿勢を仕事にするのでなく、その反対に、仕事に関したことを他人にオープンに伝えることができると考えるべきでしょう。そのため、マナー教室というようなものよりは、たとえば社内教育などのほうが向いています。いずれにしても、仕事では労力を惜しまず、また同僚や上司とのコミュニケーションを活発にして、勢いよく取り組んでみましょう。

7ハウスの火星

[7ハウスの始まりが天秤座で、そこに火星がある場合]

7ハウスは相棒や伴侶などをあらわしますが、同様に自己像を投影する鏡の意味でもあります。この火星配置の人は、自己像――セルフイメージがわからないので、それを相手に求めて投影し、そのままそれを自己像として作ってしまう傾向があります。とくに男性的だったり積極的だったりする相手に言われると、その言葉を信じて当てにしてしまいます。とはいえ、対人関係には積極的に取り組むことが大事です。友人たちと一緒に運動したり、あちこちに出かけたりしましょう。自他の境界線がはっきりせず、相手がこちらに入り込みすぎても抵抗しないほうがよいです。自分と相手との関係のテンションや振幅が大きくなるつど、火星が刺激され、あなたの元気が増すのですから。

[7ハウスの始まりが乙女座で、ハウスの途中から天秤座になり、そこに火星がある場合]

あなたがなにごとにも曖昧な姿勢でいるので、関わっている相手のほうが、いろいろと細かいことを突っ込んでくるような傾向があります。また、閉鎖的な相手の姿勢をオープンにしていく力があなたにはあり、時間が経過していくにつれて相手との関係に深入りしていくことでしょう。それはとりもなおさず、相手が心を開くにつれて、あなたの姿勢も変化していくということです。同僚や伴侶などの共同者に対して本気で関わり、協力することで、火星は活発化します。

8ハウスの火星

[8ハウスの始まりが天秤座で、そこに火星がある場合]

自分の防衛心を捨て、相手との関係にとても真剣になる人でしょう。そのぶん、相手から受け取るものも多くなります。もしも相手が支配的な人だったとしても、それを拒否しないようなところがあります。また、深入りする関係の相手が、増える傾向もあります。女性のホロスコープでは火星は男性をあらわすので、親密な関係の男性とはとことん深くつきあうことでしょう。ただし、関係を続ける上では、二人の間にいろいろな変化が起こります。天秤座は活動サインなので、同じような関係がずっと続くことにはなりません。

[8ハウスの始まりが乙女座で、ハウスの途中から天秤座になり、そこに火星がある場合]

他人に深入りしない閉鎖的な人に見られますが、実際はそうではなく、特定の人とは深くつきあい、影響を強く受け、いろいろなものを贈られる人です。深入りすればするほど、受け取るものも大きくなります。でも、それは他の人からは見えないことが多いでしょう。

他人には公開しようとしないからです。女性のホロスコープでは火星は男性を意味するので、男性との関係で深入りすることが多いことになります。

9ハウスの火星

[9ハウスの始まりが天秤座で、そこに火星がある場合]

天秤座はとても知的なサインで、一方の9ハウスは教養をあらわすということもあり、気合を入れて高度な勉強にチャレンジすると火星は燃えます。それは狭い範囲のものではなく、広い範囲の分野を扱うほうがよいでしょう。というのも、天秤座は偏ったものを嫌うので、知識はバランスよく広範にわたっていなくてはならないからです。また、9ハウスには海外という意味もありますので、外国に留学することもおすすめです。自分にフィットした海外の都市などを2、3ヵ所持っているとよいでしょう。

[9ハウスの始まりが乙女座で、ハウスの途中から天秤座になり、そこに火星がある場合]

当初は実務的な分野で学んだり研究したりするのですが、途中から実務という枠をとりはずし、本当の意味での知的な探究心からの研究に切り替わっていきます。それは特定の目的のためというよりも、純粋に探究心からのもので、またいろいろな意見を取り入れることができるので、考え方が偏狭にならないのが特徴です。研究のために海外に行くのもよいでしょう。火星は議論したりすることで燃えますが、この人は反対意見も受け入れる寛容さを発揮できます。

10ハウスの火星

[10ハウスの始まりが天秤座で、そこに火星がある場合]

職業的な立場で、自分の姿勢や方針、ビジョンなどを明確に打ち出すことができる人です。他人が理解できるような説明も上手です。人に教えたりする交流の中で火星が活発化し、それは楽しい時間となるでしょう。ジャンルとしては美意識に関係したものなどが向いています。他の人にどう見えるかをはっきり認識するので、プレゼン能力が高いはず。

[10ハウスの始まりが乙女座で、ハウスの途中から天秤座になり、そこに火星がある場合]

ある程度閉鎖的な職業分野、つまり多少専門的な分野の中で顔が広い人です。また、人に教えたり指導したりする力もあり、そこから人脈を広げて、たくさんのチャンスが生まれます。しかし、その分野では知られていても、他の業種ではそれほど知られることはありません。特定の分野では応用力があり、視野を拡大できるので、発展力があります。

11ハウスの火星

［11ハウスの始まりが天秤座で、そこに火星がある場合］

仕事以外の友人関係などの人の集まりに惹かれます。そしてこのほうが、実際には有意義な交流が多く、将来的には、この集まりに関係する分野の仕事をしたいと思うようになります。いわば、自分の未来を用意するための交流への参加というわけです。一人で何かするのでなく、共同で、しかも複数の人と取り組むものがよいでしょう。天秤座は活動サインなので、同じことをずっと続けると停滞ムードになるので、さまざまな試行錯誤と変化があるほうがよいでしょう。

［11ハウスの始まりが乙女座で、ハウスの途中から天秤座になり、そこに火星がある場合］

実用的な面の強い、将来に役立つようなことを、余暇の時間に取り組んだり、あるいはそのための勉強をするという方向に進んでいきます。この中で交友関係が広がり、そういう知り合いのために多くの労力を使います。そちらに力を使いすぎて、本業がおろそかになるケースも。でも、そもそも好きなことをするのが一番いいので、あまり気にしないようにしましょう。多少閉鎖的な友人関係になりますが、しかしそれはとても有意義で、いろいろなメリットがあるはずです。

12ハウスの火星

[12ハウスの始まりが天秤座で、そこに火星がある場合]

インターネットなど、発信者の顔が見えないところで積極的に対人関係を展開します。ただし、この関係は常識的な枠を壊してしまうので、人に言えないようなものにもなりやすいでしょう。しかし普通の分別という点からすると逸脱していても、それは真剣で純粋なものです。また、視野が広く包容力がある人です。どこかで日常の生活とは別の人格を持つような感じのほうがいいでしょう。名前を変えるというのもあります。

[12ハウスの始まりが乙女座で、ハウスの途中から天秤座になり、そこに火星がある場合]

人には知られない交友関係が生まれ、そこから情報がたくさん入る有意義なものとなります。この交流は秘密にしたほうが、さらなる発展力を持ちます。またこの関係を維持することで、有利な立場に立つチャンスも増えます。そもそも小さな頃から、自分の意志表示をすることには何かブロックがかかってきましたが、親密で秘密な交流ではその意志をはっきりと表明できる人です。ただし、荒っぽい集まりの中では、おとなしい人でしょう。

蠍座

General remarks

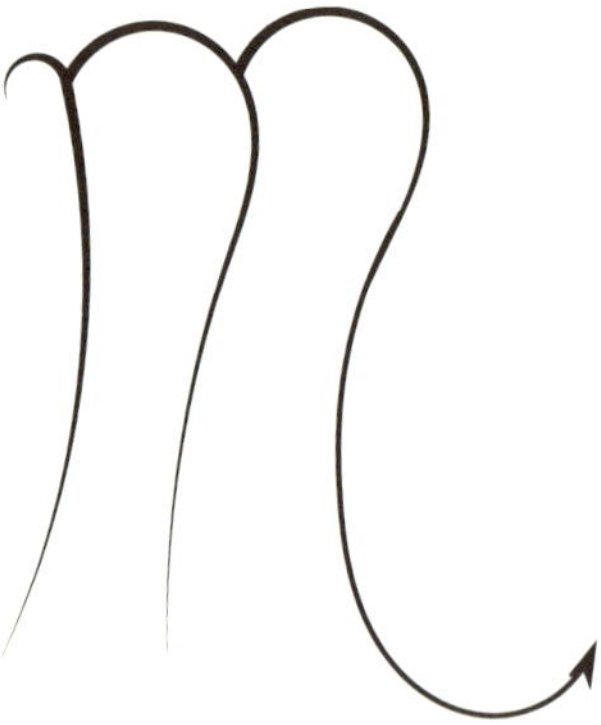

昔の占星術では、火星は蠍座に関係する惑星でしたので、この蠍座と火星はおおいに縁があるということになります。もともと蠍座は人と人の間の壁を壊して、深く入り込むという特徴を持ったサインです。といっても、ターゲットは人だけでなく、特定の分野や組織などでもあります。それに向かって、普通では突破できない壁を壊して、入り込むことになります。そして入り込んだ場合には、同時に自分の内部にも入り込まれることになるので、自分もいままでのままではいられないのですが、そのことで、より充実した成果を

得ることができるようになります。研究などでも、徹底した結果を導き出すことができるのです。蠍座は生命感覚に関係すると言われています。ターゲットに深く入り込み、そのことでいままで以上の生命的な感覚をチャージできるからです。より力強く、より実感的に生きることができるようになるのです。

火星は集中し、熱くなり、無理なことを成し遂げるという性質です。その点では24時間365日、火星の力を発揮し続ける人はいません。必要な時に、パワーアップするのです。そのため、時々、ターゲットに向かって互いの均衡を打ち破って深く入り込むということをすれば、そこで元気になれるということになります。

蠍座は相手と一体化して結合する水のサインで、しかも関係を固定してずっと変えないという固定サインの性質を持っています。そのため、動きが少なく、接着剤のようにくっついて固定するので、運動にはあまり適していません。運動とは、ここからあそこというふうに移動するものだからです。そこで火星を鍛えようとしてもジムなどに行くのはあまりおすすめできません。むしろ、手ごたえとしては、「壁を超える」という実感を抱ける体験を意識的に追い求めることです。これは性的なものを意味することもあります。しかしそればかりというわけではありません。乙女座の項目でも少し説明しましたが、生命感覚、生命力は、どんなものからでも取り出すことができます。というのもターゲットが重要なのではなく、人格の壁を壊してターゲットに深く入り込むという行為そのものによって、自分の奥にあるより深い力を引き出すことが重要だからです。つまりターゲットに対する行為というのは、ある種の儀式のようなもので、自分の中のものを引き出すためにしているのです。いつもは一瞬見ただけですぐに忘れてしまうようなもの、たとえば近所の小さなお稲荷さんに置かれている小さな狐の像を30分くらい見てみましょう。あるいは美術館の絵でもかまいません。1枚の絵を1時間見ます。すると、いつもの自分の均衡が崩れます。そして、対象から膨大な生命力、充実感などが入ってきます。同時に自分の感情も深くなり、これまでこんなことは感じたことがなかったという実感を味わいます。私たちは、いつもの自分の人格のバランスを保つために、外界の対象をじっと見ないようにしているのです。

集中の対象は、ほとんど意味のないものでもいいのです。意味があることを求めると、やはり人格の壁にあたって、それを超えられないことになります。「自分にとって無意味なことはしない」というふうに人格のバランスを保っているからです。近所のお稲荷さんの狐を見るというのも、あまり意味のあることではないのですが、何か定番を打ち破ることが大切だというわけです。蠍座の水の元素で固定サインという性質を踏まえ、動きを作るのでなく、入り込む、一体化する、潜り込むということを意識しましょう。

さらに考えてみると、蠍座の水は地下水にも関係します。水のサインは他に蟹座、魚座がありますが、蟹座は川で人工的な枠に入った水を意味します。魚座は海です。蠍座の地下水と言えば、温泉なども関係します。地下に含まれた鉱物的な成分が溶け出して、湯の中に混じっているというのはとても蠍座的です。ですから、温泉に凝ってみるのもいいでしょう。一般的に言われている温泉のうち、本物の温泉は20パーセントもないかもしれないので、よく調べるとよいでしょう。

また深いところに入り込むという点では、洞窟探索も蠍座イメージを思い切り刺激できます。密閉された深い静かなところというのが蠍座であり、たとえば家をあらわす4ハウスが蠍座の人は、静かな閉鎖的な家を好みます。洞窟のイメージと温泉が一体化しているのは、江の島の古い旅館のお風呂のようなものかもしれませんが、奥に入ると、古い歴史とつながっているようなイメージのものはよい刺激があるでしょう。

Particulars of each house

1ハウスの火星

[1ハウスの始まりが蠍座で、そこに火星がある場合]

蠍座は生命感覚をあらわし、パワーが蓄積されるほど、強い説得力や押しの強さ、持久力が高まります。つまり、エネルギーがたまるかどうかがとても大切なのです。エネルギーがあれば、人に対しても強い影響力を持ち、またさまざまなものを受け取り、吸収できます。ただ、一人で勝手に何かをすることが難しく、誰かの影響を受けて初めて、その方向で積極的な行動をとることができます。つまり単独でアイデアを出したり、単独行動をとるのは苦手な人です。

【1ハウスの始まりが天秤座で、ハウスの途中から蠍座になり、そこに火星がある場合】

人に対して公平な姿勢をとることができる人ですが、広い交友関係の中に特定の深い関係の相手が出てきて、対人関係は2種類に分かれやすくなります。徹底して意志を集中するようなテーマに取り組むと燃え、反対に中途半端なものだとスイッチが入りにくいでしょう。自分の限界に挑戦するようなテーマを探してみましょう。壁を打ち破ることができれば、そのたびごとにエネルギーは段階的に増加していきます。

2ハウスの火星

【2ハウスの始まりが蠍座で、そこに火星がある場合】

収入を得るために仕事に集中し、熱中すればするほど収入も増加します。意欲と収入が連動する人なのです。徹底して気合を入れてみましょう。水の元素の固定サインの蠍座は短期的な変化に弱いので、長期契約のクライアントがいるとよいでしょう。また、押しの強さでこじ開けるような感じで、相手から大きな金額を引き出すこともできます。

［2ハウスの始まりが天秤座で、ハウスの途中から蠍座になり、そこに火星がある場合］

いろいろな人にアプローチしていく中から、長期契約的な関係ができあがり、それは長く続くほどよいものになります。いずれにしても、自力で稼ぐ仕事をすると、火星は鍛えられ、実力も強まります。なかなか開かないものをこじ開けるというような種類の仕事がよいでしょう。親密な関係になる人から大きくお金を引き出すとか、契約によって金額が増加するといったことができます。軽い関係ではなく、深入りするほうがよいのです。

3ハウスの火星

［3ハウスの始まりが蠍座で、そこに火星がある場合］

旅をあらわすのが3ハウスですが、蠍座は移動したり変化したりするのが苦手です。しかし、たとえば海の底に深く潜るとか、その土地にもっと深く入り込むという意味での旅ならば、火星は燃えます。表層的なものを乗り越えて真実を暴くなどという行為にも火星は燃えます。いろいろなものに手を出するより、一つのテーマを追求しましょう。その点では、調査などの仕事には適しています。

[3ハウスの始まりが天秤座で、ハウスの途中から蠍座になり、そこに火星がある場合]

広い範囲にわたるさまざまな知識や学習分野の中から、とりわけ集中したいものが一つ出てきます。言いかえれば、柱になるものと、その周辺のものというイメージです。たくさん旅をしている人が、特別な思い入れを持っている土地があるというようなことにも似ています。あるいは本屋さんが、これは売りたくないと思って隠し持っている本というイメージでもあります。そのようなテーマを学んだり、そのテーマを追って移動したりという中で、火星は活発化します。また、とことん追求する癖があり、それは壁を壊して内側を暴くというような性質です。

4ハウスの火星

[4ハウスの始まりが蠍座で、そこに火星がある場合]

4ハウスは落ち着ける場所をあらわしますので、そこが蠍座となると、静かな密室で、気持ちが深く入り込めるような場所ということになります。そんな空間で集中して何かをするのがよいでしょう。スポーツの場合には、機敏な動きの必要がない、持久力と強い力を必要とするようなものがよいです。しかも毎回同じ動きを繰り返すようなタイプの運動がよいでしょう。繰り返せば繰り返すほど、どんどん力がたまってきます。そしてそれはいつのまにか、強烈なパワーになることでしょう。エネルギーがたまるような、静かでひそやかな家を作るとよいです。

[4ハウスの始まりが天秤座で、ハウスの途中から蠍座になり、そこに火星がある場合]

表向きはたくさんの人が訪ねて来れるような家ですが、少数の人しか入れない隠し部屋があるような二重構造になっています。家をこのように開かれた部分と、閉じた部分に2分割して、オープンでない密室的な空間で何かに集中的に取り組んでみましょう。あるいは、それは家の中に温泉を引くというようなことでもよいでしょう。蠍座は地下水をあらわし、火星は熱をあらわすからです。自分の家でなくても、温泉探索でもいいです。

5ハウスの火星

[5ハウスの始まりが蠍座で、そこに火星がある場合]

5ハウスは趣味をあらわすので、自分の趣味に熱中できれば、それだけで火星の力は強まります。蠍座は動きの鈍いサインなので、スポーツにしても単調な動きのほうが合っています。持久力で壁を破る、つまり記録を破るようなスポーツです。有名なマラソンランナーに、この蠍座の火星の人が多いようです。それは記録を打ち破りたいからで、普通にしているのでは火星にスイッチは入らないのです。何かに集中的に取り組み、いつもの自分から違う自分に切り替わる体験をしてみましょう。

[5ハウスの始まりが天秤座で、ハウスの途中から蠍座になり、そこに火星がある場合]

趣味的な世界でさまざまなものを品定めして、真の価値があるものを発見するというような性質があります。いくつも見くらべないと、本当の価値がわからないので、あれこれと探索し、掘りだしものを見つけ出します。また人との交流の中で、貴重な何かを贈られます。そういった中には、時間をかけてじっくりと取り組む楽しみがあります。プラモデルなど、接着剤を使って何か組み立てることも関係しています。バラバラなものをくっつけて、しっかりしたものを作る行為は、この人の火星を元気にします。

6ハウスの火星

[6ハウスの始まりが蠍座で、そこに火星がある場合]

6ハウスは労働をあらわしますので、仕事に燃えることで火星は活発になります。この場合、蠍座は無理なことを可能にするというサインなので、底力を出すには多少無理なことにチャレンジしないとうまくいきません。体力、気力、集中力を必要とする仕事をしましょう。掘り下げる、潜りこむ、暴く、あるいは解体する、再組み立てなどに関係した仕事だとさらによいでしょう。これは物理的な意味ばかりでなく、象徴的な行為としての意味もあります。一方で職場の拘束も大きくなりますので、自由に動けない幽閉されたような場になることも多いかもしれません。

[6ハウスの始まりが天秤座で、ハウスの途中から蠍座になり、そこに火星がある場合]

多くの人と会話したり、教えたりするような仕事につくかもしれません。やがてこの仕事の中から、もっと突っ込んだ専門的な仕事へと移っていくでしょう。一般人向けでありながら、専門的な部分もあるという、両方に対して取り組めるような感じの仕事がよいでしょう。仕事に徹底して集中することができたら、底力がどんどんわいてくるはずです。反対に仕事を中途半端にすると、無気力になってきます。なお、仕事のスピードが速すぎる職場には向きません。また蠍座は静かな場所でないとエネルギーがわかないので、うるさい環境での仕事にも、あまり適していません。

7ハウスの火星

[7ハウスの始まりが蠍座で、そこに火星がある場合]

自分の側からも、相手の側からも、固定的な深い関係というものが生まれがちです。この関わりの中で、あなたの社会活動が後押しされます。能力がある人との出会いが、チャンスを与えてくれます。ところが、相手はあなたの表向きの人格を壊そうとするかもしれません。それは表面的な関係では話が先に進まないと判断したからかもしれません。こうした相手との関わりの中で、共に熱を帯びることで火星は活発化されます。能力のあるパートナーとの共同作業で、いろいろなことに挑戦してみましょう。

[7ハウスの始まりが天秤座で、ハウスの途中から蠍座になり、そこに火星がある場合]

2種類の対人関係が生まれます。一つは変化の多い、不特定多数の人々との交流です。もう一つは、その中から現れる、関係が深入りする親密な少数の人たちとの対人関係です。その人たちと共同で仕事をしたり、あるいはまた何かのテーマに取り組んだりすると、火星は健全に刺激されます。ここで一緒に作業をする時に生まれた絆は、なかなか壊れにくいでしょう。

8ハウスの火星

[8ハウスの始まりが蠍座で、そこに火星がある場合]

8ハウスと蠍座は意味が似ていることもあり、火星の力はどんどんディープになっていきます。ターゲットに侵入し、どんどん深入りすることができる力になります。対人的には境界がなくなって相手との関係に深入りします。とはいえ、火星はいつもスイッチが入っているわけではないので、時々そういう関係を作るということです。また壁を壊して、相手から何かを受け取ったり、時には相手から何かを奪うということもあります。深く関わらないことには何も進まないことが多くなるでしょう。

[8ハウスの始まりが天秤座で、ハウスの途中から蠍座になり、そこに火星がある場合]

天秤座は相手に干渉しないサインで、蠍座は壁を壊して入り込むサイン。そのため、多くの人と公平な関係を保つことも、特定の相手と深い関係になることもできる人です。8ハウスは、相手に依存してパワーをもらう場所で、それは吸い取ると言っても過言ではありません。火星は攻撃性や積極性をあらわしますが、それを自分ではなく、相手に期待するという意味でもあります。相手から金品を贈られると元気が出ます。

9ハウスの火星

[9ハウスの始まりが蠍座で、そこに火星がある場合]

9ハウスは思想、哲学、勉強などをあらわしますので、ここに蠍座の火星があるということは、思想・哲学の分野で深く突っ込んだマニアックな取り組みをすることを意味します。持続力も集中力もあるので、目標を達成するまでは中断しない人です。蠍座は固定サインなので、一度決めたことはなかなか変えないのです。9ハウスには高等教育という意味もあり、また蠍座は偶数サインなので受け取ることが得意ですから、さまざまな学校や機関で知的なテーマの教育を受けることも火星の活発化につながります。

[9ハウスの始まりが天秤座で、ハウスの途中から蠍座になり、そこに火星がある場合]

9ハウスは思想や哲学をあらわします。この人は、教育を受けていろいろなことを学ぶうちに、とくに深入りしたいと思うテーマが見つかるでしょう。偶数サインである蠍座の「吸い取る」性質から、そのテーマについてもっと貪欲に学ぼうとします。その探求のために、どこか研究する組織に所属したり、外国に行くなどするとよいでしょう。考え方が極端になりがちですが、それは火星が深入りして熱を帯びるからです。

10ハウスの火星

[10ハウスの始まりが蠍座で、そこに火星がある場合]

10ハウスは社会的な立場をあらわし、そこが蠍座だと、大きな会社や組織などに所属して働くということが多くなります。そしてその中で積極的な火星の力を使うので、やる気まんまんで働きます。しかし現場で働くというのは6ハウスのほうであらわされ、10ハウスでは社会的に打ち出す姿勢のほうをあらわします。そのため、技術的な面や実務で日々働くことを意味するわけではありません。むしろ人を使って細かい仕事をしてもらい、自分はマネージメントをするとよいでしょう。

[10ハウスの始まりが天秤座で、ハウスの途中から蠍座になり、そこに火星がある場合]

人を扱う職業に向いています。いろいろな人の考え方を理解することができ、また教えることも得意だからです。多彩な人を扱う中で、特定の少数の人とさらに深く関わることになります。たとえば、多くの人とビジネスでつき合いがある中、深く関わってきた人と特別な契約を結んだり、限定会員にしたりというような二層的な扱いをするでしょう。この場面で強い説得力や、関係を安定させることができる力を発揮します。

11ハウスの火星

[11ハウスの始まりが蠍座で、そこに火星がある場合]

友人関係やクラブなどの趣味の集まりに熱を入れて深入りし、本業が中途半端になる場合もあります。しかしこれはこの人の未来を作り出し、豊かにするので、躊躇する必要はありません。またとても親しい友人に対して、少しも自分の得にならない過剰な手助けをすることもあるかもしれません。少数の集まりなら自宅を提供するのもよいでしょう。あるいは人によっては、反対にいつも友人宅とか集まりの場に行きたがる人もいるかもしれません。

[11ハウスの始まりが天秤座で、ハウスの途中から蠍座になり、そこに火星がある場合]

個人的な趣味で楽しんでいたものが、いつの間にか多くの人に共有され、そこでできた未来イメージを一緒に実現するというような関係に深入りするでしょう。つまり、一人で取り組んでいると力不足だったのが、何人かと一緒に楽しみ、共同で構築していくことで、より明確なビジョンを生み出すのです。共同で新しい会社を作ってみてもいいでしょう。そういうことに熱を上げると、あなたは元気になれます。

12ハウスの火星

[12ハウスの始まりが蠍座で、そこに火星がある場合]

自分の内面にある攻撃心、飛び出していきたい力、自我の主張などは、自分の姿が他人から見える場所では何か恥ずかしくて発揮できません。そのため、他人から隠された場所で強い力を発揮します。でも、ここでも依存心のようなものが働くので、一人で何かをすることはできず、ネットなど隠れた空間の秘密の関係性の中で、誰かと一緒に行うことで満たされます。

[12ハウスの始まりが天秤座で、ハウスの途中から蠍座になり、そこに火星がある場合]

自発的に自分で自分を訓練しようとしますが、そのことを他人には知られたくないので、人が見ていない場所でひそかに集中的に取り組みます。しかし、単独で何かをするのは心細ければ、少数の人と一緒に楽しみながら取り組んでもよいでしょう。つまり、家族からも知られることなく、練習したいテーマに少数の仲間と共同で取り組むのです。一緒に作ることができると楽しいはず。時には、この仲間は非物質の想像的な存在の場合もあります。

射手座

General remarks

射手座の火星はとてもわかりやすいです。というのも、射手座は昂揚感をあらわす火のサインであり、状況に応じて柔軟に対応する柔軟サインであり、また運動感覚をあらわすのでスポーツにも一番縁があるからです。射手座の火星の人は、たいていの場合、とてもスポーツ好きですが、自分でする人、観戦するだけの人と、いろいろです。でも火星を活発に生かすには、自分に適した運動を選んで、それを定期的に実践するのがいいでしょう。

スポーツに関係する火のサインは三つあります。固定サインの獅子座は変化を嫌うので、儀式的な型にはまった演技的なスポーツをします。また牡羊座は自発性が高く、さらに人に合わせられないので、一人で勝手にするスポーツに向き、一人で走ったり登山などをします。柔軟サインとしての射手座は、集団性にも関係あるので、これは対戦ものに適しています。野球、サッカー、ラグビーなど、複数の人が参加して戦うもの、またプロレスのようなものも向いています。相手がこう出たら、自分はこうするというように変化が多く、また予測のできないものが多いのが射手座には向いています。作戦を立てたり、出し抜いたりということも楽しいものです。

でも、体を動かすスポーツだけが射手座の火星の性分ではありません。射手座は運動感覚をあらしていますが、運動する方向とは反対方向に、意図が動いています。これはAからBに移動するというのは、BからAに向かって意図が流れてきているという意味もあるからです。目的地はB。しかしAからスタートした時には、まだBのことはわかっていない。到達してはじめて、自分はここに来たかったのだとわかるのです。行動は過去から未来へ。意図は未来から過去へ。その点で射手座の運動感覚とは、自分の本来の意図を見出すためにさまようということでもあるのです。自分が動いているのではなく、引き寄せられて行動しています。これは射手座の哲学的な探索、真の意義を見出すための旅ということをあらわしており、海外旅行などをする時に、楽しいから行くというよりは、そこでもっと深遠な自分を発見することを目指しています。

火星を刺激するのに、あちこち旅してみましょう。これは決まった目的地があって、そこに行き、予定のスケジュールをこなすということではありません。射手座は模索する柔軟サインであることからしても、予定どおりのだんどりで動くのは向いていません。変更の多い、発見の旅でなくてはならないのです。

次に議論などをしてみるのもよいでしょう。論戦は射手座の得意な分野です。これは火・柔軟サインが摩擦の火をあらわしており、火と火をぶつけて互いの火が強まるのです。そのため、反対勢力、対抗勢力は大歓迎です。いかに打ち負かすか。これを考えてみるといいのです。そしてぶつけて楽しむことが重要なので、勝ち負けにはこだわりません。戦う相手と、その後、仲よくご飯を食べていたりすることが多いのです。言葉は運動と連動しています。人の話を聞く時にも、私たちは言葉に応じて身体を動かしています。したがって、話をする、話を聞くということの背後には運動も含まれているのです。

1ハウスの火星

Particulars of each house

［1ハウスの始まりが射手座で、そこに火星がある場合］

射手座は運動感覚に関係しているので、身体を動かし、行きたい場所に思いのまま出かけるという姿勢でいるとよいでしょう。動けば動くほどに自分の意図がはっきりわかり、知的な力も増大します。思考と運動能力には密接な関係があるからです。まるで夢遊病のようにひたすら動き回るというのも火星を元気にさせます。とくに趣味や遊びを目的に動くとよいです。実用的な目的など考えることなく、お金がちょっと無駄になったとしても、好きなことをするために旅をするのがよいでしょう。

［1ハウスの始まりが蠍座で、ハウスの途中から射手座になり、そこに火星がある場合］

仕事で関わる相手に深く入り込み、自分の主張を強く植えつけようとします。これは相手に貢献したという思いから、仕事に関係する面で行います。あなたには、相手の自我の防衛ラインを壊して内面に入り込む力があり、それをするための正当な理由があります。しつこい人かもしれませんが、これを仕事に生かしましょう。営業などで一度食いついたら離れないみたいなものです。運動でも同じようにしてみましょう。トレーニングにしつこく取り組むことです。

2ハウスの火星

【2ハウスの始まりが射手座で、そこに火星がある場合】

2ハウスは収入をあらわすので、お金儲けに凝るとよいです。この時、射手座は運動をあらわすサインですから、スポーツや旅行など動くことに関係したもので収入を得ることが多くなります。また射手座には戦うという意味もありますから、戦いをしてお金を稼ぐという、まるでストリートファイトで金を得るみたいなこともありえます。そもそも2ハウスの火星は給料をもらう勤め人には合っていませんから、こうした動きの激しいものに取り組むのがいいのです。あるいは、出版などで収入を得るということもあります。射手座は思想、哲学などにも関係しているからです。

【2ハウスの始まりが蠍座で、ハウスの途中から射手座になり、そこに火星がある場合】

蠍座はパラサイト（寄生）のサインなので、人からお金を取るという方法を考えます。とくに相手は無防備でわがままな人が多く、そういう人との信頼関係によって、お金を取ることがあります。頑張るほどに金額が増えていきます。これは一つのゲームのようなものので、相手と対戦しているような感じもあります。特定の契約した人に対して、バラエティーのあるサービスをするなどという仕事もいいでしょう。いずれにしても2ハウスの火星は、やる気があるほど収入が増えます。これにゲーム感覚で取り組むべきです。

3ハウスの火星

[3ハウスの始まりが射手座で、そこに火星がある場合]

知的な3ハウスに、知的な射手座が入るので、学習能力が高まり、教養も深まります。そのため、学校の先生など、人に教える仕事をするかもしれません。しかし、火星は恒常的に活動するものではないので、毎日の繰り返しに耐え切れないかもしれません。おそらく、継続して働く教職などでなく、必要な都度、人に教えるというスタイルのほうがいいでしょう。また移動することに火星は燃えるので、あちこち旅をしたり、探索するとよいでしょう。移動と運動能力をかけあわせたほうがいいので、やはり〝走る〟ということも火星を活性化するにはよいかもしれません。通訳などもいいでしょう。

[3ハウスの始まりが蠍座で、ハウスの途中から射手座になり、そこに火星がある場合]

どこか決まった場所に行ってスポーツするというのがよいでしょう。つまりは開放的な空間で自由に動くのでなく、同じ場所に繰り返し行き、その中で運動をするというものです。となると、どこかのジムの会員になり、そこに通いながら運動するということでしょうか。変わらないものの内側で、日々変化するというイメージだからです。また自分の体調やコンディションを常に細かく観察して、管理するということも重要です。

4ハウスの火星

【4ハウスの始まりが射手座で、そこに火星がある場合】

4ハウスは家やその室内をあらわします。つまり、室内で運動するのがよいということになります。しかも、出かけた先の室内よりは、自宅でのほうがより適しています。自宅内にジムを作るのもよいのではないでしょうか。野外で走るよりは、自宅でトレッドミルで走るほうがよく、またはテレビでのスポーツ観戦もよいでしょう。いずれにしても、室内で体温があがる方法を考えてみましょう。

【4ハウスの始まりが蠍座で、ハウスの途中から射手座になり、そこに火星がある場合】

4ハウスは家や室内をあらわすので、室内での運動が適しています。とくに4ハウスの始まりが蠍座の人は、あまり移動したがらないので、決まった場所がいくつかあって、そこを細かく移動する——つまり、引越しはしないが旅はするというスタイルになります。また、海外で手に入れたものを、自宅に飾ったり置いたりするのが好きなので、運動する道具も海外から輸入したものがあると楽しいでしょう。室内をまるで外国のどこかの場所のように演出してみるのもよいです。運動はバラエティーがあり、さまざまなものを組み合わせるのがよくて、海外もののメソッドなども好きでしょう。

5ハウスの火星

[5ハウスの始まりが射手座で、そこに火星がある場合]

5ハウスは遊びをあらわし、射手座の遊びはまさにスポーツそのものということになります。また、火の柔軟サインは摩擦で生じた火を意味し、戦ったりすることに一番適しているので、ゲームで戦うことでも火星は元気になります。自分の中に生き残っている〝外を遊びまわる子ども〟を解放することが健康の秘訣です。でも、テレビゲームは4ハウスのほうがいいので、この5ハウスの火星というのは、ともかく外に飛び出して遊ぶというのがよいでしょう。じっと座っているのはよくありません。

[5ハウスの始まりが蠍座で、ハウスの途中から射手座になり、そこに火星がある場合]

表向きおとなしそうで、スポーツに縁がなさそうに見えますが、実際には開放的な運動が適している人です。運動する場所は、日々変わるのではなく、いつも決まった場所のほうがいいでしょう。また、新しい分野の仕事にチャレンジしたり、新しい企画を打ち出したりすることでも火星は活発化します。射手座の火星は出版関係や旅行関係、海外関係にも縁があるので、そういった分野で他人が思いつかないようなアイデアを作ってみるのもよいかもしれません。

6ハウスの火星

［6ハウスの始まりが射手座で、そこに火星がある場合］

6ハウスは労働をあらわす場所なので、移動などに関係のある仕事をするとよいでしょう。表向きはあちこち動きまわるような人に見えない場合もありますが、商品だけでなく、たとえば記事のネタなどを探して日々動き回るような仕事などに適しているでしょう。そもそも6ハウスの射手座は、出版などに関係した仕事もあらわすからです。また旅行関係の仕事もよく、その場合も会社でじっとしているのではなく、あちこちに動きまわるのがよいでしょう。また仕事に関連した訓練などにも力を入れたほうがよいです。

［6ハウスの始まりが蠍座で、ハウスの途中から射手座になり、そこに火星がある場合］

長く勤める職場があり、その中でこまかく動き回るというスタイルの仕事になるでしょう。あるいは6ハウスは訓練や練習をあらわす場でもあるので、いつも行く体育館や会員になっているジムなどで運動するのもよいでしょう。ただ、お金を払って運動をするというのは6ハウスには適していないので、どうせなら、その運動が仕事、労働、収入などに結びついているほうがよく、そのほうが気分的に実践しやすいでしょう。

7ハウスの火星

[7ハウスの始まりが射手座で、そこに火星がある場合]

7ハウスは対人関係をあらわす場所で、火星のようなタイプの人との交流を示しています。この〝火星のようなタイプ〟とは、運動や戦いが好きな男っぽい人たちのことです。また外国人の男性という意味もあります。こういう人たちとの交流に巻き込まれて運動を始めるというのがよいでしょう。また人との活発な交流そのものが、あなたの火星を元気にします。対人関係でのトラブルは普通よりも多めですが、このトラブルもまた火星を活発化する鍵になるので、何もない平穏な関係よりはましです。ケンカも時々あったほうが火星にとっては元気が出ます。

[7ハウスの始まりが蠍座で、ハウスの途中から射手座になり、そこに火星がある場合]

拘束の多い対人関係になりますが、途中から自由を求めて、秘密の関係が作られやすくなります。つまり、いつもは束縛されていても、その中で息抜き的に関わる人がいて、その人はあなたの潜在的な願望を形にして夢を実現するような人です。ところが、いったん日常に組み込まれると再び束縛されます。そのため、その人といるのは特別な時間ということで、日常とは分けておくと、いつまでもそれは火星を元気にし、活力を提供してくれるでしょう。

8ハウスの火星

[8ハウスの始まりが射手座で、そこに火星がある場合]

この人は、限定されず目に見えない、精神性にまで視野を広げようとします。そのために、表面的なものではない、壁を越えたところにある奥まった領域に向かおうとするので、何をするにしても徹底して突っ込んでいく傾向があります。一方で、日常生活の中では強い気力が出にくい人です。〝無意識領域への戦闘意欲〟というと妙な言い方になりますが、この超越的な領域へチャレンジする時に、パワーがどんどんわいてきます。

[8ハウスの始まりが蠍座で、ハウスの途中から射手座になり、そこに火星がある場合]

長期的に関係が続く人や組織などがあると、それは生活に安定をもたらしてくれますが、同時にあなたの主張する自我を消耗させて、あなたを弱くしてしまいます。あなたの自我の主張を弾力的に受け止めてくれる相手が必要ですが、そういう人は日常的な人間関係に組み込まないようにしましょう。この弾力的に受け止めてくれるというのは、実は、ケンカをしても平気な人のことで、比喩的にはサンドバックがわりになってくれる人のことです。その関係は周囲には知られないようにしたほうがよいでしょう。

9ハウスの火星

[9ハウスの始まりが射手座で、そこに火星がある場合]

もっとも正直で、もっともストレートな火星の力が発揮できる人です。議論をしたり、思想的・哲学的なことに興味を持って研究をしたり、あるいは気ままに海外に出かけたりなど、自分の自我が広い空間に向かって壮大に広がっていくような体験をします。女性の場合、これをパートナーの男性に託すこともありますが、それはとてももったいないことです。ぜひ自分自身でこの火星の力を発揮しましょう。戦闘的なことやスポーツをするとよいです。観戦だけでは物足りないはず。

［9ハウスの始まりが蠍座で、ハウスの途中から射手座になり、そこに火星がある場合］

隠れ家的な場所をどこか海外に持つといいでしょう。そこでは自由にのびのびと行動し、いろいろなことにチャレンジできます。それはあなたの精神を高めると同時に、能力も高めてくれます。また、熱中できる作家や思想家などがいるといいでしょう。そういう人が見つかったら、全部の著作を集めてみましょう。かなりマニアックなものでもよく、むしろそのほうが活力をチャージしやすいはずです。そんな熱中する作家や哲学者の顔ぶれが変わっていくのはかまいませんが、常に一人はいないと生命力がチャージできません。

10ハウスの火星

［10ハウスの始まりが射手座で、そこに火星がある場合］

10ハウスは社会的立場などをあらわします。そこに射手座の火星が位置すると、知的、精神的、哲学的、教育的な仕事などで火星を活発に使い、しかもそれを人生の看板にしていくのがよいということになります。。そう意味では、おおっぴらに火星を押し出していきましょう。多少突っ込みを入れられたぐらいのほうが押し返すことができて、元気になれます。ただ、外面的にはそんなタイプには見えません。つまり、私生活の顔と社会的な顔がはっきりと違う人です。

[10ハウスの始まりが蠍座で、ハウスの途中から射手座になり、そこに火星がある場合]

組織や会社に所属して、その組織の意志を代弁する形で、外部からの攻撃をうまく処理できる能力を持っている人です。ただし、一個人として対応するとうまくいきません。というのも、私的なキャラクターとしてではなく、公的な顔として対外的に強気に出るという惑星配置だからです。こうした公的なものを利用して、海外に出かけたりすることもあるでしょう。不自由に見えて、不自由さの中での自由をそれなりに楽しんでいます。

11ハウスの火星

[11ハウスの始まりが射手座で、そこに火星がある場合]

11ハウスはクラブやサークルなどをあらわしますので、文字通り、スポーツクラブなどに参加するとよいでしょう。能力を伸ばすには仲間と競うのがよいです。また本業ではなく、副業として運動関連の仕事などに取り組むのもよいでしょう。仲間同士で共有する趣味というのが11ハウスの意味ですので、旅行なども仲間と行くとよいです。とはいえ、近距離へは一人でいくほうがいいでしょう。スポーツと旅行がセットになっているものがよいです。

［11ハウスの始まりが蠍座で、ハウスの途中から射手座になり、そこに火星がある場合］

拘束の激しいクラブやグループなどに参加することになります。拘束が激しいぶん、なんらかの特権が得られるなど、得なこともあります。または、自分の家系や家族に関係した場所や施設が、特別に自由に使えたりするかもしれません。あるいは、自分の土地を人に貸していたのが、遊び場として使えるようになったということかもしれません。これは将来の発展性を約束するものとなりやすいでしょう。いずれにしても、自分で確保した場所でスポーツをするのがよく、できれば対戦的なものが好ましいです。

12ハウスの火星

［12ハウスの始まりが射手座で、そこに火星がある場合］

12ハウスは隠れたものをあらわすので、自由闊達な射手座の火星も人前ではあまり表に出てきません。しかし、内側にはそういう熱い力が隠されています。それをネットなどで発揮すると、やりすぎになることもあります。不特定多数の人には見えないところで、体を使って戦ったほうがいいかもしれません。ゲームや頭脳的なものだけだと、エネルギーが余ってしまいます。哲学的なことに熱中する人も多く、精神世界などにも関わりやすいでしょう。自分の意見を他者と戦わせることで元気になれます。

［12ハウスの始まりが蠍座で、ハウスの途中から射手座になり、そこに火星がある場合］

内面に力を十分にためこむと、爆発するように飛び出していくという性質の火星を持っています。しかし、力をためこまないと、やる気のスイッチが入りません。いつもはおとなしいのに、定期的に人が驚くような行動的な人に転じるのです。英雄的な神話イメージを好んでいて、それを実在の人物に期待しては失望します。そういった神話像は物語の中に探すほうがよいです。

山羊座

General remarks

山羊座は土の元素のサインです。土のサインは火や風の元素のサインに比較すると、外に広がるという性質ではなく、むしろ閉じる性質です。スポーツや運動にはあまり関係しないとも言えます。山羊座はたいていの場合、仕事の成果をあらわすことが多く、山羊座の火星を元気にするには、業績を上げるとか、仕事を成功させるなどの行為に集中するのが効果的です。活動サインなので受け身になるのは不向きで、自分のほうから積極的にチャレンジすることが重要です。

たとえば営業などの仕事にも合っているかもしれません。やすみなく働きかけ、またうまく行ったとしても、それで安心せず、常に前向きに働きかけるということを続けるのが好ましいと言えます。なかなか成功しない業種や仕事に関わり、それを再生したり、活性化したりするのも楽しいでしょう。山羊座は活動サインなので怠け者が嫌いです。そのため、停滞したものを見つけ出し、それを蘇らせるというのが得意です。古びたものを活性化させ、陳腐にならないようにするのは、山羊座にとっては興味あることで、古い社会に新しい要素を持ち込んで再生させるのは楽しいはずです。

また、自分が住んでいたり、あるいは生まれた場所でのローカルな運動に参加することも山羊座的です。商店街の仕事に取り組んでみたり、地域イベントを企画したり、アイデアを出したりすることもよいでしょう。山羊座は直立するサインで、つまり自分が立っている場所を重視します。よそ見をしないで、自分の立っている場所を豊かにすることをあらためて考えてみましょう。もちろん火星は常時スイッチを入れる必要はないので、毎日取り組む必要はありません。季節ごとのイベントなどに参加するとか、スタッフになるとかして、時々取り組むことでいいのです。

小さなコミュニティを作ってみたり、そこに参加してみることも山羊座らしい活動です。ごくマニアックでオタク的な集まりなど、この手のコミュニティを作ることに山羊座は強い関心を持ちます。というのも、大きな社会はなかなか思い通りになりませんが、小さなものであれば、自分の努力で改善する余地もたくさんあり、変化させることもできるからです。もしもそういうコミュニティをネット上で作るのならば、世話人になりましょう。とても忙しく、しかも油断できないことが多いですが、手抜きをせず、どんな小さなことにも積極的に労力を惜しまないことが重要です。

また社会と社会の結びつきを作るということに関係する仕事をしてみるのもよいでしょう。一つの共同体は、同じようなサイズの共同体と結びつくと、こんどはより大きな単位の共同体に近づきます。市、県、地方、日本というふうに、共同体は小から大までの層があり、一つの集団はさらに大きな母集団に所属しています。異質な共同体や社会との接触というのは、たとえば姉妹都市のように遠いところと結ばれることなどもあるでしょう。こうした交流のために尽力するのも、山羊座にとっては燃えるようなことです。

山羊座は運動にはあまり関係しないと書きましたが、あえて運動に関したことも考えてみましょう。山羊座はバランス感覚に関係すると言われています。山羊座はやぎのイメージと関係すると考える人もいます。やぎは狭くて高い岩の上でも、平気な顔をして立っています。これは抜群のバランス感覚を持っているからです。このバランスを取るということと運動を結びつけるとしたら、平均台など、狭いところに立つことを運動に結びつけてみるといいかもしれません。スラックラインという綱渡りのような新しいスポーツがありますが、こうした運動を自分で試みてみると、山羊座の火星は活性化すると思われます。

激しく動いたり移動することが重要なのではなく、バランスを取ることがメインです。まっすぐ逆立ちすることにチャレンジするのもよいでしょうし、そのまま移動してみるのもよいでしょう。ごく日常的なことですが、靴下を履く時も、どこにも寄りかからず履くことができるほうがよいです。富士講の開祖、藤原角行《かくぎょう》は、角材の上に立って修行したので角行という名前がつけられたと言います。真実かどうかわかりませんが、山羊座の火星のイメージづくりの参考になります。

バランスを保ち、まっすぐに立つというのは自立性に関係します。美術館で名画と言われているものを見ると、驚くほどのバランス感覚に驚きます。名画すなわちバランスの高い構図と考えてもいいくらいで、これは物質的なバランスだけでなく、心理的、感情的に自立していなくては達成できないことです。依存的な人とは、何かによりかかり、自身ではバランスを取る能力がありません。その結果、存在状態として醜い状態になるケースもあり得ます。それは美しくないのです。どれにも寄りかからず立つことができるというのは、完全な自立性をあらわしています。身体能力だけでなく、思考、感情、精神においての自立が大切です。外部に過剰に要求せず、自身でまっすぐに立つ練習をする。心理的なバランスが取れない人は、絵を描いてもそのような描き方をしますから、自己チェックに絵を描いてみるのも一つの手かもしれません。

1ハウスの火星

［1ハウスの始まりが山羊座で、そこに火星がある場合］

1ハウスは個人の始まりをあらわし、そこに勢いのある火星があると、積極的で行動的なキャラクターになります。ただし山羊座なので、仕事などで目に見える成果を作り出す方向に積極的になります。実績を見せるということでは、スポーツであれ、実業であれ、熱く取り組むことができるでしょう。山羊座は冬のサインで、冷えて乾燥している固い殻をあらわします。そういう確実で堅固な結果を生み出すことを重視しています。とにかくにも、興味があることに邁進してみることが大事です。

［1ハウスの始まりが射手座で、ハウスの途中から山羊座になり、そこに火星がある場合］

精神的に価値があることを、実際的なことに落とし込む人です。これは火のサイン（射手座）から土のサイン（山羊座）に落とし込むということです。このためには、具体的な立場や場所で活動することが大切です。抽象的なことも具体的な場所に落とし込むと、わかりやすくなって実際に働くことがたくさん出てきます。たとえば仏教思想は射手座的なものですが、それがどこかの寺というふうになると、それは山羊座化したという意味となります。精神的なものと実務を結合しつつ、積極的に取り組みましょう。活動サインですので、忙しいほうが燃えるでしょう。

2ハウスの火星

[2ハウスの始まりが山羊座で、そこに火星がある場合]

2ハウスがあらわす収入や仕事などで、自分の能力を使って自立する人です。会社員ではなく、自分で仕事を立ち上げ、怠けることなく働きます。山羊座は活動サインなので、仕事に関しては、常に休まず、活発に働きかける力があるからです。そうやって収入を上げていくことが、火星を元気に活用することになります。自分の特技を活かすというのではそれが仕事になる可能性は少なく、むしろ自分が住んでいる地域に要求されている種類の仕事のほうが確実です。好みはあまり関係ありません。

[2ハウスの始まりが射手座で、ハウスの途中から山羊座になり、そこに火星がある場合]

精神的なもの、思想的なもの、あるいは情報に関係したものなどを、そのまま収入にしていくとよいでしょう。たとえば地域に関係した情報誌を作るというようなイメージもこれに当てはまります。まずは、精神的な趣旨が先にあり、それを具体的な地域に対応するように適用し、変えていく仕事をするというようなスタイルです。たとえば東北の精神を活発化させるという趣旨を立て、そのために東北の一都市のよいところなどをクローズアップするというようなイメージです。山羊座は人から言われて行動はせず、自発的に働きかけるので、どこか組織に所属するとこの力は発揮しにくくなります。自分一人で立ち上げるのがよいでしょう。

3ハウスの火星

［3ハウスの始まりが山羊座で、そこに火星がある場合］

3ハウスは小旅行や移動に関係ある場所です。山羊座は空間的に横方向に移動するよりも、立ち位置ということを重視しますので、遠距離の移動はあまりしません。自分の身近なエリアをくまなく動くようなイメージです。地域の古い遺跡や史跡、伝統、あるいは情報を発掘するために、さまざまな場所を動きまわることが、そのまま運動になるとよいのではないでしょうか。土地のリズムに自分の活動をぴったりと合わせることが火星を元気にします。

［3ハウスの始まりが射手座で、ハウスの途中から山羊座になり、そこに火星がある場合］

哲学、思想、精神性などに関係するのが射手座で、3ハウスは初等教育や学習、情報などをあらわします。この火星の配置は、射手座のあらわす精神的な探索を、山羊座のあらわす自分の住んでいる身近な場所に対応させていくことを意味しています。抽象的なものと、具体的なものを結びつけて、歴史や地域性の中に価値を発見し、その地域を活性化しようとします。休みなく情報を発信し、そのためにあちこちを動き回ります。これらを通じて火星が元気になるでしょう。

4ハウスの火星

［4ハウスの始まりが山羊座で、そこに火星がある場合］

自分の家で仕事をすることをすすめます。会社員になるよりも、自分の家か、事務所を立ち上げて経営するのが合っています。この場合、仕事の中身は地域性に密着したものがよく、地元の優れたものを取り上げて仕事にしていくとよいでしょう。運動する場合にも、自分の住んでいる身近なところがよく、とくに昔からある古い場所などが最適です。4ハウスは家をあらわしますが、自宅は落ち着かない感じのほうが、むしろよいでしょう。落ち着くと怠け者になります。火星は興奮を意味するので、リラックスして寝るという場所にはならないのです。

【4ハウスの始まりが射手座で、ハウスの途中から山羊座になり、そこに火星がある場合】

自分の家が外国など地元ではない遠方にあることを夢想し、その遠い場所に、むしろ自分が生まれた場所よりも身近感を感じたりします。また、空中にとどまるラピュタのように、不安定な中でも立ち位置をしっかり取れる人でもあります。バランス感覚が優れているので、激しく変化し揺れ動いているような環境でも、自分の立ち位置が正確に作れるのです。もっと自分流の工夫をし、確かな居場所が作れると、あなたの活動力はさらに高まるでしょう。

5ハウスの火星

【5ハウスの始まりが山羊座で、そこに火星がある場合】

5ハウスのあらわす趣味や遊びを、スポーツにするとよいでしょう。この趣味や遊びというのは、当然、自分が楽しいと感じるもので、しかも人に気を使う必要のないものです。また、山羊座はかなり実務的ですので、実用性がないとやる気が出ないので、一つの例として、地域の伝統を守るなどといった目的が必要です。そういう意味では伝統的な舞踏などをスポーツとして楽しむのもよいでしょう。ローカルな価値を大事にする山羊座なので、むしろ田舎的な、こてこての濃いものでもよいのではないでしょうか。

［5ハウスの始まりが射手座で、ハウスの途中から山羊座になり、そこに火星がある場合］

海外など遠方の土着的なものを趣味の一つとして取り上げてみるとよいでしょう。たとえば、日本人なのに、バリ島の伝統芸能を趣味にするという感じです。自分の地元ではなく、少しシフトした他の地域の〝地元〟に熱中してみるのです。同じ古いものでも、自分の地元ではない遠く離れた地方の古いものでもよいでしょう。すでに廃れ、失われてしまったものなどもよいです。それらを遊びとして再生し、取り上げることで、あなたの火星は活発に動き出すのです。

6ハウスの火星

［6ハウスの始まりが山羊座で、そこに火星がある場合］

労働を意味する6ハウスに火星があると、とにかく頑張って気力をもって働くことで火星の力が発揮されることになります。とくに山羊座は実際的なので、日々休みなく働きます。山羊座は柔軟性がないので、予定外の仕事には困惑してしまいますし、また受け身に回るのも得意ではありません。反対に、自分が計画を立てて進められるものだとうまく行くので、常に自分から工夫して取り組むとよいでしょう。会社での部下なども、自分の担当範囲では自由に采配をふるえないとやる気が起きません。職場をきちんと管理し、部下へもまめに働きかけることが大事です。なお、ダイエットで減量することも、この火星にとっては難しいことではありません。

［6ハウスの始まりが射手座で、ハウスの途中から山羊座になり、そこに火星がある場合］

6ハウスは働くことをあらわしますが、この人の仕事は移動に関係したものや、知的なもの、または出版などに関係したものになるかもしれません。特定の分野で自分が責任を持つ状況だと能力を発揮できます。山羊座の火星は実力主義的で、明確な成果を出そうとする傾向があります。はっきり見える成果がないことには、自分でも仕事に納得できないのです。いずれにしても、仕事に労力を惜しまずそそぐことで、火星は活発化します。

7ハウスの火星

［7ハウスの始まりが山羊座で、そこに火星がある場合］

依頼したり、依頼されたりと、仕事関係での協力者との活発な交流が生まれます。仕事上の人脈を大切にしますが、仕事関係と日常の対人関係がかぶってしまい、この二つを分けられないことも多くなります。とはいえ、この人間関係に熱意をもって取り組むことが火星を活発にするのです。また紳士的な関係を大事にし、約束は必ず守るという律儀な考え方の持ち主です。相手との取引的な要素もあるので、持ちつ持たれつ的なものが多いでしょう。結婚相手に仕事をさせ、自分はその相手をマネージメントするだけという人もいるかもしれません。この火星配置の人は、人間関係にも何らかの実際的な目的があるのです。ただのつきあいはしないかもしれません。

【7ハウスの始まりが射手座で、ハウスの途中から山羊座になり、そこに火星がある場合】

人間関係においては、当初はバラエティーある人たちとの会話や情報交換が目的で、本来は実利的な目的や利害など考えていません。ところが、やがて仕事の発展に貢献するような人との出会いが始まります。その人たちとの関係に真剣に取り組むほどに、その後の社会的な活動がスムーズになっていきます。いずれにしても、人脈を通じて仕事が発展していく人でしょう。仕事に関係したセミナーなどの集まりには、盛んに出かけたほうがよいです。

8ハウスの火星

[8ハウスの始まりが山羊座で、そこに火星がある場合]

特定の人との密接な関係ということを意味する配置です。仕事能力、あるいは地位や立場などを、自分が築くのではなく、他者からもらい受ける傾向があります。仕事のできる尊敬する人を見て、その人の能力と地位を受け継ぎたいと思うことも多いでしょう。年長者の意志と自分の意志を混同する傾向もありますが、この特定の人たちとの関わりの中で、社会性も学び、人生の発展力が強化されていきます。山羊座は冬のサインなので、冷えて乾いたものという性質をあらわします。そのため、内面的な温かい交流というものより、成果、能力、実質的なものという面での関係が多いでしょう。

[8ハウスの始まりが射手座で、ハウスの途中から山羊座になり、そこに火星がある場合]

融通がきかない決まり切った対人関係が多いので、もっと柔軟で知的なタイプの人と関わりたいという欲求が生まれてきます。これは人との関係だけでなく、組織などとの場合もあります。そういう対人関係や組織との関係から、実質的な能力を訓練されたり、受け継いだりします。その結果、あなたの生得の能力をさらに社会的に活かすことができ、時代にうまくマッチさせることもできます。自分の生まれつきの資質を鍛えてくれるような相手との交流が重要で、いわば自分が原石だとしたら、相手はそれを磨くことができる人であり、組織なのです。

9ハウスの火星

[9ハウスの始まりが山羊座で、そこに火星がある場合]

この配置での火星は、成果をモノや数字など、はっきりと形にすることに燃えます。9ハウスを海外とみなすと、旅行業や航空業など外国に関係した商売や、輸出入などの仕事をするかもしれません。また仕事に関係なく、国内よりは海外にいる時のほうが元気になるという意味でもあります。ビジネスで関係の深い外国に行って、調査したりすることもあるでしょう。研究や勉強の対象は抽象的なものよりもビジネス関係のほうがよいです。また向上心が強い人なので、常にいままでよりもより優れたものをということを忘れないようにするのが大事です。

[9ハウスの始まりが射手座で、ハウスの途中から山羊座になり、そこに火星がある場合]

最初は勉強のために取り組んだものだったのが、途中からそれを用いてビジネスなどで成果を出す方向に向かいます。留学したのに、目的とは違うものを習得して戻ってきたような人がいますが、そういうイメージに近いでしょう。実用的な哲学を持っているので、仕事に結びつかない勉強はあまり意味がないのではないかと思うこともあります。海外と関係のある輸出入などの仕事にも適しています。

10ハウスの火星

[10ハウスの始まりが山羊座で、そこに火星がある場合]

10ハウスは社会的立場などをあらわします。そのため、仕事で成功し、社会において頂点に立つ、いわばサクセスのために頑張ることで火星は元気になります。また、自分の置かれている立場や地域を大切にすることで、社会的ステータスが上昇します。また共同体の義務や常識というものを大切にしているので、共同体の輪を乱すような好き勝手はしない人です。

[10ハウスの始まりが射手座で、ハウスの途中から山羊座になり、そこに火星がある場合]

たとえば研究所や大学など、実利にかかわらないところでスタートした組織が、途中からビジネスなどに結びついていくような場面で、この人は活躍するでしょう。養殖を研究していた大学が、そのまま養殖魚の事業を始めるようなイメージです。そこでは、射手座の精神性と山羊座の実用性が結合して、よい成果を生み出すのです。あるいは地域の外から入ってきた事業が、地元に定着するということに関わるのかもしれません。いずれにしても、仕事で具体的な成果を作り出すことで社会的地位を確立するとよいでしょう。

11ハウスの火星

[11ハウスの始まりが山羊座で、そこに火星がある場合]

副業で始めたことに、本業よりも夢中になってしまうかもしれません。本業で余ってしまった材料を使って副業として起業してみたら、そのほうが勢いがよくて楽しかったりするというイメージです。そのために、本業では、どこにも束縛されず、自由に動けるような立場を確保しておくとよいでしょう。企業に所属するよりも、契約というような立場で仕事をしたほうが、やる気が出るたびに業績があがります。また本社よりも地方の支社のようなところのほうがチャンスが増えます。

[11ハウスの始まりが射手座で、ハウスの途中から山羊座になり、そこに火星がある場合]

クラブやサークルなど、仕事と離れた集まりに参加するとよいでしょう。そこで当初は単なる勉強のつもりでしていたことが、やがて副業などのアイデアにつながり、実践してみることになるかもしれません。友人と一緒だと進みやすいでしょう。というのも、一人で意志を発揮するよりも、仲間と共鳴した意志で動くほうが得意だからです。

12ハウスの火星

［12ハウスの始まりが山羊座で、そこに火星がある場合］

12ハウスは隠された場をあらわしますので、たとえば会社に内緒で会社に禁止された仕事をしたりする人などもいるかもしれません。また発信者が見えないメディアであるネットなどを使って仕事をすると、成功しやすいでしょう。自分の野心を人には隠して行動します。また、決まり切った場で仕事をするというのはあまり好みではありません。自由に動くことで成果を達成し、それをネットなどを通じて発信したりするとよいでしょう。

［12ハウスの始まりが射手座で、ハウスの途中から山羊座になり、そこに火星がある場合］

12ハウスの火星は、他人の視線がないほうが燃えます。そのため、職場でも自分だけの個室などがあると集中力が出やすい人でしょう。また、誰にも知られることなく、裏で協力してくれる人が出てくるでしょう。運動も、人が見ていないところでしたほうがよいです。また、ビジネスは裏方的な姿勢でしたほうが成功しやすいでしょう。つまり前面に立たずに、実質のみを手に入れるようなほうがよいのです。ネットなど、発信者が見えないメディアでは成功しやすいでしょう。また深夜など他の人と違う時間帯を有効に活用すると、そのことでも火星が活発になります。

水瓶座

General remarks

水瓶座は風の元素で、しかも固定サインなので、思想や人生への姿勢が常に変わることなく、また普遍的に広がることをあらわしています。一つの考え方が決まると、時間が経過しても、どこに行っても、状況がどんなに変化したとしても変えないという傾向があり、それはとても頑固です。

たいていどこでも、その場所特有の習慣や伝統があります。誰もがその場所に行くとそのルールに従うものです。しかし、水瓶座はそうしたローカルなところで成立するルールには従いたくありません。理屈として納得できないのならば、どんなものにも従いたくないのです。それが反抗的な姿勢のように見えることもあります。火星は時には乱暴な惑星ですから、ルールに従わない無軌道な人に見えることもあるのです。これは獅子座と水瓶座に顕著です。というのも、この二つのサインはどちらも、蟹座と山羊座という集団社会を否定して成り立つ未来的なサインだからです。

そして社会常識など従うことが当たり前とされているものを見ると、わざと反抗したくなるのが水瓶座の性質です。水瓶座に関係する天体は天王星と言われていますが、天王星は太陽系の惑星の中で一人寝ています――つまり、自転軸がほぼ横倒しに近いほどに傾いているのです。まるで、朝に駅から吐き出される通勤中のサラリーマンを見て、自分だけはこの方向とは反対に歩きたいと思うような、決まり事をつい覆したくなる人のようなものです。これが水瓶座の独自性や冴えたセンスを作り出す理由ともなります。

そこで水瓶座の火星を元気にし、それによって自分の生活を充実させるには、横紙破り、境界線の侵犯、狭い場所で通用するルールを度外視することなどを意識して、自由、公平、平等、地域格差のないこと、などを考えるとよいことになります。国際的な活動をする人は、たいてい射手座と水瓶座の両方が強いことが多く、とくに水瓶座は金銭的なメリットを考えないので、儲からないことでも夢中になったりします。

また火星はマクロコスモスへの誘いですが、とくに水瓶座のビジョンは宇宙的に大きなもの、壮大なものに広がることが多いようです。数億年単位の宇宙サイクルなどということにも興味を持ったりします。できるかぎり視野を大きくして、一個人では捉えきれないような、あるいは個人としては体験がとうてい不可能なものに夢を抱くということもあります。しかし、それでは身近なものがよけいにつまらないものに見えてきます。この大きなビジョンを確保するためには、小さなことに無関心になる傾向があり、とくに身近なことに関してはわざと無関心を装います。身近な対人関係で気を使うことをよくないことだと考えてしまうところもあります。

これらを踏まえて、水瓶座の火星を元気に活用することを考えましょう。狭いところに閉じ込められていない、どこにいっても変わらない自分を意識しましょう。地域や土地にはあまり関係しないので、世界中を旅してみるのもいいでしょう。

そもそも風のサインは、土のサインに対立しており、土のサイン特有の狭いところに閉じ込められるのが嫌いです。そのため、ものを持たない、またお金も持たないということを好む傾向があります。ものを持ち、お金を持つと、それを縛りと感じるのです。でも、そのような考え方であっても、あるいは、むしろだからこそ必要最低限のものやお金は獲得できます。不要な備蓄を嫌うというのが正確です。この気持ちは、水瓶座の人にしかわかりません。何もなくても不安を感じないというのが特徴です。旅をする時は、大きな荷物を持たないほうがいいでしょう。必要なものはすべてその場所で入手すればいいのです。また荷物と意味が似ていますが、身体に贅肉や脂肪がたくさんつくのを嫌います。水瓶座の火星の人でも太っている人はたくさんいますが、しかし身体感覚としては、それは居心地が悪いのです。身体感覚というのは実際の身体のサイズと違います。それは身体の感覚が持つテリトリーのようなものですが、水瓶座の火星の場合、不要な〝土〟を持たないという点では、比較的身軽なものだといえます。やはり、身体を絞り込んで、動きやすい肉体を作りましょう。

基本的に風のサインである双子座、天秤座、水瓶座は、開放感がある場所が適しているので、風通しのいいところで身体を鍛えるのがいいでしょう。そして、気配に敏感になるといいのです。水瓶座は嗅覚を意味しています。それは実際の匂いではなく、気配としての嗅覚のことであり、脳の中心にある松果腺に関係した能力だと言われています。気配で善悪、正邪を識別するのです。それは水瓶座の得意分野です。常に自由に動けるようにして、気配に敏感になり、未来についていつも意識するということです。また視野の広さが大切なので、見通しのいいところにいるようにしましょう。こうした場所で、自分に適した気に入った空間を確保しておきましょう。少し寒いくらいのほうが適しています。

1ハウスの火星

［1ハウスの始まりが水瓶座で、そこに火星がある場合］

型を破って自由気ままに行動することで火星は元気になります。個人の行動を管理されることを嫌います。にもかかわらず、オープンな姿勢なので、友人は多いでしょう。人によっては反抗的にすぎる言動も出てくるかもしれません。1週間のうち最低でも数時間は、気ままな行動をするという習慣をつけたほうがよいでしょう。とくに会社員の場合には、そうしないとストレスがたまります。自分の行為や考えが今役に立たなくても将来は役に立つと信じているので、今の評価をあまり気にしないでしょう。

［1ハウスの始まりが山羊座で、ハウスの途中から水瓶座になり、そこに火星がある場合］

表向きは常識的で大人の雰囲気を持っていますが、実際は、かなり自由に行動をする人です。それは外見を見ただけではわからない、二重のキャラクターです。それは仕事する時と、自由な時とでの行動の違いに出てくるでしょう。この山羊座の皮をかぶった水瓶座は、組織や会社、あるいは社会が用意したシステムを利用して、自分の自由な行動を確保するということが上手です。自分のお金を使わずに旅行をしたりすることもあるでしょう。プライベートでは気ままに振る舞い、そのことで火星は元気になります。

2ハウスの火星

【2ハウスの始まりが水瓶座で、そこに火星がある場合】

2ハウスは収入や収入源となる仕事をあらわします。ここに火星がある人は、IT、放送、ネットなどに関係した仕事がよいでしょう。金額は大きくなくても、ネットを介してお金が入ってくるような仕組みを工夫してみるとよいと思います。一つ一つは少額でも、人数が大きいと金額は増えていきます。こうした儲け方を考えると火星は元気になり、またお金を浪費しても、それもまた火星の意欲を刺激することになります。ネット上で数字を確認するだけで、実際の生なお金を扱わないというほうがやりやすいでしょう。副業的な姿勢で仕事をしたほうがリラックスできます。

【2ハウスの始まりが山羊座で、ハウスの途中から水瓶座になり、そこに火星がある場合】

2ハウスは収入をあらわしますが、この配置の場合、2種類の収入源を確保するのがよいでしょう。一つは山羊座的で常識的なもの。もう一つは、水瓶座の副業的な感じの収入です。山羊座では定期的に確実な収入がありますが、水瓶座は不定期、かつ不確定です。また、山羊座のほうは会社などでの実業から収入を得ますが、水瓶座のほうはネットなど、現場というものがない広がった空間からお金を回収するような収入です。この二つを使い分けることで、火星はむしろ集中的な力を発揮できます。いずれにしてもお金儲けをすることが、火星を元気にすることになるのです。

3ハウスの火星

[3ハウスの始まりが水瓶座で、そこに火星がある場合]

移動すること、旅をすること、またちょっと変わった分野のことを勉強したり、習得したりすることで火星は元気になります。水瓶座は電気や機械もあらわすので、機械技術などを習得しようとするかもしれませんが、機械技術でも一般的なものではなく、個性的で異質なものを学んだほうがよいでしょう。あちこち動いていたほうが火星は活発化するので、どこかにじっとしているよりは、クルマや電車で移動しながら仕事をするほうが効率的です。

[3ハウスの始まりが山羊座で、ハウスの途中から水瓶座になり、そこに火星がある場合]

3ハウスは知的な活動をあらわすので、伝統的でオーセンティックな分野の中に登場した新しい考え方や新しい機構などに関わりを持つとよいでしょう。常識的なことを学ぶ中で副次的に見つけ出した斬新なもの、オルタナティブなテーマなどにも惹きつけられます。また古いものを改革するようなことにも関心を持ちます。移動すること、あるいは動きながら考えることも火星を元気にします。自分には縁がないような場所に行ったほうが冴えます。

4ハウスの火星

［4ハウスの始まりが水瓶座で、そこに火星がある場合］

4ハウスは家やリラックスできる空間などをあらわします。水瓶座は決まった場所に縛られたくないので、自分のものではない場所、借りたり共有されたりしている場所など、いわば〝仮の場所〟というものを好みます。そういうところで過ごしたり、運動したりするのがよいです。また一人でなく、仲間と共有する場を作り、そこで一緒に何かをするとよいでしょう。点在するさまざまな場所に同じ施設があるような場所、たとえばチェーン展開しているジムなどを利用しても火星は元気になります。

［4ハウスの始まりが山羊座で、ハウスの途中から水瓶座になり、そこに火星がある場合］

4ハウスは家やリラックスできる空間などをあらわしますが、この配置の場合、家の中に離れやブースなど増設した空間を作り、そこで運動したり、仕事をしたりするとよいでしょう。また、そこでは開かれた情報が行き来したほうがよいので、密室のような雰囲気ではなく、開放的な空間にしましょう。古い家の中に、新しい電気製品があったり、新しくリフォームされた一角があったりするようなイメージです。この異質感が強調されていたほうが、火星はより活発化できます。また運動は室内で行いましょう。外を歩き回るよりも、狭い場所のほうが元気が出ます。家族ではない異質な人たちとの共同生活もまた、火星を活発化させます。

5ハウスの火星

［5ハウスの始まりが水瓶座で、そこに火星がある場合］

5ハウスは趣味、道楽、遊びなどをあらわしますが、この面でメカニックな人工的なものを扱うことを好みます。ありきたりに考えるとパソコンが趣味のようになりやすいですが、ロボットやゲーム機などでもよく、先端的なマシンを使って運動したり、遊んだりできるものを考えましょう。また遊ぶ時に、違う場所にいる人と共有できるといいので、ネットで海外の人と一緒にゲームをするのもよいでしょう。未来的、ハイテク的なものを、遊びとして、実用性から離れて使うと火星が元気になります。

[5ハウスの始まりが山羊座で、ハウスの途中から水瓶座になり、そこに火星がある場合]

古いものを再生したり、リペアしたりすることが趣味や遊びになります。ジャンクなものや骨董的なものを手に入れては、それを手直しし、改良して新しいものに生まれ変わらせたり、また常識的なものを、非常識で突飛なものに変えてしまったりすることに喜びを感じます。逆転、転覆、意表をつくもの――これらをキーワードにして趣味を探し、熱中してみると火星が元気になります。基本的に機械や電気に関係したものが好きで、趣味にしやすいです。

6ハウスの火星

[6ハウスの始まりが水瓶座で、そこに火星がある場合]

6ハウスは労働などをあらわしますが、この配置の場合、たとえば企業なら本社ではなく、支社などサテライト的なところで働きます。そのほうが自由が確保できるからです。そのため、孤立した場所などで仕事するほうが逆に元気が出ます。また仕事に枠をはめられると、強い反抗心があるので、そのままでは従いません。ちゃんと仕事はするのだから、行動は自由にしたいと考えるのです。そのため、パソコンを持ち、街に出て仕事をするという人も多いでしょう。連絡はネットなどを利用することで、できるかぎり自分の自由を確保したいと思う人です。

【6ハウスの始まりが山羊座で、ハウスの途中から水瓶座になり、そこに火星がある場合】

6ハウスは労働などをあらわします。この人は、最初はごく普通の仕事をしていながら、やがては本業から逸脱した違う仕事をすることになるかもしれません。そして、この逸脱したもののほうに熱中してしまいます。いつでも、本流よりちょっとはずれたもののほうが面白いと考えています。いずれにしても、火星を活発化させるには、仕事に熱中することが重要です。いったん出社後、外に出て活動するというスタイルがよいでしょう。仕事であちこち脱線するかもしれませんが、むしろそれは仕事に役立ち、業績に貢献することになるものです。基本的に命令されたことはしたくなく、勝手なスタイルで働きたいという人です。

7ハウスの火星

［7ハウスの始まりが水瓶座で、そこに火星がある場合］

7ハウスは対人関係などをあらわしますが、この配置の人は、自由で枠にとらわれない対人関係を大事にし、自由奔放なタイプの人と関わっていきます。そういう人間関係が、あなたの生活に破天荒な風穴を開けてくれますので、この手の人と一緒に自由な行動をするとよいでしょう。相手としては外国人など、なるべく身近ではない相手がよいです。行動範囲を広くすれば、さらに火星を元気にします。ただし、親密な関係を作る必要はなく、距離感のある感じで関わるのがよいです。その人と一緒に常識を超えるようなチャレンジができるといいのですが、それは大きな話でなくてもかまいません。なお、対人関係では予定外の出来事が起きやすいでしょう。

［7ハウスの始まりが山羊座で、ハウスの途中から水瓶座になり、そこに火星がある場合］

平凡なタイプの人との対人関係と、組織などからはみ出すタイプの人との対人関係と、2種類の対人関係があなたの場合はできてしまうでしょう。この2種類の人間関係は常に分けておき、混ぜてしまわないようにしましょう。また、あなた自身のキャラクターも、この2種類に対応した、地味で普通な自分と、エキセントリックな自分という2種類ができます。この関係を維持しながら、遠出をしたり、またスポーツをしたりするのがよいでしょう。また、何かの趣味のグループをつくったり、あるいはスピードを出すようなスポーツをするとよいです。つまり、遠い距離が感覚として短く感じるような類のものです。そのことで火星は元気になっていきます。

8ハウスの火星

[8ハウスの始まりが水瓶座で、そこに火星がある場合]

積極性や意志の使い方、戦闘的に生きること。そういった姿勢を、誰か身近でない、縁のないような人から伝授され、それを模倣します。本を読んで影響を受ける場合もあるかもしれません。自由な生き方を自分一人では追求できないタイプで、誰かの自由に振る舞うスタイルをコピーすることでやっと発揮できるようになるのです。そのスタイルをしっかり受け取り、自由に行動する時間を作ることで火星は活発になります。

[8ハウスの始まりが山羊座で、ハウスの途中から水瓶座になり、そこに火星がある場合]

何か特別なものを受け継ぐのですが、それは社会的地位のあるまともな人からではなく、はぐれ者的な異端な人から受けとります。あるいは、この人は常識的なものには関心がなく、何か変わったものでないと燃えないのですが、そういう変わったものに習熟したスペシャリストから受け継ぐのかもしれません。でも、それを表立って他人には言うことはありません。マイナーな趣味を持ち、人と違うことをすることが楽しく、そのことで火星は元気になります。

9ハウスの火星

[9ハウスの始まりが水瓶座で、そこに火星がある場合]

9ハウスがあらわす思想、哲学、また教養などに火星は燃えます。この時、多くの人が知っている常識的なものよりは、異端の思想や辺境的なものにひきつけられやすいでしょう。また、規律からはみ出して自由な時間を味わうことを好むため、海外に出かけていくのも興奮材料になります。普遍的で純粋な哲学や科学思想を学ぶことに熱中してみるとよいですし、互いに高め合うための友人がいるといいでしょう。電車の中でも変わった本を読んだり、人と議論することも火星を元気にします。

[9ハウスの始まりが山羊座で、ハウスの途中から水瓶座になり、そこに火星がある場合]

9ハウスがあらわす思想、哲学、あるいは海外などに熱中することで火星が元気になります。山羊座は地域性をあらわし、一方の水瓶座は特定の地域に限定されない普遍性をあらわします。地域ごとに違う思想がありますが、この地域性の中にも遠い国の影響の痕跡があったりするので、普遍的な部分もあります。たとえば、お盆は日本の文化ですが、これはゾロアスター教が日本に持ち込まれた名残だとも言われています。そんな地域性の中にある普遍性に目を向けてみましょう。地方の中にある未来性。それらを探索してみると同時に、それを運動と結びつけると火星が活発化します。

10ハウスの火星

[10ハウスの始まりが水瓶座で、そこに火星がある場合]

10ハウスは社会的な看板のような場所です。特殊技能や優れた職人技など、いわば〝手に職〟があるので、会社勤めをする必要がなく、フリーで働くなど、自由に生きていく立場でのキャリアを築いていく人です。人や社会に対して、自由で枠にはまらないで生きることを主張し、それに多くの人が影響を受けます。ずっと自由に好きなことが続けられるのならば、それはとてもよいことです。

[10ハウスの始まりが山羊座で、ハウスの途中から水瓶座になり、そこに火星がある場合]

会社や組織のシステムを利用して、自分の自由な立場を確保します。たとえば、出張先で自由に羽を伸ばすなども、そういうイメージの一つです。自力で自分が自由になれる場を確保するのでなく、会社、組織などの力を借りてするようにしましょう。余暇を上手に利用したり、あるいは副業を持って本業と合わせて2種類の仕事をするのもよく、これに熱中することで、火星が活性化されます。

11ハウスの火星

[11ハウスの始まりが水瓶座で、そこに火星がある場合]

退社後や余暇に参加するクラブ、サークル、友人関係に熱中して仕事どころではなくなるかもしれませんが、それが火星を活発化させてくれます。計画もたてず、仲間たちとネットで連絡し合って、盛り上がれば集合し、一緒に遊びまくります。国籍もさまざまだとなおよく、比較的破天荒で、枠にはまらない関係を作ります。ルールを決めると、かえってやる気を失うようなところがあります。また、今の社会に対する批判精神もあり、反抗的で、未来的、改革的な集まりとなるでしょう。それに参加して遊んだりすることで火星は元気になっていきます。

[11ハウスの始まりが山羊座で、ハウスの途中から水瓶座になり、そこに火星がある場合]

本来の業務やルーティンワークでは処理できなくなり、自分のところに回ってきたもので、副業的なことをするとよく、本業より熱中するでしょう。多くの人が重視しない、中心からはずれた周辺領域的なものは、あなたにとってとても大切です。仕事が終わった後や休日などに真剣に取り組むべきものを決め、これに労力を惜しまないようにしましょう。

12ハウスの火星

【12ハウスの始まりが水瓶座で、そこに火星がある場合】

12ハウスは、人から見えない、隠れたところでの活動をあらわしますが、人から隠れたぶん、純度を高めることができます。この配置の人は、たとえば宇宙に開かれた意識のようなものや、あるいは壁を破って遠くに拡大する精神というようなものをめざし、そこに労力を使うとよいでしょう。ネットを利用して遠いところに住む人とコミュニケーションすることも、火星を元気にします。身近な人よりも、むしろ、ネットの向こう側にいる距離的に遠く離れている人のほうに親しみを感じるでしょう。また、ロボットなどに親近感を感じるなど、人工的なものに感情を投影することも多いでしょう。スポーツなども、人に知られない、隠れた場所でするとよいでしょう。

【12ハウスの始まりが山羊座で、ハウスの途中から水瓶座になり、そこに火星がある場合】

精神を開放するのに時間かかります。そのために特別な方法をあなたは手に入れますが、それがないと、いつも息苦しいところに閉じ込められてしまった感じになってしまいます。この精神を開放する方法ですが、バンジージャンプ、ジェットコースター、変わった踊りなど、自分流の面白いものを見つけるのがよいでしょう。自分の周囲から壁がなくなり、精神が開放されるための手法が見つけると、社会適応がしやすくなります。都市の中にある開放的な空間、遊興的なものでもいいですが、それらを盛んに活用するのがよいでしょう。

魚座

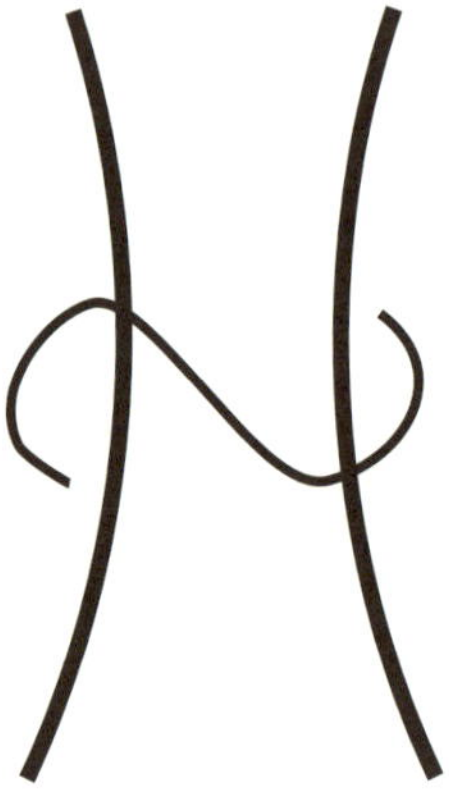

General remarks

魚座は水のサインで、これは一体化、結合力をあらわしています。また柔軟サインなので、これはフレキシブルに状況に対応できることをあらわします。つまりさまざまなものに一体化するという意味で、とても鋭敏な感受性をあらわしています。はっきり目に見えるものだけでなく、目には見えない気配にも反応するので、それはある種の霊能力やサイキックなものにも関係しやすくなります。また火星は熱中し、燃えるという意味ですから、この気配としての非物質的なものに興味が向かう傾向もあるでしょう。火星は常時スイッチを入れる必要はないので、時々関心を向けるといいのです。

占い、精神世界、スピリチュアル、非物質的な探索、霊能力。これらが魚座の火星が興味を抱く方向です。魚座は乙女座と反対の性質です。乙女座は特定のものに視線を集中して、それを拡大し、他はあたかもなかったかのように見なします。私たちの視界というのは、中心部分が強調されており、端のほうには関心が行きません。しかし周辺視野は中心部分に比較すると、膨大な情報処理能力を持っています。この時、中心視野が乙女座、周辺視野が魚座と考えてみるといいのです。

この膨大な情報が入ってくる周辺視野を重視するために、魚座は視線や焦点を曖昧なままにするということが重要です。クリアにしてしまうと、何かをじっと見て、それ以外のものを取りこぼすという乙女座的な姿勢になります。また視線や焦点をはっきりさせないで、何かを見る時にもその周辺までを射程に入れてみると、あらゆるものの事物の周辺に漂うオーラのようなものを感じることができます。実は、私たちは誰でもこのオーラのようなものを見ることができるのですが、いわば、それを見ないように努力しているのです。つまり中心視野に集中して、ぼうっと全体を見るということをしないのです。また特定のものに視野を集中させると、脳波は通常の日常意識であるベータ波に近づきます。それに対して、視野を緊張させないで、ぼうっと見て、目線をあまりきょろきょろ動かさないでいると、リラックス時に出るアルファ波やシータ波になるのです。

魚座の火星にスイッチを入れるためには、この視野を特定のものに集中させず、ぼうっと全体を見る、そしてリラックスした気分でいるという練習をしてみてください。これが魚座と火星にスイッチを入れる手続きになります。

魚座は味覚だとも言われています。ただしこれも物質的な味覚とは限らないのです。味覚は、食べものを舌の上に乗せて、それを溶かして一体化します。一方で、身体にはもう一つの目に見えない舌というものがあり、これは額や臍から伸びています。そしてそれがターゲットに向かって伸びてゆき、ターゲットと結びついた時、そこから情報がやってくるのです。

どんな動作も、その前に動作をする意図というものが働きます。動作はこの意図が発信された後に、ワンテンポ遅れて始まります。そのため、スポーツや武道で、この動作の前の意図を読み取ることができれば、それは相手の動きに対して非常にすばやい反応をすることになります。有能なアスリートや武道の人は、実はこの動作の前の意図を先に読んでいます。これはむしろ目の見えない人、耳の聞こえない人のほうが敏感だと言われています。ある伝説に残る天才的な打者も、火星は魚座にありました。この意図を読むには、説明したように、気配などに敏感になる必要があります。また魚座と反対にある乙女座は自分の思考に集中します。しかし思考に集中すると、人の感覚は鈍くなります。考えごとをすると周囲の気配に気がつかなくなるのです。魚座は、この思考の中に埋没しないで、周囲の気配に敏感になることをあらわしています。そのためには視線を集中させないで、そしてリラックスするということが大切なのです。

魚座はダンスが上手といわれています。これは気配に敏感で、考えごとに耽らないからです。魚座の火星を鍛えるには、ダンスを練習してみるのもいいでしょう。決まりきった動作のものではなく、フリーなほうがよいです。昔流行した暗黒舞踏は、スタイルの決まっていないものが多かったのですが、これはすこぶる魚座・火星に適しています。あるいは予定を立てないで、歩き回るということでもいいでしょう。ともかく型にはまってしまうのは、魚座にはよくないということです。

魚座は水のサインですから、この自由に動き回る時、水に関係したものも考えに入れてみるとよいです。つまりクルーズ、水遊びなどです。一方、魚座の水は空気を含んだ軽い水、つまり霧や雲を象徴としていますから、蟹座、蠍座などの濃い水とは異なります。そのため、霧のかかった湖畔を早朝に散歩するなどもよいと思います。もやもやしたもの、こうしたところからアイデア、ビジョン、イメージを引き出すのは魚座の得意分野です。水晶を覗いてみるのもいいでしょう。何も見えなくても、気配は受け取ります。水晶は人の視線をそらすという光の屈折性を持っていて、これが先に説明したような周辺視野を刺激するので、ビジョンが出やすいのです。じっと凝視しても、中心視野にならないのです。

1ハウスの火星

［1ハウスの始まりが魚座で、そこに火星がある場合］

意識をぼんやりさせることで、瞬間的な行動を反射的にとることができる人です。漠然と見ることで、他の人が気がつくことのない情報を得ることができるのです。非常に鋭敏な感覚なのでそれを生かすと、スポーツでは相手の動きをとっさに察知して対応することができます。野球選手でも、この魚座の1ハウス火星を持つ人は有能です。仕事なども、一つのことにじっくり取り組むより、スピード感のある変化の多いものがよいでしょう。またダンスにもかなり適しています。

［1ハウスの始まりが水瓶座で、ハウスの途中から魚座になり、そこに火星がある場合］

誰に対しても公平で、人によって態度を変えるようなことはしませんが、裏側では、相手がどんな人か、どんなことを感じているか、とても敏感に察知できる人です。しかし、そのことで意思表示をすることはありません。また、押し出しは弱く、強気なことはしませんが、受信なら速いので、相手の行動を読むような対戦スポーツには適しています。また、仕事などでは、身近ではない、よく知らない人と組んだほうがうまくいきます。

2ハウスの火星

[2ハウスの始まりが魚座で、そこに火星がある場合]

2ハウスの火星は、お金儲けによって活発化されますが、この配置の人は、会社勤めよりも、むしろ不確定・不安定な仕事のほうがよいでしょう。たとえば、相場、流行、怪しげなものに関係するような仕事です。この人は安定する必要も感じず、浮き沈みも怖くはないのです。実行までは勇気がいりますが、仕事のセンスはあります。人が思いつかない儲け方を考えるとよいでしょう。

[2ハウスの始まりが水瓶座で、ハウスの途中から魚座になり、そこに火星がある場合]

ネットを介した仕事で収入を得るとよいでしょう。とくに精神世界、占い、香、音などを使ったものはとくに合います。言いかえれば、実体のないものがよいのです。芸術的なものなど、思い切り飛躍しているものもよいでしょう。これらを、ネットの力を利用して拡大します。休みなく変化する状況でも平気で対応できるのが、この配置の人です。

3ハウスの火星

【3ハウスの始まりが魚座で、そこに火星がある場合】

予定のない旅、散歩、移動などが火星を元気にします。あるいはニッチ的な分野の研究や学習。物質的に濃くないという意味では精神世界的な探求も向いています。土地の探査、とくにパワースポットを探すのがうまいでしょう。計画を立ててから行動すると失敗するので、予感や夢をもとにして動くことです。また書物を渉猟したり、ブログを書き続けたり、都市をあてどなくさまようのも火星を元気にします。また、知らない人であれば周囲にたくさんいても平気ですが、知人が大勢いると疎ましく感じるでしょう。

【3ハウスの始まりが水瓶座で、ハウスの途中から魚座になり、そこに火星がある場合】

特定の場所に縛られずに、定期的に町を移動しながら、その町の光景を眺め、感じ取り、嗅ぎ、味覚を楽しむ。そういう暮らしが合う人です。放浪が火星を活性化させるのです。人が見ていないものを発見する嗅覚があるので、写真家としての才能もあるかもしれません。水や風に動かされるように移動する人です。

4ハウスの火星

[4ハウスの始まりが魚座で、そこに火星がある場合]

他人が入ることができず、深くリラックスでき、意識がどこまでも広がるような家や隠れ家があるとよいでしょう。それは、人と人の関係ではなく、自分と自然との関係が深まるような空間です。そういう空間で、何ごとか集中できることをするとよいです。また、火星を元気にするには、基本的にスポーツでも、ダンスでも、体温があがるようなことをしましょう。ちなみに、魚座の火星の人はダンスには非常に才能があることが多いようです。また、アイソレーションタンクに入って瞑想したり、ウォーターベッドでリラックスして眠るのもよいでしょう。

[4ハウスの始まりが水瓶座で、ハウスの途中から魚座になり、そこに火星がある場合]

4ハウスがあらわす家を、水瓶座と魚座の二重構造にするとよいでしょう。水瓶座のほうは友人などを招く開かれた空間です。一方の魚座のほうは完全に孤独な空間です。そこは、むしろ宇宙的に開かれている空間で、人間世界から少し隔離するために、植物や動物などがいるほうがよいです。そこで、気分が自由になれるようなことに熱中してみましょう。なお、水瓶座の領域のほうは、実際には人が訪ねてくるというよりは、ネットに接続されている空間でもよいです。ネットでの人のつながりを大切にする人でもあります。

5ハウスの火星

［5ハウスの始まりが魚座で、そこに火星がある場合］

自分の中にある子どもの心を広げて、趣味に熱中することが火星を活発化します。他人に気を使うことなく、自分の好きなものを気兼ねなく大きくしていくことが大事です。5ハウスでは、他人のことを考えると失敗してしまいます。純粋に個人の欲求を外に拡大することが肝要なのです。また、この人にとっては、リズムや回転といったものがキーワードになります。もちろん、身体を動かすのはとてもよいことですが、そもそも魚座の火星は、スポーツよりは、むしろ芸術、舞踏、音楽などに関係したところで熱くなるのがよいのです。

［5ハウスの始まりが水瓶座で、ハウスの途中から魚座になり、そこに火星がある場合］

デジタルなものに関係した趣味と、アナログでレトロなものに関係した趣味という2種類にチャレンジしてみましょう。デジタルなものとは、たとえばパソコン、ネット、ゲームなど。アナログなものとは、万年筆、絵筆、時代物、骨董、神秘主義などです。つまり現代からかけ離れたようなもの、あるいは人里離れた辺境にあるものがよいでしょう。言いかえれば、普遍的なものとなりますが、さらにその先に行き過ぎて時代から逸脱したようなものを探求したりすることもあるでしょう。

6ハウスの火星

[6ハウスの始まりが魚座で、そこに火星がある場合]

無意識に関係することや、超意識に関係するような面で仕事をしてみると火星は元気になります。たとえば、セラピー、精神世界、占いなどの世界、あるいはパワーストーンを売るというのでもいいし、神社で巫女さんをするというのもよいです。風や水に対して反応するような運動（たとえば暗黒舞踏やダンス）をするのも火星を元気にします。そもそも6ハウスは訓練をあらわすので、そういうダンスの練習をするのはとってもよいでしょう。魚座の火星はパターン化しない行動が大切ですので、計画を立てずに思いつきで動いたほうがよいでしょう。また魚座らしい受信力を高めることも大事で、そのためには頭で考えないことです。

[6ハウスの始まりが水瓶座で、ハウスの途中から魚座になり、そこに火星がある場合]

6ハウスに火星がある人は、仕事をすることで燃えます。労力を惜しまず、頑張って働くことで元気になるのです。しかし魚座なので、輪郭のない、枠組みのぼんやりした仕事が向いていますので、会社員などよりも、セラピー的、精神世界的、神秘的なものがよいでしょう。この配置では入り口が水瓶座なので、これはネット関係や、場所に縛られないソーホー的な感じで仕事をするということが特徴になります。こういった水瓶座的なスタイルの中で、魚座な行動をして燃えてみましょう。

7ハウスの火星

[7ハウスの始まりが魚座で、そこに火星がある場合]

7ハウスに火星がある人は、対人関係に熱中します。この場合、魚座の火星を象徴するような人と関わることになります。それは会社員などのように枠にはまった人ではなく、自由奔放ですが、いま一つ曖昧でよくわからない人で、そういう人との関わりに巻き込まれ、自分の狭い考え方が打破されて解放される体験をします。この相手はなんとなく常識がない人でもあるので、あなたは防衛的になるかもしれませんが、むしろ積極的に関わることで火星は活発化するのです。

【7ハウスの始まりが水瓶座で、ハウスの途中から魚座になり、そこに火星がある場合】

外国人など、広い視野を与えてくれる人たちとのフランクな対人関係ができあがります。型にはまらない関わりを続けていきましょう。頭から決めつけずになんでも受け入れるような姿勢でいるとよいです。こういう関わりの中で予想もしないことに巻き込まれたりすることは、かえってあなたの火星を元気にします。また、仮装やコスプレなど、何かを模倣するような恥ずかしくてできなかったことも、この人間関係の人々に巻き込まれるとできるのです。

8ハウスの火星

【8ハウスの始まりが魚座で、そこに火星がある場合】

火星の力と、その使い方を誰かから受け継ぎます。自分一人では火星の使い方を開発できないので、伝授されることで活用できるようになるのです。魚座は形がなくなり、人の型すら失うこともあるサインですので、8ハウスで受け継ぐものも、型も枠もなく、広がりだけがある理解力や表現力といったものになります。しかし、そもそも決断力がなく、自分で何かを決定できる人ではないので、相手から、あれをしてくれ、これをしてくれと要求されて従うほうが楽なのです。個人的なテリトリーを侵害されることを、むしろ喜びましょう。徹底して依存的になることでも火星は燃えるのです。

［8ハウスの始まりが水瓶座で、ハウスの途中から魚座になり、そこに火星がある場合］

身近な対人関係に埋もれてしまいがちなので、異質な人などと関わることで可能性を拡大するようにしましょう。そのためには自由奔放な人たちの集まりなどに参加してみるとよいです。その中で、非常に親密になる相手が出てきます。あなたは受け取る能力が高いので、この親密な関係の人からたくさんの恩恵を得ることができます。この人からは、芸術的な活動なども教えてもらえるでしょう。

9ハウスの火星

［9ハウスの始まりが魚座で、そこに火星がある場合］

9ハウスがあらわす思想、哲学、研究、あるいは海外などといった面で熱中することで、火星が元気になります。とくに、これまでのアカデミックな価値観からははずれてしまうような精神世界、神秘主義、または芸術的なもの、言葉ではなかなか説明できない微妙なもの、ニッチ的なもの、メインストリームからはずれたものなどを研究対象とするとよいでしょう。海外では、郷愁を刺激する場所や、古代文明の栄枯盛衰のあとを残す遺跡などに旅をするとよいでしょう。

［9ハウスの始まりが水瓶座で、ハウスの途中から魚座になり、そこに火星がある場合］

現代的な都市の中に埋もれた古い遺跡など、人が見落とすようなものを発見する。そんな探索などに熱中することで火星が元気になります。同時に、それが身体的な運動に結びつくと理想的です。予感を感じつつ、さまようことで、正しいものを見つけ出すセンスがあります。そのためには、計画を立てず、気分のおもくままに、あちこちをうろついてみるのがいいです。

10ハウスの火星

［10ハウスの始まりが魚座で、そこに火星がある場合］

社会的地位において、自分の姿勢を強く打ち出し、仕事に積極的に取り組む人です。仕事としては、福祉、芸術、奉仕的なこと、公共的なもの、つまり多くの人に貢献するもの、偏見を取り除くようなものなどが適しています。あまり型にはまらず、その場その場で対応できるような、自由業的なスタイルがよいでしょう。一つの仕事だけを続けるよりは、状況に応じて変えたり、複数を並行して働くようなものがよいでしょう。

［10ハウスの始まりが水瓶座で、ハウスの途中から魚座になり、そこに火星がある場合］

自分の個性的な能力を生かし、社会的にはどこにも属さず仕事をしていくのがよいでしょう。能力があれば、会社や組織に振り回されないで活躍できます。この自由な立場で、たとえば古いものを現代に蘇らせることや、マニアックなもの、微細で芸術的なものなどに取り組むとよいです。自立することについては最初は気持ちが揺れますが、結果的に自分の気持ちを押し通すでしょう。いずれにしても自由な立場で、仕事に積極的に取り組んでいくのが、火星を健全に活性化させてくれます。

11ハウスの火星

［11ハウスの始まりが魚座で、そこに火星がある場合］

仕事以外の時間に、趣味の集まりやクラブに参加し、そこでの友人たちとの関係を大切にします。この場合、このことに熱中して仕事がおろそかになったとしても、それは自分にとっては価値あることなのだと自分に言い聞かせましょう。退社後の時間を使いますが、これが早朝や深夜など、常識はずれの時間だと火星はもっと元気になります。また、行きつけのカフェやバーがあるのもよいです。あるいは、ダンスなどに取り組むのもいいでしょう。人が見ていないところで動き、人に行動特性を知られないほうがよいです。

【11ハウスの始まりが水瓶座で、ハウスの途中から魚座になり、そこに火星がある場合】

とても行動的なキャラクターであることが多く、友人に対してもオープンな人かもしれませんが、その背後で続いている、あまり人に知られないような関わりのほうが重要です。それは、あなたの精神を開放してくれるような関係性で、相手はとくに人間でなくてもよく、動物や植物、あるいは自然界との関係ということもあり得ます。自由時間を多くとり、仕事の時間を少し減らしても、余暇にエネルギーを使うことが大切です。

12ハウスの火星

【12ハウスの始まりが魚座で、そこに火星がある場合】

無意識など、超意識的な領域に飛びこむということを考えてみましょう。それは精神を開放してくれます。あるいは自由に動きまわるダンスみたいなもの、古典的な日本の踊り、インドの古典舞踏みたいなものなど、そういう運動に時間を使い、ドーパミンを増やして神秘体験をすることで火星は元気になります。または深夜、人の気配がしないところで好きなことに集中することも大事です。１週間のうち数時間でいいので、そんな状態を確保し、神聖な時間を作り出すようにしてみましょう。

「12ハウスの始まりが水瓶座で、ハウスの途中から魚座になり、そこに火星がある場合」

あなたには、人に知られないネットワークがあるかもしれません。それは日常生活とは別個の、インターネットなどを使った非日常的な要素での関わりです。その関わりの向こう側に、さらに少し特殊な関係性が作られます。それは無意識を使った関係、非物質的なレベルでの交流などといったものです。これには気のエネルギーなどの蓄積が大切です。そのため、ヨガや気功などをして、この気のエネルギーをためこむと、同時に火星の力が増大します。目に見えることをするよりも、この目に見えないものを重視するほうが、あなたの火星には有効です。

スポーツ選手の火星

松岡修造　山羊座11度の火星

どちらかというとスポーツ選手にとっては、山羊座の火星は抑制が強すぎます。また成果主義で、実務的。山羊座はコントロール、管理する力が強いので、どちらかというとプロ選手をやめてからの、「修造チャレンジ」などの事業のほうが適しています。山羊座11度は知らない人にプレゼンする力。火星の隣に月があり、これが熱いキャラクターをつくります。月、火星は興奮症になりやすい。

錦織圭　射手座8度の火星

典型的なスポーツ火星は射手座にあります。それは対戦に向き、柔軟サインで、相手の出方に対して即座に対処できます。水瓶座の金星と60度で、広い世界に出たほうが実力を発揮しやすい。

棚橋弘至　蠍座25度の火星

蠍座は動きが鈍いが、押しの力、破壊力がありま す。パワーが必要な時には、それをためこみ、爆発させます。対戦には鈍いが、動きが早くなくてもいい戦いならばオーケー。

荒川静香　天秤座6度の火星

水瓶座の金星と120度で、見せる力が強い火星。綺麗に演技するというような意味。戦うのでなく見せる。

浅田真央　双子座11度の火星

射手座の月と乙女座の水星とでT字スクエア。かなり不安定な火星で、乙女座の水星は考えごとをあらわし、考えたりすると乱れます。それに月は感情で、気分に振り回されすぎ。演技は一定しないはず。荒川静香の安定感とはかなり対比的。

キム・ヨナ　双子座3度の火星

浅田真央と20日しか違わない誕生日。そのため、火星は同じ双子座にあるが、浅田真央と違って、乙女座のような柔軟サインに振り回されていません。浅田真央とともに、この火星は木星と60度で、ショー的な要素のある火星なので人に見られたほうがいい。浅田真央の不安定さがないので、演技はそんなに揺れません。

百田夏菜子　双子座6度の火星

浅田真央との比較で取り上げます。同じ双子座の火星で、そして魚座の13度の90度のアスペクトがあっても、グループで動いているのでプレッシャーが一人にかかってきません。そもそもスポーツ演技の分野ではないが、双子座の火星は動きが早い。また魚座の土星のスクエアは、本人は実はアクションをあまり見られたくないと思っているし、気がつくと動きが小さくなる。派手に大きく見せるには、羽生結弦のような木星のスクエアや、棚橋弘至のような木星の１８０度があったほうが大げさにできるでしょう。

羽生結弦　獅子座29度の火星

見せるのが獅子座。スケートなどのように〝形が決まった演技〟には強い。そして木星と冥王星の合と、火星が90度なので、大きく見せることが可能。浅田真央の柔軟サインのスクエアの不安定さはないが、ただし冥王星と火星の90度で、時期によってケガをしやすいでしょう。大きく出た時に事故りやすいことも。

本田圭佑　山羊座24度の火星

火星が山羊座なのは松岡修造と同じで、成果を明確に出すということに燃えるのかもしれません。この火星は魚座の木星と60度で、魚座は動きを全体的に見ることに敏感です。その情報を受け取りながら、火星は着実なコントロール力を発揮します。

Chapter 3

♂ 火星のアスペクト

あなたの火星と他の惑星とのアスペクトから
あなたの行動特性と火星の使い方の
パターンがわかる。

アスペクトがあらわす火星の行動特性

火星があるサインからは、火星のカラーがわかりました。どういう分野で火星を発揮すればいいのかということを考えてみたのです。次に火星がどんな惑星とどんな角度を持っているか、アスペクトというものを考えてみます。これは火星の行動特性をあらわします。

ホロスコープでは、通常10個の天体を使います。この天体とは、惑星と恒星（太陽）、衛星（月）です。これら10個の天体は、あなたの中の10人の人物像と考えてもいいのです。誰の中にも10人の人物が内在しています。たとえば土星は管理者で、それは行き過ぎを監視するようなキャラクターです。あなたの中の土星が火星と関わりを持つと、火星の活力、運動能力などを土星が管理しようとします。行き過ぎになると、火星の息の根を止めてしまいますが、しかしたいていはそこまで行くことはなく、火星の運動能力を正確に管理しようとするのです。最近のスポーツでは、このように細かい管理というのは行き届いていますが、それに似ているということです。

あなたの火星と他の惑星とのアスペクトを見ることで、あなたの行動特性、火星の使い方のパターンがわかります。またどこを伸ばせばいいのかも判明します。25ページから解説していますが、無料ホロスコープ作成サイトなどで計算すると、この火星のアスペクトも正確に表示されますから、それを参考にしてください。

惑星間のアスペクトは、惑星の公転周期が遅いほど、その力は底深く、力強いものになります。それはなかなか死なないという意味です。たとえば冥王星は公転周期が260年くらいあります。ということは一度決めたことは、260年ほど続くという意味なのです。この長く続く意志が火星に関わると、火星はそのために働くということになります。

そこで、アスペクトに関しては、遅い公転周期の惑星が意図を持ち、主役であり、相対的に速い速度の火星は、そのための運び屋になると考えてください。火星よりも公転周期の速い天体は、月、金星、太陽です。これらは火星に影響を与えるというよりは、火星の意志に、その惑星が強い影響を受けます。これも無視できないので、説明を入れておきます。

またアスペクトはたいてい一つでなく、いくつかあります。これらを複合して考えるのですが、説明が一見矛盾しているように見えることがあります。この場合、速い公転周期の天体とのアスペクトが先に出て、あとから遅い公転周期の天体とのアスペクトが出てきます。

なお、主要なアスペクトには、0度（合）、60度、90度、120度、150度、180度の6種類があります。それ以外の角度はアスペクトには含みません。

火星よりも速い天体とのアスペクト

月

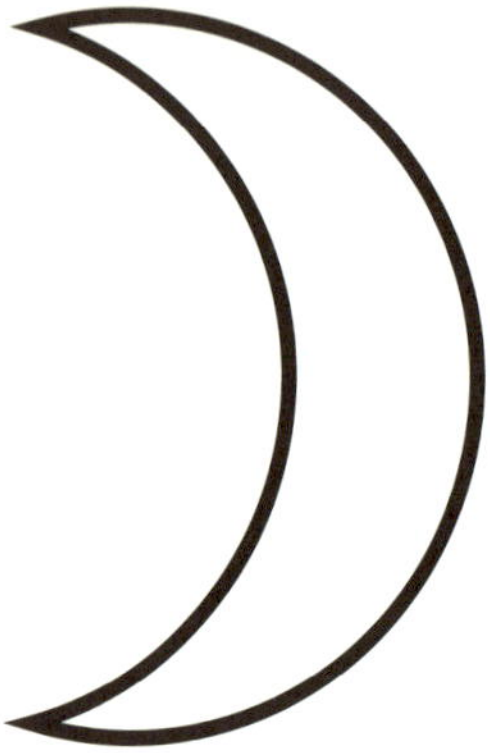

月と合

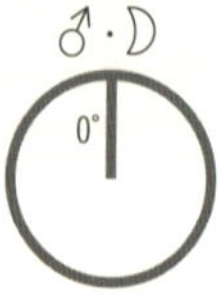

月は惑星ではなく、惑星の周囲を回転している衛星です。そこで次元的には、惑星よりも一段下にあります。この次元は、太陽、惑星、月という順番で考えます。月は惑星の周囲を回転していますが、惑星を陽、月を陰という関係性で考えることもできます。月は惑星の周囲を巡りつつ、惑星との間合いを縮めようとしますが、惑星のほ

うが元気に活動している時には、陽の力によって、この月が接近しすぎることを防ぎます。月は、惑星よりも下にあるために、惑星に対して自分を主張することはできず、惑星の影響をただ受動的に受け取ることしかできません。そこで、この火星の影響は、そのまま月に入り込んできます。

合（0度）のアスペクトとは悪いものも、いいものもすべてストレートに入ってくるという意味です。月は私的な感情、私生活などをあらわしますから、そこに火星の興奮症の勢いのよさが加わり、元気に張り詰めた、きっぱりとしたキャラクタを作っていきます。感情の反応も瞬間的で、敏捷な強いバネをもった印象の人になります。ただ月は意識的でなく、たいていオートマティックな行動特性をあらわしますから、火星の刺激を意識的に受け止められずに、考える前に反応してしまう癖が出てきますので、あとで「しまった」と思うこともあります。瞬間的に怒ったり、また考える前にリアクションするということは、冷静になった自分でなく、その手前にある原始的な自分が前面に出るわけですから、この勢いが強すぎると進歩しない人ということにもなります。計画的に積極性を発揮することはできないが、受け身の防衛反応としてならば、強気に出ることができるということです。

古来の占星術では月はしばしば女性をあらわしていましたから、きっぱりした強気な女性という意味も出てきます。でも先に書いたように、月はそれ自身では惑星に対して主導権を握ることはありえないので、火星の力を受け止めたとしても、それが人生を積極的に前向きに進める力にはならないのです。もちろんこれは欠点ではありません。積極性は、火星に対して、違う惑星のアスペクトとか、また違う惑星の働きで確保されていることが多いでしょう。この月と火星の合という点に関してのみ、言えることを書いたので、これだけで解釈しないでください。

　月は私生活に関係しますから、私生活においての欲求、願望がリアルで、ああしたいこうしたいという気持ちが強いと言えます。月は衣食住という基本的な要素ですから、これに積極的であることを活用して、食べ物、住むこと、生活する、育成するということなどに関わることで仕事をしてみるのもよいことだと言えます。

月と180度

　１８０度というのは円を二つに割ることなので、それは「前進する、どこかの方向

に歩く」という意味です。合（0度）のアスペクトには方向感覚はないのですが、180度は外界の何かに向けての働きかけを作ります。何かを感じたり、考えたり、意識が働くには手応えが必要です。この手応え、抵抗が、月にとって火星であり、また火星にとって月であると考えるのです。すると、月は感情や、あまり知的ではない原始的な段階にある情動などですが、それが働く時の手応えに火星の鏡を使うということになります。また火星は、自分の活動の手応えに、本能的な反応をする月のリアクションを目安にするということになります。しかも月はほとんど意識的に働かず、人間以前の動物的な要素とも言える段階の意識をあらわしていますから、強く感情的に反応する人という性格を作り出します。合と似ていますが、月は考える前にスイッチが入ります。人間の意識が働くのに0・3秒かかると言われています。月はこの0・3秒前に働きます。そのため、何かあった瞬間、考える前にもうリアクションしてしまっていることになります。そしてこの時に月と火星が互いを自己確認に使っているという点で、感情的に瞬間的に反応するし、そのことを心の底ではよいことだと考えています。だからこそ、そのようなリアクションをすることができるのです。昔の教科書で、私はこのアスペクトを〝瞬間湯沸かし器〟と書きましたが、月の特性はいつでも本能的で、意識の制御がなされる前に反応してしまうということなのです。

月は幼少期、8歳くらいまでにその基本的な資質が育成されます。その時に、多くの人は、母親のキャラクターをコピーする傾向があります。そのため、怒りっぽくて瞬間的な反応をしてしまう母親など、身近な人の性質を模写している傾向がありま す。この8歳までの幼少期の特質は30代後半になって、神経症として再生することもあり、この時に、考える前に反応するこの衝動性をいかにしてコントロールするかという問題に直面する人も多くなります。でも、月と180度の火星という、この2点のみのアスペクトの人は少なく、たいてい他に違うアスペクトもありますから、そこにガス抜き効果が生じて、月・火星の特質が極端に出る人は少数です。

月は生命体、見えない気の体などをあらわしています。肉体は生命体でなく物質体です。生命体というのは、もう一つの見えない身体をあらわしており、これがたいてい肉体とぴったり重なっています。古代においてはそれは多少分離していたのですが、現代では完全に重なっており、区別がつかないと言われています。月はこの生命体の側をあらわしています。火星は「元気になる、少し無理なことをして耐性を上げる」という意味の惑星ですから、生命体を活性化して元気にすることができるアスペクトです。問題は、たいていほどほどにできず、何かに夢中になって熱を出して寝込んでしまうというような行動になりやすいことです。そこで、気の力や生命体を、運動などによってコントロールする練習をしながら、高めていくという練習をすると他の人よりも上達するでしょう。

月と150度

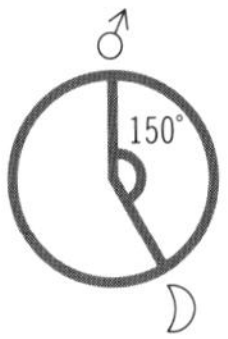

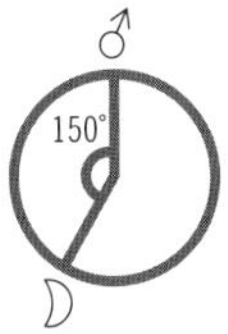

150度のアスペクトは、そもそも折り合いのつきにくい要素を努力して結びつけるということが特徴です。そのため、このアスペクトを作る月と火星があるサインは、たいていの場合、性格的に違いすぎることが多いのです。でも、この性格の違うものを協力関係にしてしまうというのは、新しい能力を生み出します。遊びと実用性の結合や、冒険心と地道さの結合など、なかなか面白いものばかりです。

ホロスコープの中で月がある場所は、その人が気を抜いてリラックスしている場所です。いわば家に帰って、のんびりしているような場所。そこでは身構える必要もなく、また人に見られることもなく、部屋着で脱力しているような印象の場所です。しかしそこに、ちょっと異質な火星の性質が介入してきます。火星は緊張や努力、意欲的であることを要求するので、せっかくリラックスしているのに、そこで気力を振り絞れと言われると困惑するかもしれません。ある人が私にこう言いました。「仕事が忙しすぎて、休息するために、昼からアルコールを飲んでしまう。そして飲んでしまうと、何もできなくなり、ただ横になっているだけになって効率が悪い」と。私は、こう応えました。「そんなこと問題にならない。要するに、アルコールを飲んでいる時でも動けるように練習すればいいいだけだ」と。その人は驚いて、その手もあったかと言いました。飲酒した状態でも、掃除はできます。頭の中で飲酒と動作が結びついていないだけです。繰り返し練習すれば、そんなことはいくらでもできます。それで不注意になるのならば、注意深く行動するという練習をすればいいだけです。月と火星は、無意識的にぼうっとしていることと、積極的に運動したり働きかけたりするという何かしら合わないものを結びつけて、新しい生活方針を作り出すというようなことです。そこでは自然体では無理なものがたくさんあります。でも繰り返し練習すればできないことなど何もありません。

次は、サインごとに150度の意味を説明したものです。

牡羊座の月と乙女座の火星　野放図で自由な生活方針のくせに、実用的な仕事には積極的に取り組むことを練習する。

牡羊座の月と蠍座の火星　野放図で自由な生き方をしているが、組織や他人との密着的な関係を努力して形成する。

牡牛座の月と天秤座の火星　自分の感覚的な楽しみにしか関心がなく空気を読まないくせに、対人関係に積極的に関わり、人の相談にも本気で乗る。

牡牛座の月と射手座の火星　自分の感覚的な楽しみやものに関心が強く、空気を読まないくせに、遠いところに関心を広げて行き、行動範囲をできるかぎり拡大しようとする。

双子座の月と蠍座の火星　本来は気が散って集中できず、一つのことに熱中したくない性格だが、とことん何かに集中するような意志力を鍛えて両立する。

双子座の月と山羊座の火星　本来は気が散って集中できず、興味が拡散するが、仕事に役立つことに集中する能力を鍛えて、私生活と公的な行動では異なるキャラクタを発揮する。

蟹座の月と射手座の火星　なじんだところにじっとしていたい気質だが、世界を広げるために、積極的に遠いところに飛び出す。

蟹座の月と水瓶座の火星　なじんだ落ち着く場所や人に閉鎖したい気質だが、誰にもえこひいきしない公平なキャラクタを育成しようとする。

獅子座の月と山羊座の火星　基本は遊び人で、人の役に立つようなことはしない。でも、律儀で、仕事で成果をあげるということに取り組む。

獅子座の月と魚座の火星　基本は遊び人で、人の役にたつようなことはしないし、無神経。しかし見えないものに強い関心を抱き、受容性を強く持とうとする。

乙女座の月と水瓶座の火星　神経質で細かいことが気になるキャラクター。しかし、細かいことを気にしない、自由奔放な行動力を後天的に身につけて地の自分と両立させようとする。

乙女座の月と牡羊座の火星　神経質で細かいことが気になるキャラクターだが、冒険的で一人でなんでも大胆に突き進む行動力を訓練していく。

天秤座の月と魚座の火星　人に対して関心が高く、社会に対する適応性があるが、見えない世界に意識を向けて、形のはっきりしないものを認識する力を鍛える。

天秤座の月と牡牛座の火星　人に対して気を配る性格。しかし、こうした対人には反応しないで、自分の個人的に興味があることに夢中になるような性質を身につけて、使い分ける。

蠍座の月と牡羊座の火星。誰かに対して密着し、人なつこい。しかし、孤立して自由に行動するような性質を後天的に発揮して、両立させようとする。

蠍座の月と双子座の火星　誰かに対して密着して、人なつこい。しかし、誰にも合わせないで、情にもこだわらないような自由な自分を形成し、使い分ける。

射手座の月と牡牛座の火星　細かいことにこだわらない鷹揚なキャラクター。しかし物質や金銭などに集中するような力を身につけていく。

射手座の月と蟹座の火星　細かいことにこだわらないし、身近なことには鷹揚。しかし家庭的なことや親密な関係に時間を使うというキャラクターを後に育成する。

山羊座の月と双子座の火星　大人的なキャラクターで順応的。しかし役に立たないことにも関心を抱き、知性の広がりを獲得しようと努力する。

山羊座の月と獅子座の火星　大人的なキャラクターで、順応的。しかし遊びに時間を使うようなキャラクターを育成し、この両立をはかる。人から見ると、この二つにギャップ感がある。

水瓶座の月と蟹座の火星　あまり人に密着しないで距離感を持つ人。しかし共同することや、家族的なことに熱意を抱く。

水瓶座の月と乙女座の火星　あまり人に密着しないで、なんにでも距離感を持つ人。しかし細かいことを緻密にこなすような実用的能力を育成する。

魚座の月と獅子座の火星　あまり自己主張しない、おとなしいキャラクターであるが、後天的に自分の意志を強く主張することを訓練する。

魚座の月と天秤座の火星　あまり自己主張しない、おとなしいキャラクターであるが、人との関係に積極的に飛び込んでいく能力を育成する。

月と120度

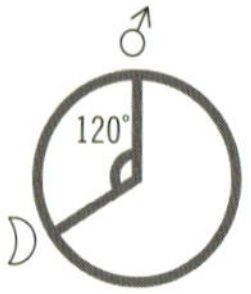

120度はたいていの場合、立ち直り力とか回復力を持つことが多くなります。とくに火星は元気や活発さをあらわしますから、一度月の気分がへこんだ後でも、すばやく態勢を立て直すような力を発揮することになります。また火星の快活さがいつも発揮されるので、性格的に明るい、ばねの強いキャラクターになりやすいといえます。

月は衣食住などに関係する天体で、生活の基礎、生命力の基本的なスタイルをあらわしますから、それらを健全に維持するまともさを持つことになるでしょう。常に生命力を活発にするための自分なりの方法があるとよいです。たとえば、笑う習慣を持ち、笑えないところでもがんばって笑うようにするなど。

エネルギーが外界の何かに向かって漏れやすいのですが、そのぶんチャージするのもすばやくできるような方法があるとよいです。月の気のエネルギーに関しては、活力を漏らさないように蓄積することはあまり重要ではありません。むしろ新陳代謝が活発になり、失ってもすぐに得るような循環があるとよいのです。気功のようなものを、公園などでやってみるのもいいのではないでしょうか。

月と90度

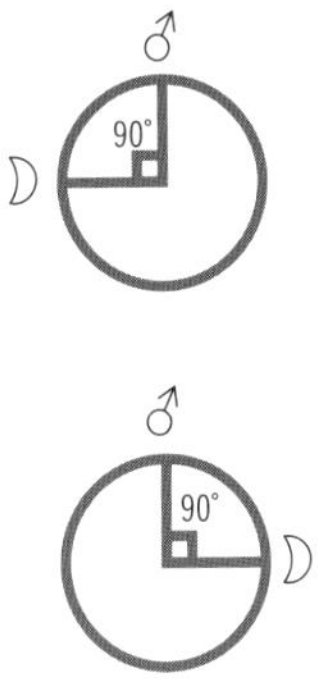

90度のアスペクトは、予想外の時に干渉しあう関係なので、なかなか管理するのが難しい面があります。まっすぐに走っている時に、予測していない横から影響が入ってきたような印象です。そしてその影響に対して、本人がとまどったり、時には度を失うという面があります。月は気分や感情をあらわしていますから、そこに波風を立てる火星の力が予測しない時に関わると、イラつきとか落ち着かないということにもなり、また怒りっぽいともいえます。90度なのでなかなかコントロールしづらく、いつもこのことが気になるかもしれません。予測していない時に興奮したり、エネルギーを失ったりします。でも、これは自分で十分に自覚すると、そんなに制御できないような種類のものでもありません。

また、1週間ごとに動揺するような体験をする傾向があります。うっかり限度を超えてしまうことが多く、やりすぎなければバランスはとりやすいのですが、時々行き過ぎて、立ち直りに時間がかかることがあります。そこで、ここでは瞬間的にバランスを崩しても、またすぐさま修復できるような練習をしてみると役立ちます。あるいは訂正したり、修正したりすることに対して、素直であること、プライドにこだわらないことなどです。間違っていれば、すぐに直すという癖をつけましょう。

無駄にエネルギーを使うことがあるにしても、月と火星のアスペクトはどの種類であれ、感情の変化の速さをあらわすことは共通しています。月が水と土のサインの場合、火星は風と火などのサインになりやすく、これはいつもは順応的な気質なのに、瞬間的に反発心などが働くことをあらわします。また、月が風と火のサインの場合、火星は水か土のサインになりやすく、これは、いつもは自由であまり人に気を使わない人が、急に順応的だったりおとなしくなったりすることをあらわします。いつもの姿勢に反する出来事に振り回されやすくなりますが、自分の性格がよくわかっていれば、そんなに気にするものではありません。

月と60度

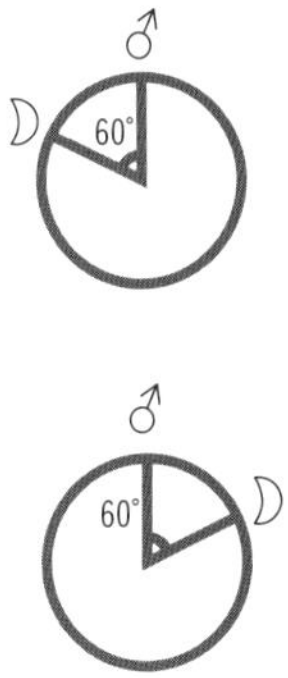

火星は元気をあらわし、月は生命力や気の力の蓄積をあらわします。火星は比較的楽な形で、気力や生命力をチャージします。60度は異なる元素からのチャージ、助けをあらわし、水に対しては土、土に対して水、風に対して火、火に対して風という、月と火星の間に六角形の図形の一辺を作り出すのです。六角形は、自分と環境との密接な呼応関係をあらわしており、つまり自分が関わる対象からエネルギーをチャージされるという意味になります。何か取り組んでいるもの、興味があるもの、あるいは対人でもいいのですが、そこから元気をもらうというような意味です。それに適度に快活な感情を持ち、すばやく反射的に反応できる敏捷さを持つ傾向が多くなります。

また火星から月へだけでなく、月から火星にもエネルギーは流れますから、何か興味がある対象に向かって、強い感情の投影が起こります。つまり容易に感情を投げかける性質、のりやすい性質と言えます。イメージとしては、器の中に電力がたまっていて、これが火星を通じて、つながったものに流れていくというふうに考えてみるといいでしょう。先に書いたように六角形というのは、自分の正方形と、相手の正方形が共鳴し、うまく共鳴すると、力の行き来が行われるのです。吐き出したりチャージしたりが忙しいというふうに考えてもよく、これが停滞を作り出さない生命力、すなわちエネルギーの新陳代謝が活発という性質になるのです。

水星

水星と合

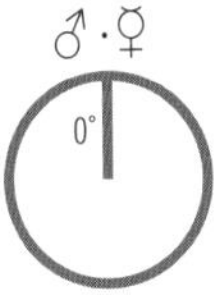

水星は言葉、知性、学習能力などに関係する惑星です。火星は攻撃的で、積極的な熱を帯びる性質ですから、言葉が鋭く、素早く、また理解するのも速いということになります。水星はまた仕事能力に関係します。集中力が発揮されると、目的の仕事を達成するために活力を集中しますから、確実に仕上げていくという能力を持つことに

なります。知性の働きがあまり外部依存的でありません。つまり外から知識を持ってくるというよりは、自分の中で考えたり、アイデアを出したりすることが多く、自発的です。火星はその場その場で素早く判断するという性質が強いので、たとえば、仕事を処理する、旅に出る、行為をする場合に、予定を立てるよりは、その場で反射的に判断するほうが盛り上がりやすく、また判断も冴えてくることが多いようです。でも、もし火星を使い慣れていない人ならば、反対に、興奮して、うっかりミスをするということにもなります。これらの違いは火星に慣れているか、それとも慣れていないか、火星を否定的に見るか、肯定的に見ているかの違いです。

サインにもよりますが、水星は言葉ということで、たとえばパソコンのキーボード入力が、他の人よりもテンポが速くリズミカル、あるいはそのように練習してみるというのはなかなか効果的です。火星をボクシングのようなスポーツに見立てて、水星は言葉ですから、言葉を繰り出す勢いのよさという意味で考えてみるのもよいでしょう。これはこのアスペクトの訓練になるでしょうが、いずれにしても、立ち止まって考えるのでなく、何かしながら同時に考えるとか、現場で即決するなどということを増やしたほうが、このアスペクトを活用するメリットが増えます。

水星と１８０度

１８０度のアスペクトは、外界に働きかける、前に出るという意味です。何をするにしても私たちの意識は手ごたえが必要で、何かに射出されなくてはうまく働きません。興味が持てないところでじっと待機していると、しだいに朦朧として意識を失いそうになるのは、この対象がはっきりしないからです。１８０度は、外界に働きかけ、決しておとなしくしていません。そのため、仕事など何かに取り組みたい人は、この１８０度のアスペクトがどういう種類であれ、あったほうがいいのです。

水星は知性、言葉、学習能力、また仕事の技術などにも関係します。火星は勢いよく打ち出す惑星ですから、言葉が外界の何かに向かって強く働きかけることをあらわすアスペクトになります。たとえば、宣伝したり、何かを訴えたりという時に、このアスペクトは強力だということになるのです。この人の本性として、言葉は常に誰かに対して働きかける力を持たなくてはならないと考えているかもしれません。そのため、話した時にも、もごもごと何を言ってるかわからないというようなタイプの人は少なくなり、むしろ強調しすぎる癖が出てくることになります。

ただし、ここでも火星に慣れているか慣れていないかということで大きく違いが出てきます。古い占星術の教科書では、失言したり、衝動的に攻撃的な言動をするという説明があるケースもありますが、１８０度はそもそも働きかけなので、いつも働きかけ続けています。慣れている人はうっかり失言することは体験的に減ってくるはずです。でも自分の中で、相手に対しては常に大胆に、言い過ぎになるくらいのほうがいいのだと信じている人はそのようにしますから、強気すぎる発言にもなるでしょう。火星を興奮だとすると、興奮しながら、あおるように話す、言葉を繰り出すということにもなります。サインにもよりけりだとは思いますが、発表能力を鍛えましょう。水星を乗り物にして火星が発揮されるからです。

水星と１５０度

150度はそもそもあまり合わない性質のものを、工夫してより合わせ、新しい能力を育成するというものです。ミスマッチなものは、うまく結びつけることができれば、とても新しく興味深いものに変わります。水星があるサインと火星があるサインは、おそらくあまり気の合わないものですが、それを結合して独自の表現力を発揮します。そのために、自分でも合わないものを組み合わせるという努力を日ごろからしています。一つ例をあげると、水星が牡羊座で、150度関係として火星が乙女座にあるとします。水星の知性は、そもそも社会や人に迎合する気はなく、自分の好きなことに対して興味を抱き、一人で勝手に学習したり、能力を身につけたりします。でも火星は乙女座なので、それを実務的な仕事にそのまま生かそうとします。誰のことも意識しないで好きにやっていたものを、そのまま仕事にしてしまう。これも150度のアスペクトの一つで、牡羊座は火のサインなのに乙女座は土のサインで、狭い実務的な範囲のものに落とし込むのです。言動が乱暴だったり、人のことに気を使わない発言をしがちなので、とうていこの人は律儀な仕事をする人には思えないのに、現実はとても誠実に仕事に取り組む人ということでもあります。独自の発想をそのまま仕事にできるというのは難しいかもしれませんが、150度はこのように難しいものを結びつけます。

ありきたりのイメージでは矛盾してしまうような要素を結合して、他の人だとできないようなことをしていく。そして水星と火星のセットはたいてい処理の速さ、実用性ということが出てきます。

水星と120度

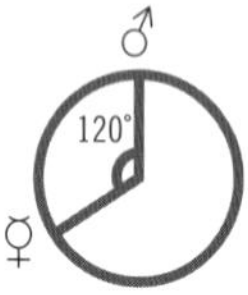

水星は双子座、あるいは乙女座に関係している惑星だと考えられています。この惑星のことを支配星と言います。この二つのサインの性質をそのまま動的にしたものが水星だと考えられているのです。双子座は興味があることに知性が広がってゆき、多岐にわたる好奇心によって、多彩な知識を持つようになることが多いようです。風、柔軟サインということで、これはあちこちに散らばっていく風というイメージです。一方で乙女座は土・柔軟サインで、土は実用性が高いので、双子座と違い、役に立つこと、仕事に貢献するような技能を身につけます。たとえば鉄道マニアという時に、これ自体ではあまり仕事に役立ちません。それが双子座的なものだとすると、乙女座ならば

鉄道に関係した資格を持つなどの知性になるのです。つまり水星には、この役に立たなくても興味があれば関心を抱くことと、仕事などに役立つ方向に向けていくことの両面があることになります。火星は勢いをつけてゆきますが、120度というのは比較的温和な関係で、単路で加速するように、曲がり角もなく直線コースにおいての加速です。つまり同じ元素の関係なので、路線変更などはなく、シンプルに勢いをつけてゆくのです。その意味では知性の働きに、シンプルな熱中作用が働くと考えるといいでしょう。

120度は同じ元素で働くので、比較的自足的で、あまり外部の異質な要素を取り入れません。でもアスペクトは一つだけということはあまりないので、この自足的と言う性質も、この水星と火星との関係だけの話で、他の惑星の影響が違うアスペクトで干渉すると変わってきます。でも異質な干渉によって傷ついた場合にも、すみやかに自分の調子を取り戻すという作用です。立て直し、回復が早く、いつもの自分のリズムと調子が早めに戻ってきます。ということは耐性が高いという点で、混乱した情報、正誤の不明な情報などを扱っても、それを正常なものに戻す能力が高いということで、たとえば間違いを正すという仕事、つまり校正のような仕事でも有能かもしれません。ある程度スピードを要求されるところで有能です。

水星と90度

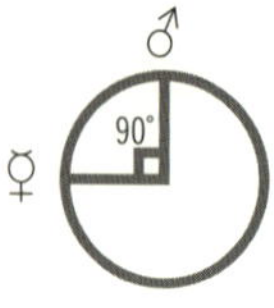

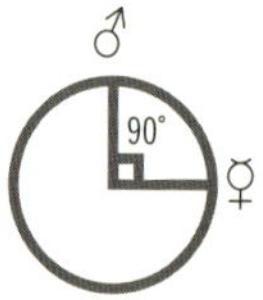

90度のアスペクトは意図とは違う方向に脱線しやすい傾向があります。そして火星は興奮作用ですから、興奮すると自分の趣旨とは違う方向に走ってしまうという傾向になります。水星は知性の働きなので、言葉や知識などで脱線する方向に熱中するという意味になります。そして冷静になると、また軌道修正します。

ところで、90度というのは正方形の一辺のようなもので、これは発達すると円の二分化の１８０度になり、つぎに０度に発展します。このように書くとわかりにくいかもしれませんが、占星術のハーモニック理論というもので、90度は倍の年齢の時に１８０度になり、さらに倍の年齢で０度になります。90度は意識していなかったところから入るノイズで、それは邪魔に見えるものか、あるいは不快な印象を与えるものですが、次に１８０度に変化すると、正面から関心を抱くものとなり、次に０度で願望実現のような作用に変わります。つまり、私たちは狭い人格に閉じ込められているので、自分が持つ関心というのも狭く、新しい情報などは狭い人格からすると、初めは不快な、いらつくものとして聞こえてきます。これを、物理学的心理学者のアーノルド・ミンデルは、より高度な人格からの囁《ささや》きと言います。それは不快な情報としてやってくるのです。しかし冷静になると、それは本気で取り組むべきものであると考え直すのです。この点で、このアスペクトを持つ人は、集中力を乱すような、一見無意味なものに神経を乱されたり、関心を持ったりすることがあっても、実はそれは未来には、やがて重要なものとなってくるものを拾っていると考えてもいいのです。90度の基本的な意味は、いま自分が向いている方向からすると、見えてこないところから何かがやってきているということです。

水星と60度

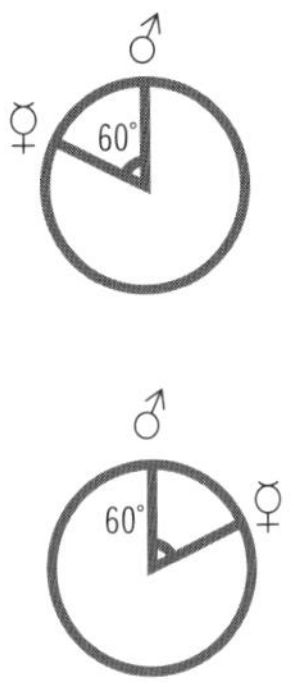

60度のアスペクトは、六角形の一辺を構成しています。六角形は、主体の三角形と、ターゲットや環境の三角形が結び合わされたもので、つまり興味があるものと呼応関

係になり、互いがスムーズに共鳴しているというような意味になります。何か探しものをしていたら、ちょうどぴったりのものが見つかったというようなイメージで考えてみるといいでしょう。幸運なアスペクトと言われているものは120度と60度と言われています。しかし、120度は同じ元素なので、これは自閉的に働く満足感で、やはり外界に求めていたものを見つけ出す時の楽しみ、喜びは60度が示すことになるのです。そのため、60度は120度よりはるかに新鮮な刺激があります。

水星の意味する知性、知識、好奇心、情報などの面で、たえず外部に興奮をもたらすものがあり、またそれを求めているということになります。何かに夢中になるような性質と考えていいでしょう。この60度は、元素では水と土。あるいは風と火の関係で、この二つのセットの元素の関係は互いを支えあうというものです。水は感情、土はモノ。風は情報、火は高揚感です。ほしいものを手に入れて、満足するとか、ほしかった情報によってやる気が出るというような組み合わせです。外界の刺激によって、逆に興味をかきたてられることもあります。予定もなく散歩したりしても、そこで刺激のあるものを発見します。あちこち動き回ることがいつも幸運をもたらします。

金星

金星と合

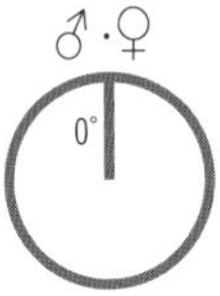

金星と火星は、地球のそれぞれ内側と外側の隣の位置にあり、地球の上を通じて金星と火星は交流をします。これが男女関係として演じられるケースが多いとも言えます。つまり地球において人の男女二極化は、金星と火星があるからだという意味にも取れます。金星は身近なミクロコスモスへの誘いと、身体的、感覚的な満足。火星はもっ

と大きな世界への冒険です。金星と火星が重なっているのは、男女が同居しているイメージで、これは華やかな高揚感をあらわします。火星の外に飛び出す冒険心が、金星の感覚的なものをあおり、気持ち、官能、情緒、身体感覚が反応します。外に飛び出すことと、内に満足を与えることが同居するのです。火星の冒険心だけだと、それは確かに高揚感を与えますが、この金星の身体感覚を伴わないことがあります。でもここでは火星がどんなことをしても、それがすべて金星に伝わるので、それが身体的、官能の喜びをもたらすと考えてもいいでしょう。

地球を挟む内側と外側からつながるということは、外を見た時も内側に、内側を感じた時も外に向かって、バランスよく新陳代謝が起こるということでもあります。これはどんなことも楽しめるという意味にもなります。これは男女関係だけに限らず、趣味、楽しみなどをダイナミックに感受できる能力を育成します。音楽や芸術に熱中する人もたくさんいます。そもそも合（0度）は、自分の中でこの金星と火星が合流して、一人で楽しめることをあらわしていますから、ことさら男女関係にしなくても、個人的な趣味でもそれを躍動感溢れる受け取り方ができることを示します。

金星と１８０度

１８０度は外界をターゲット化します。何か外界にあるものに向けて、興味が飛び出すのです。金星は女性、火星は男性というふうに投影されやすいので、すると、これは男性が女性に、女性が男性にアピールすることをあらわします。金星と火星の合（０度）は、自分の中でこの二つの要素が交流するので外界に期待しないこともありますが、１８０度はあきらかに外界に向かって関心が飛び出すので、男性にアピールする女性、女性にアピールする男性という意味をもたらします。異性に魅力的な性質を持った人というふうに考えてもいいでしょう。

女性を意識しない男性、男性を意識しない女性は、どうすればアピールできるのかわからないケースはたくさんあります。でも、１８０度は初めから意識しているので、そのアピールのしかたがよくわかっていると考えることもできるのです。そして単独の火星の楽しみ方、単独の金星の楽しみ方をせずに、常に金星は火星を、火星は金星を意識して、自分のスタイルを形成しますから、それに依存しているという傾向も作り出すかもしれません。つまり男性らしさ、女性らしさというよりは、男性から見て魅力的な女性らしさ、女性から見て魅力的な男性らしさということです。見せ場がかかっているということは能力の一つなので、それをもっと積極的に生かすほうがよいでしょう。180度は陰陽の極端な振り、つまり端と端ですから、感情も情感も強くあおるような、振幅を大きくすることを好みます。社交性なども発達しやすいと言えます。出会いというのは大切です。

金星と150度

150度はもともとあわないものを結びつけて、新しい能力や新しい展開を作り出す、もっとも工夫があるアスペクトなので、著者はとても重視しています。

金星は身近なところ、小さな世界としてのミクロコスモスや感覚の世界にとどまり、あまり冒険をしません。むしろ細かいことに熱中するような性質を持っています。

小さな世界の多彩さを楽しむのです。欠点としては、金星だけだと世界が広がることはなく、いつまでも身近な小さな世界でじっとしている人になってしまうことです。火星はマクロコスモスへの挑戦という意志があり、この金星が小さな世界にとどまることに対して、もっと大きな領域への冒険心を刺激してきます。しかしながら150度はストレートには受け入れられない異質なものを結びつけるので、小さなところで楽しむ人を、意表をつく形で誘い出し、意外な楽しみを見出すというような姿勢を作ることになります。

あるいはまた、金星と火星は異性関係のセットをあらわすので、そもそも合わなさそうに見える女性と男性の関係というものを作り出します。例をあげると蟹座の金星と水瓶座の火星は、家庭的でおとなしい女性と、どこにも従属しない破天荒でルール破りの性質を持つ男性との結びつきをあらわします。ありそうにない関係なのに、このアスペクトの人はそれをしてしまいます。そして金星と火星は華やかな楽しみですから、それがいかにも楽しそうということになります。

金星と120度

占星術では、一人の人間の中に女性的な金星と男性的な火星が同居しています。それ以外のキャラクターも入っていますが、自分が演じることのできないものが外に投影されます。そのため、女性の場合には、なんとなく知らず知らずに火星を外部に投影して、そのようなタイプの男性とつき合うことになります。120度は同一の元素の関係で、これはおとなしい女性はおとなしい男性と、行動的な女性は行動的な男性というふうに、似たもので結びつくことをあらわしています。旅行したい人たちは旅行し、家にいたい人たちは家にいて満足です。人によってはこんな同質な関係は、退屈に決まってると思うこともあります。しかしストレスは少なくなります。自信がない時にはこれは助かります。しかし刺激が少ないことは明らかで、予想外のものが出てきにくいと言えます。単純であるが良好な異性関係というふうに読めるかもしれません。内的な感性を示す金星と、行動力とか冒険心をあらわす火星がわりに似ていて、趣味にしても、関係性にしても、一つのトーンでまとまります。

120度はデプレッションを防ぐ面があり、食べ物でいえば焼いて食べるという具合に、安全性の高いものとなります。しかし金星と火星は異性関係をあらわしても、結婚はあらわしません。結婚はたいてい太陽と月の関係です。なので、この組み合わせで結婚運がどうこうということはあまりありません。

金星と90度

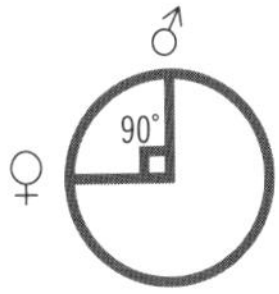

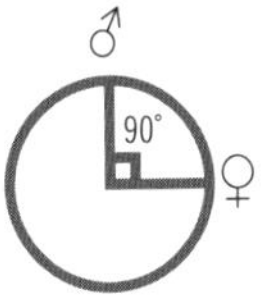

金星と火星の90度は、互いにあわない元素で組み合わされています。水あるいは土の元素と、風あるいは火の元素です。風や火は、水や土を傷つけます。また水や土が強いと、風や火は自由を奪われたと感じます。金星と火星は、女性と男性の関係に投影されやすいので、このように趣味が衝突する面のある異性関係となりやすいのです。でも、これは人間を4つの元素のうちの一つとみなした時の考え方で、人間はもともと4つの元素をすべて結合した、第五元素の存在なのだとみなした時には、この

異性関係の中で、互いに自分に足りない要素を相手から吸収しようとして、そりの合わない相手と関わっているのだとみなすことができます。一つの気分に浸ろうにも、相手がそれをさせてくれません。なので、安心できる関係とは言えないのですが、より大きく成長するためには役立つ関係になります。

自分の好みの通りの行動を相手がしてくれないので、押しつけるのはやめたほうがよいでしょう。またこの90度の関係の中で、もっともヘビーで深刻になりやすいのは、蠍座と水瓶座の関係です。蠍座の側が相手を縛り、身動きとれなくさせてしまう可能性がありますが、そうするとますます水瓶座の側は強硬になり、冷たくなります。90度は時に悪夢のような関係になるケースもあり、限度を超えている場合には、関係を解消したほうがいいです。

金星と60度

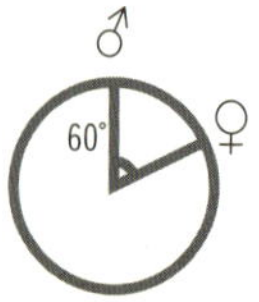

60度は気が合うが、同じではない元素、すなわち水に対して土、風に対して火という組み合わせができることを示しています。六角形というのは、自分と相手との調和的な関係をあらわすので、同じもの同士が結びついた120度よりも、より新鮮で、未来的な可能性が開かれたものになりやすいと言えます。

金星は女性、火星は男性に投影されやすいので、これは楽しく呼応する男女関係を暗示します。たとえば一方を一番目のサインとすると、相手は3番目あるいは11番目に対応し、これは話し相手、あるいは友人という位置づけです。どちらも、関係としては、密着しすぎず、また拘束しないようなイメージになりやすいと言えます。そして異なる元素なので、働きかけたい意欲は十分にあります。もしこれが同じ元素であれば、働きかけが起こりにくく、相手に自分を見ているような状態となるので、時にはコミュニケーションの努力をしない関係にもなります。しかし60度の場合には、適度な異質さがあるので、これがコミュニケーション意欲を刺激し、いつまでも飽きないような関わりになりやすいと言えるのです。

火星を刺激するのに金星が受け皿になりやすいということは、火星を刺激するためには異性関係を重視するとよいとも言えるでしょう。金星の反応によって、火星が活発化するからです。

太陽

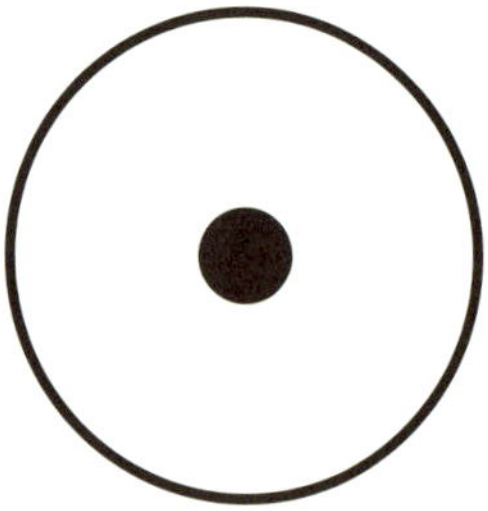

太陽と合

占星術で使われている太陽は、太陽系の中心にある太陽というよりは、一年で公転し終える地球をあらわしています。地球を太陽に投影していると考えたほうがいいのです。そして火星は地球の隣にあり、外側にあります。そのため、地球の範囲を一つ大きくするというような意味を持っています。つまり太陽と火星は似たような位置に

ありながら、火星は太陽よりも、もう少しダイナミックな方向へ働きかけます。太陽と火星が合（0度）で重なると、太陽は常に火星によって、より大きな領域にチャレンジするように働きかけられていることになります。

太陽は常にスイッチが入り、これは日々努力する行為をあらわしていますが、火星は時々オンになり、この時にいつもよりも心拍数を上げ、発熱し、興奮するということを示します。太陽は、というよりも地球は、その周囲を月が巡っており、これが原因で気がつくと、しだいに個人的な狭い範囲に萎縮するという傾向がありますが、火星はそれをさせないようにしていると考えてもいいでしょう。人生はチャレンジであり、勇気を持ち、いままでの自分なら無理なことに挑戦する。そしていままでできなかったことができるようになったら、それが当たり前になるので、さらに次のチャレンジする目標を決めて、また挑戦するという行為の連続になります。

太陽は経歴や立場などにも関係するので、仕事や公的な活動で、だんだん向上していくことを目論みます。火星はサインによってはスポーツをあらわさないこともあるので、この太陽と火星がアスリートに多いからといって、すべてそれに適しているとは言えません。女性の場合には、太陽は結婚する男性をあらわし、火星はつき合う男性をあらわします。この二つの男性のタイプが合致して、結婚する相手に対して積極性や勇気を要求するので、男性の側は少し無理なことを要求されていると感じるのでしょう。そして女性は相手にそれを期待できないとなると、自分が仕事面などで男性の代わりにチャレンジすることになるのです。

太陽と１８０度

１８０度は、円を二つに割った、つまり卵を割ったもので、働きかけの方向性を持つことを意味します。つまり前に歩くというのは１８０度のアスペクトそのものです。そこで休みなく前進し、働きかけるという姿勢が生まれ、怠惰でない人になります。太陽は人生の未来を作ることですが、その手応え、触覚として、火星をあてにすることになります。火星は勇気、行動力、攻撃力、チャレンジすることで、この火星の反応を頼りに、太陽は自分が前進しているかしていないのかを判断します。そのため、目標をこれまでよりもたえず大きくし続けなくてはならず、現状維持というものはあり得ません。リラックスしてのんびり暮らすということはあまり考えないことに

なります。太陽の自己確認として、運動能力を鏡に使う場合には、そのままスポーツなどにチャレンジすることになりますが、それ以外のものでもかまいません。常に目標を掲げ、挑戦し、いままでの自分を乗り越えていくことに生きがいを感じます。

火星を使い慣れている人からすると、火星は特にケンカや不和を意味する天体ではありません。とくに太陽は意識的な天体ですから、月のようにうっかり無意識にという働きをしないので、このアスペクトにケンカ早いというような意味はありません。しかし火星にまったく慣れていない人では、太陽の意志は火星に勢いよく向かっていくのですから、興奮症で怒りっぽいという人も出てくる可能性はあります。ただし、それはあくまで火星に慣れていない人の場合です。

太陽と150度

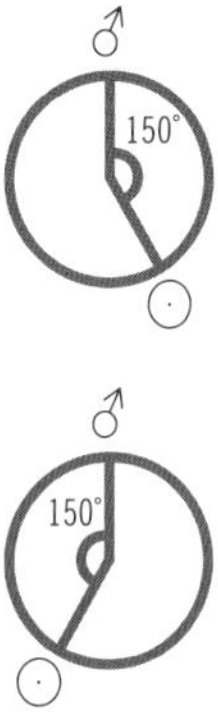

150度はそりの合わないサイン同士で作られ、もともとは合わなかったもの、ミ

スマッチな要素を意識的に結合することで、新しい能力や達成を促すものです。技巧的にこのほうが高度で、現代的と言えます。古風なものを最新のハイテクで活かすなどというような、組み合わせにくいものを組み合わせるのです。火や風に対して、土や水の元素が結びつき、また180度という、本来のターゲットの隣にあるものを狙うので、想定外狙いという意味になります。一つの例として、太陽が蟹座にあると、これは家族的で、同質のものとの親密性をあらわします。しかし火星が射手座にあると、火星はこの蟹座とはまったく違う、海外などのもっと広い範囲のものをあらわします。また、蟹座という水のサインはなじめばずっと居つきますが、射手座はグレードアップを意味しますので、なじんだところにじっとしていたくありません。この二つを結びつける時に、私はよくアメリカ人で日本に来て日本の伝統楽器の尺八や琵琶を教えている知人のことを例に出します。太陽はその人の未来を作り出す創造的な天体です。火星は、さらにチャレンジする天体で、いつもオンになるわけではありません。太陽が未来に向けて努力している時に、火星は、その太陽の方向からは想像できないような、脇にあるもの（180度の隣にあるもの）を、向上のための材料として持ち出します。自主性と自由性を発揮しようとする時に、相手に親密になり、一緒に行動することなどを要求するのです。これは牡羊座と蠍座の組み合わせの例です。単純に考えれば、150度はたいていい無理なことを要求されているように思えます。しかし、より複雑な能力を要求されているのだということです。そして、それは必ず役立ちます。

太陽と120度

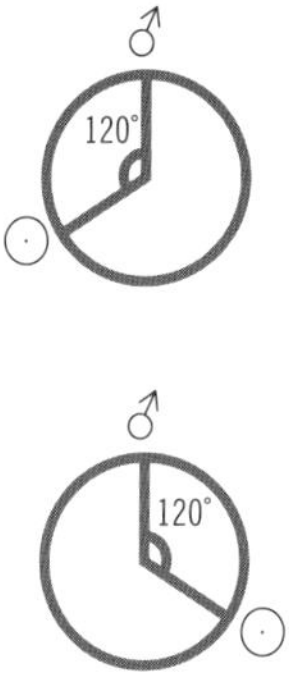

太陽は人生を積極的に開発します。それは地球生活において、自分独自の個性を作り出すことです。火星は同じ火の元素で、それを応援しますから、行動力、積極性、不屈の精神、勇気などを与えます。火星はいわば加速装置のようなもので、エンジンに加速装置がついており、時々それがオンになるのです。またいつもチャレンジということを意識して生きていますから、迎合したり、怠惰になったりしにくいと言えます。でも、アスペクトは二つの惑星で一つのみということはそう多くはなく、他にもアスペクトが作られることが普通です。この場合、この火星よりも速度の遅い天体が太陽に対してもう一つ違うアスペクトを作ると、後になって、そのアスペクトのほう

が優位に働きます。たとえば、太陽と土星が90度の場合、まず太陽と火星が加速しようとしても、その後になって土星との90度のアスペクトが働きますから、減速、停止ということになります。初めは勢いよく、しかし急に減速。このように考えてみると、やはりアスペクトは全部組み合わせないことには意味がわからないと言えます。またある方向では加速、違うシーンで減速という意味になり、たいていはぶつからないことも多いことを意識してもいいでしょう。できれば、この太陽と火星が、どのサインで作られ、どのハウスにあるのかを考えるとよいでしょう。そうすれば、他のアスペクトと衝突せず、特定のサイン、ハウスにおいては加速し、力強く勇気を持って推進するということを混乱せずに解釈することができます。

太陽と90度

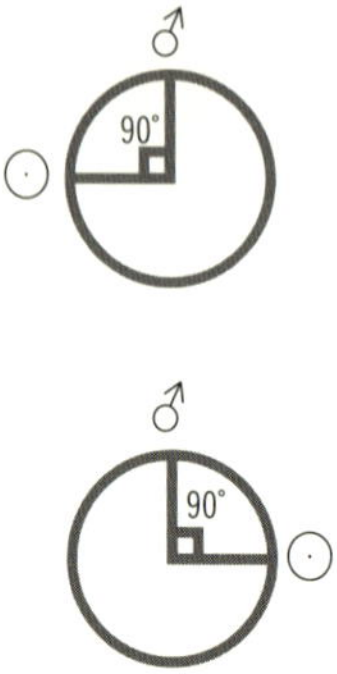

単純に考えると、太陽が目指す未来の発展の方向に対して、時々衝動的に趣旨の違

うものに熱中してしまい、歩調が乱れるということをあらわします。「しなければいいのに」ということをして、活力がそこに無駄に漏れ出します。中には自分がそのようになってしまうことを警戒して、初めから太陽の積極性を弱めておこうと考える人もいます。熱中すると必ず脱線する、そして無駄なことをしてしまうと思っているからです。短期的にもこの作用は働くし、時には数年単位でゆっくりと働くこともありました。長年取り組んでいたものが、実はその人の太陽という本意に沿わない寄り道だったということもあり得ます。

でも、もっと深く考えてみれば、人間はもともと四元素のすべてを統合化した第五元素が拠点であり、そこからすると邪魔に見えるものも取り込んだほうがいいのです。90度のアスペクトは、火や風に対して水や土の元素の介入で、一つの元素からすると、邪魔にしか思えないような入り込み方をしてきます。たとえば、山羊座の太陽に対して、天秤座の火星が90度ならば、仕事に役立つことをしなくてはならないのに、それには貢献しない人との関わりに熱中してしまうということが起きます。でも後々考えると、山羊座のような土のサインの実利志向は人生の幅を狭めてしまいますから、天秤座の邪魔が入ったほうが、後でよかったと思うようになります。

興奮すると脱線するとか、本筋とは違うものにいつも熱中してしまうという癖を知り抜いておくといいでしょう。

太陽と60度

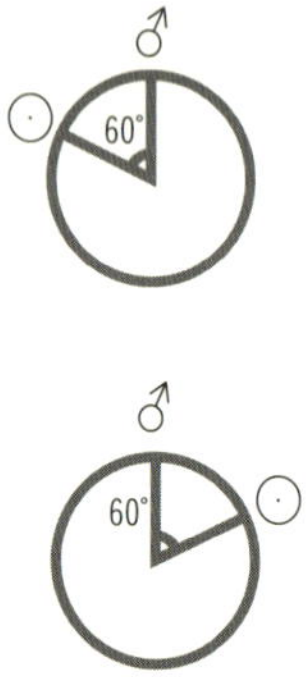

人生の未来を作り出す太陽と、勢いよく前進する火星は、異なる元素の間での協力関係を作り出します。60度は風と火の元素の間、あるいは水と土の元素の間で作られます。これは自分自身の中でというよりは、環境など外部との関係で力づけを得るという意味になりますから、友人や、あるいは得た情報などによって、自分の目的を力づけしてもらうというような作用です。太陽は私的なものでなく、公的な生活や仕事などに関係することが多いので、この発展に火星が貢献することになります。もしこれが月や金星などであれば、私的なものに熱中することになりますが、太陽になるとあきらかにキャリアや未来の人生の発展力などに関わることになります。１２０度は自分の中にあるもので、60度はどちらかというと外にあるものが貢献するということです。それは本人からすると予想しなかった幸運でもあり、借りてきたものという意味にもなりやすいでしょう。対立する立場が持っているものが、助けになったということもあります。外からの刺激によって急に元気になるという性質でもあります。

火星よりも遅い天体とのアスペクト

ドラゴンヘッド、あるいはドラゴンテイルとの合

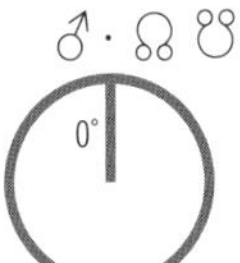

ドラゴンヘッドやドラゴンテイルというのは、月のノードのことを意味し、実際の天体ではありません。ノードとは太陽の通り道の黄道と、月の通り道の白道が交差した場所で、そこで新月や満月が起こると日蝕や月食になります。この月のノードとのアスペクトは基本的に合（0度）のみです。ノードは集団的な働きかけや縁を作り出すので、火星的な人の縁が増加します。火星的な人物像とは、30代から40代の男性、実力のある人、行動的な人、男性的な人などです。こうした人々と関わることが多くなり、それに影響を与えることにもなります。また、このような火星をイメージさせる人が、あなたに従いやすいとも言えます。また火星の力が、集団的に広がるので、火星に関連する分野で人気、評判をとりやすくなります。火星に関連する事柄に共感を感じやすいとも言えます。

木星

♃

木星と合

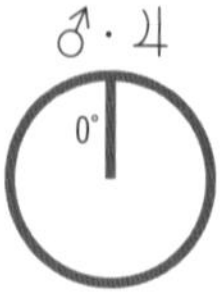

木星は肝臓、火星は胆汁という定義からすると、火星は木星から生み出されたように見えます。ケプラーによると、火星に内接し、木星に外接するのが正四面体で、これはプラトンによると火の元素を象徴しています。木星に管理された範囲の中で、火星の火の力が活性化するというイメージで考えてもいいかもしれません。

木星は集団的社会のシンボルと考えてもいい面があります。この中で火星の意欲があおられます。たとえば、ITが流行している時代では、このITの流行という社会状況を木星があらわし、さまざまな人がITで成功しようと会社を作るのが火星の行動です。合（0度）のアスペクトはフィルターなしで流れ込むので、潮流の中での野心を刺激されることになります。

正四面体は、面が正三角形ですが、木星は外接円なので、この三角形の頂点に接触し、火星はこの三角形の面の中点に接触していることになります。木星に3点を支えられて、この中に力が満たされると考えてもいいでしょう。反対に常に木星に振り回されているとも考えられます。流行などに追従して野心が出たり消えたりするということになりますから、世の中の動きに乗りやすい人です。世の中の潮流に振り回されない人は、土星よりももっと遅い公転周期の惑星に支えられて動く人です。木星は火星のすぐ隣で、12年で公転し終わりますから、種植えから刈り取りまでは6年程度で、数年単位で姿勢が変化すると考えてもいいのです。

木星はリラックスして鷹揚な作用。火星も鋭さが緩和され、なじみやすい乗りやすいキャラクターになってゆく傾向があります。火星の意欲を刺激するには、流行に乗ることが大切です。

木星と１８０度

１８０度は外界に打って出るアスペクトで、働きかけの力が強まります。円を二つに割るイメージなので、自分とターゲットの関係ということになるのです。仕事でも常にプロジェクトを推進したい人は、１８０度は必要です。もしも１８０度のアスペクトが一つもない人だったら、時期的にやってくる天体との関係で１８０度になったその時期に活動することができるでしょう。

木星は場を作り、火星はその場の中のどれかをピックアップして押し出す力になります。たとえれば、ＣＤの盤全体が木星だとしたら、いま再生している曲が火星の位置というようなものです。投機的な要素を持つアスペクトで、元気いっぱいに働きかけをします。合（０度）の場合でも説明しましたが、木星は社会の流行や潮流などをあらわします。これらに刺激されて、火星は、この範囲の中で、自分の意志や目的を抽出し、飛び出すのです。１８０度は疲れている時でも働き、しかも火星と木星はレスポンスが活発なアスペクトなので、悪い面としては目的がはっきりしなくても、あるいは準備ができていなくても、軽々しく動いてしまう傾向があることです。事業や仕事などでは常に野心的で、また賭け事などにはまる人もいます。木星と火星は、陰陽の関係で、中和が存在しないので、揺れ動き、変化し、流動的な傾向が強くなります。

木星と１５０度

１５０度は、異質な要素を結合して新しい能力を育成します。自然な形ではうまく結びつかないものを努力して結合するので、初期にはうまくいかないこともありますが、しだいに慣れてきて独自の能力になっていくでしょう。木星は場を作り、この中で火星は野心的に飛び出すというセットですが、１８０度や合（０度）ならば、ストレートでわかりやすい場の中からそのまま飛び出すということで理解しやすいのですが、１５０度だと、場違いという印象の、どうしてここからそれが出てくるのかわからないというような組み合わせになることもあります。たとえば蟹座と水瓶座は、田

舎的で自然なものと、機械工業的なものの組み合わせです。若狭のへしこを、笑気ガスを使ってエスプーマにしてしまうなども、このイメージに入るかもしれません。あるいは、過疎地なのにネットが盛んというイメージもそうかもしれません。人が予想できないような意外な場の中から、新規な企画や意欲的な行動が出てくるので、独創性の発揮のしどころでしょう。150度は2種類あり、150度と210度です。一人で努力するものと、集団や人との関係で要求されて応えるものとです。いずれにしても、少し軋轢を感じつつ、努力して達成していくというものです。場違いなところから、意表をつくアイデアや行動が出てくるのはなかなか新鮮で面白いと思います。しかも、たいてい紆余曲折を経ながらも成功するはずです。

木星と120度

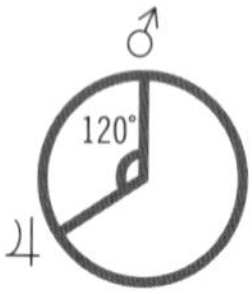

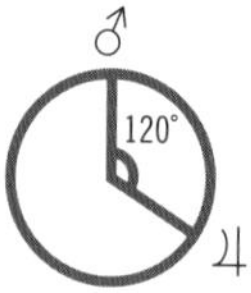

木星は集団的な社会性や広い場というものをあらわしています。火星は個人的な野

心などをあらわすことも多く、孤立感や「これでいいのか」と疑問に感じている面がありますۘ。木星はそれを公的に認めるという作用ですから、火星は孤立感もなくなり、自分の意志をストレートに発揮できるので、大きな場で認められているという安心感があります。一人で何かすることと、公的に認められたところですることの違いはかなり大きなものです。

火星は、そもそも少し尖った作用を持つ天体ですが、木星の公認によって、この尖った性質が薄まり、そのぶん鋭さも失います。〝安心の火星〟というふうに考えてもいいでしょう。火星の持つ暴力や攻撃力は、たとえばプロレスなどのように競技場で行使すると、これは明らかに多くの人が認め、加勢するものになってしまいます。火星はたいていの場合、少しばかり怒りを含んでいます。それに火星は見かけの逆行が多く、その動作は不安定だと思われています。しかし木星の公認は、この怒りや不安定さを除去します。「それでも火星なのか？」と疑問に感じることもあるかもしれませんが、広い場の中に放し飼いにされた火星は、のびのびと自分の野心、意欲を発揮できるのです。

木星と90度

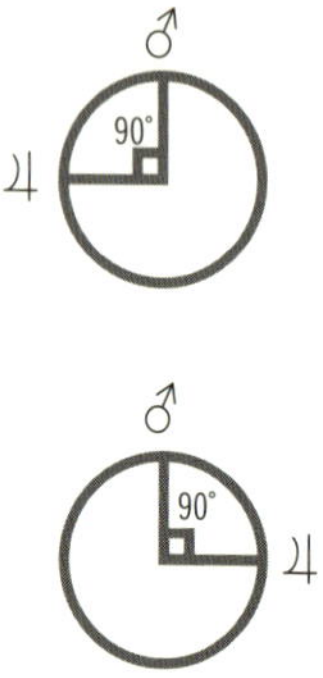

火星と木星だと、木星のほうが公転周期が約12年と長く、火星のおよそ6倍です。これは火星は木星の手の内にあり、木星の範囲の中で生きる火星ということになります。つまり木星が池で、火星は鯉ということです。火星は自分の目的に向かって集中し、行動的になる天体ですが、木星は90度の関係にあるので、いつでも余計なことに熱中してしまうような脱線をさせます。たとえば、火星が牡羊座、木星が蟹座だと、本来は個人として孤立的に行動すべき人が、家族や仲間に合わせてしまい、自分の判断が狂ってしまうというようなものです。心理学者の河合隼雄が言うように、日本では、個人行動は集団によって曲げられたり抑圧されたりする傾向が他の国よりも強いのですが、木星は抑圧することはありません。むしろ脱線させ、なおかつ勢いよく走らせるのです。したがって火星と木星の90度は、目的に向かって走るけど、たいていの場合、おかしな方向にエスカレートしたり、余分な道草をするとかになりますが、それでも、それは楽しくないわけでもなく、むしろ拾い物をしたという印象もありま

す。木星は笑いを作り、リラックスさせますので、この脱線や道草、目的が途中から逸れてしまって初心を忘れてしまうということも、他人から見ると笑えてしまうような傾向があり、独特のボケ味を作り出します。四元素すべてを統合したものが人間なのだという認識からすると、この脱線は見落としたものを拾うという意味で肯定的な面もありますが、行動には無駄が多くなるでしょう。ゲームの面白さとは、目的地に最短距離で行くことができず、常に無駄なことをたくさんしなくてはならないということでもありますから、道具主義的な考えを捨てて、この90度のアスペクトを楽しむということにも意義があります。

木星と60度

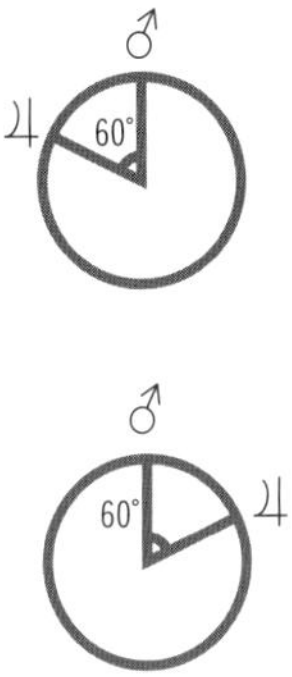

60度は、風に対して火、土に対して水という元素の関係で、六角形の一辺を構成するアスペクトです。親近性が高いけれど異なる元素との関係は、自分と環境、自分と

相手というふうに、対象化されたものとの関係の中で調和的な共鳴が起こることをあらわします。つまり自分一人の行為の話ではなく、ここには外界との関わりがあり、そこで盛り上がることをあらわしています。木星は場を作り、火星はこの場の中でしか活動できないのですが、木星は援護、容認、加勢することを意味しますから、火星は外界にあるその木星の力を借りて、勢いがよくなり、加速します。六角形は呼吸作用のようなところがあるので、木星が強まると、それにつれて火星もまた強まります。自分の行動、野心などを助けてくれるものが、どこか外にあり、自分にあわせて相手も便宜をはかってくれるのです。

木星と火星のセットは生産性をあらわし、この60度は多産なものを示します。木星の公転周期は、火星のおよそ6倍。ということは、木星一つの場の中で火星が6種類の活動をすることができるわけです。多様な生産ができることになります。木星と火星の間には、外接円、内接円として、正四面体の図形が働きますが、これは火の元素であり、興奮作用であり、不安定であるけれども次々と何かを生み出していくのです。

土星

土星と合

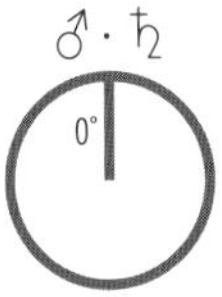

土星は人生の最後の落としどころです。いわばドラマの結末のようなものです。火星は行動力、積極的にチャレンジする推進力で、土星がすぐそばにあるということは、走る前から、もう行き先や結末がわかっているということです。すでに決まっている結末に向かって走るというのは、テンションが落ちることかもしれません。土星は火

星からすると、まるで天敵のような印象があり、火星の熱を冷やします。同時に、土星は安定性を作り出すので、火星の不安定な波がなくなり、継続的に安定的に行動できるということにもなります。つまり浮き沈みはないが、継続して行為する。しかも全体に少し冷えた状態で継続するということです。

火星は土星から管理されているように感じますが、これを人にも押しつけることになるので、人を管理したり仕切ったりするという傾向も出てきます。とくに火星は男性をあらわしていますから、男性に対しての管理ということが出てきます。

土星は枠を作り出すので、枠の中でお行儀よく働く火星ということですが、信頼性は逆に高まることになります。これはなかなか息苦しいと思いますが、本人はそのことがあまり自覚できていない場合もあれば、あるいはよくわかっている場合もあり、いろいろです。

レールが決まった中で活動するということは、そうでない活動には慣れていないということでもあります。目的を決めると、最短距離で到達します。

土星と１８０度

１８０度のアスペクトは、ターゲットに向かって強く意志が働くことをあらわしています。働きかけ能力がたいへんに強く、外に向かって飛び出します。土星は規則、枠、ルールなどを作り出し、それはコントロールする作用を持っています。火星はそれによって弱まるのではなく、むしろ強まるかもしれません。たとえば水道の蛇口を考えてみてください。ノズルが細くなればなるほど、水は強く流れ出します。他の可能性を絶ち、一つの方向にのみ走るようにすると、そのパワーは強まるのです。クラシック音楽が激しいのは、形式があり、この枠の中で創作をするからです。そういう意味では、この土星との１８０度は、集中力があり、実際的で、高い実務能力をあらわすアスペクトです。ただ脱線をしないので、それが当たり前で他の人にもそれができると信じてしまうと、他の人に過大な要求をする人になっていきます。

火星を運動能力とした場合、この運動能力を管理することに楽しみを見出します。今日、スポーツも、ただ運動するというよりは、食事から栄養から、あらゆる面で管理して効率的に運ぼうとします。こうした細かい管理をできるアスペクトだということです。上手に扱えない段階では、時々抑圧的にもなりますが、しだいに慣れてくるにつれて、むしろ力強い火星になってゆきます。目的がはっきりしていると、その目的のために無駄をいっさい排除して取り組むことでしょう。

土星と１５０度

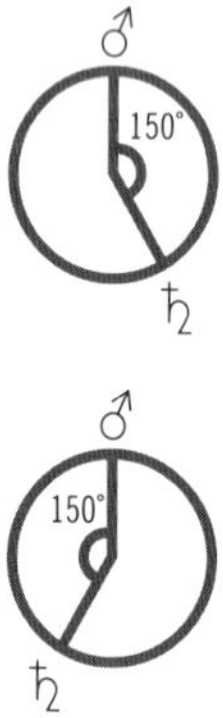

１５０度は基本的に調教や訓練、努力することで、生まれつき持っていなかった能力を身につけるということをあらわしています。火星は行動力、運動能力、戦う力です。この火星を土星がしつけようとしますが、しつけることで、火星はそれまで持っていなかった技術、能力を持つようになります。１５０度アスペクトには、一つは自分で努力すること。もう一つは、２１０度として、集団からの要請で訓練するという２種類があります。たとえば、ダンスの練習ばかりしている人は、普段歩く時ももう

普通に歩くことができず、まるでダンスのように歩くかもしれません。150度とはこのように訓練された動きをあらわしています。したがって、特定の目的のために使われる火星として、専門家、スペシャリストなどの火星になる可能性は高いでしょう。技巧を持ち、難しい課題をこなす力は、とても実用的です。また火星は土星の訓練によって腰の低い、人の言うことをよく聞く火星になり、時にはたいへんに勤勉です。土星の枷《かせ》がある火星は息苦しいとはいえ、出生図でこの配置があれば、枷のない状態を本人は知らないわけですから、さほど息苦しいという自覚はないでしょう。むしろ管理されない状態だと何をしていいのかわからなくなる可能性もあります。

土星と120度

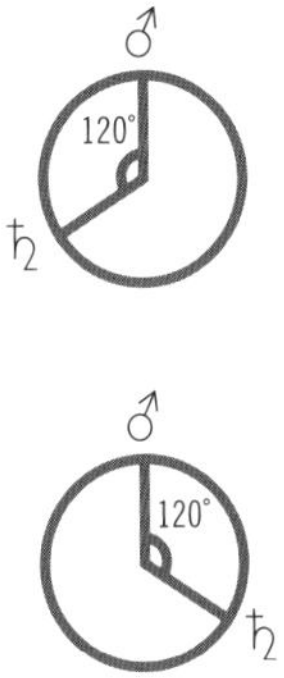

120度は一番温和なアスペクトです。火星に対して、さほど押さえつけず、しかし安定性を与えます。土星は不安定さを吸収して一定のものにしていく作用なので、

時計のように規則的で、安定した状態で火星が働くようになります。120度は同じ元素で成立するアスペクトなので、火、風、水、土の四つの元素のいずれかで、安定供給できるようになります。決まった時間、決まった行動、決まったスタイルを継続しますが、もちろんこうした規則性は、蓄積することで強い力へと成長しますから、抑制の効いて我慢強い、実力のある人になるでしょう。

120度はあまり複雑なことを理解せず、屈折した応用力などはないので、この火星の作用は比較的単純です。例外的なものは少ないといえますが、アスペクトは一つだけということはないので、この欠陥が露呈する人が多いということでもないでしょう。同じ元素は自分の中にあるという点では、外部に依存しないで、自分の中に制御装置がついていると考えてもいいかもしれません。無理をしすぎず、加減を考えながら行動し、熱中しすぎない。ということは、逆に不安定な場所、危険な場所にあっても、むしろスムーズに処理できる能力を発揮することができます。どんなにスピードを出してもいい場所でも、自分なりのスピードで走るというようなものです。

土星と90度

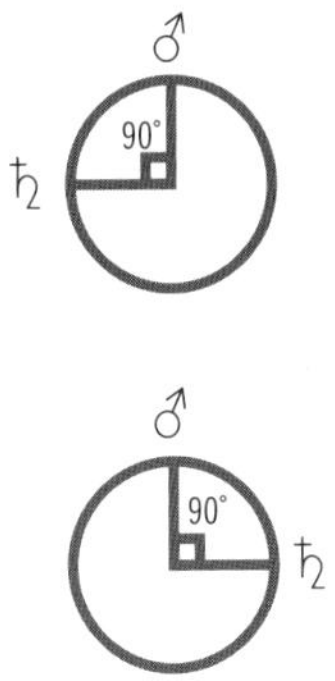

火星にとってはもっとも苦しいアスペクトです。もともと火星にとってもっとも怖いのは土星で、それは土星がしばしば抑圧者、行きすぎた管理者として働くからです。たとえば、ハーフサムという理論が占星術にあるのですが、ここでは火星と土星のセットは停止軸と言われ、スイッチが切られてしまうことを意味します。火星は予想外のところから干渉され、火星の推進力を奪われることが多く、熱が冷めて、また免疫力も落ちてしまうということになりやすいといえます。しかし、このことがよくわかっていて、自分の中では土星が火星を止めてしまうということをいつでも意識していれば、常時そうなのではなく、決まった時にそうなることがわかり、それを緩和することに慣れてきます。風、火の元素に対しての、水、土の元素の介入が90度なので、たとえば火に水をかけるとか、あるいは土、水の静けさをかき乱す火とか、散らす風などを想像してみましょう。特定の元素に熱中しようとすると、それを食い止めてくるということは、一つの元素に走り過ぎないように警告していることをあらわします。

時々まったく元気がなく、虫の息のように生きている人を見かけることがありますが、何がそのように自分の活力を止めているのか、原因を探ってみるのがよいでしょう。しだいに、90度とは、表と裏の関係の中での協力アスペクトだということに気がつきます。また土星は父を象徴します。火星が男性の象徴という点では、男性に対する抑圧の意志が働くこともあり、女性のホロスコープであれば、男性に意地悪な人格になるということもあります。

火星をよくないものだとみなしていると、火星が働くことそのものを禁止しようとします。解釈によってこのアスペクトの作用は大きく変化するのです。

土星と60度

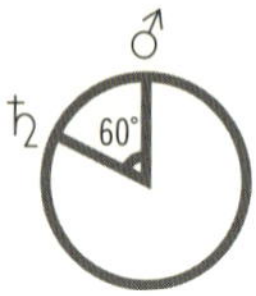

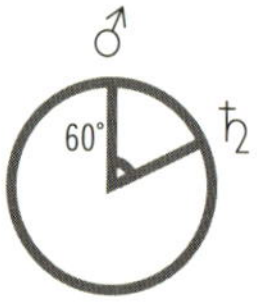

60度は六角形の一辺です。これは自分という三角形と、相手、対象、環境などの外部的な三角形の呼応をあらわす図形です。自分の側に火星があれば、相手の側に土星

がある。そしてこの火星と土星は、うまく呼応し、互いにぴったりと息をあわせているのです。そのため、120度と違って、土星という秩序、枠、ルール、制限の作用は自分の中にあるものではなく、自分が関わり浸された環境の側にあります。火星をスポーツマンにたとえれば、土星はコーチとか、規則的な形をした運動場などと想像してもいいかもしれません。火星はこの土星が提供した枠に従って行動します。常に制限は外からやってくる。それに従っており、そこからはみ出さないというものです。

土星はケプラーの立体図形で言えば立方体、つまりキューヴです。土星よりも内側にあるあらゆる惑星は、このキューヴの中に閉じ込められています。火星はキューヴの中を、満足して動いています。土星とうまく結びつき、そこから脱出する意志を持っていません。火星は適応性が高く、環境が異なっても、その場所でのルールに従います。そしていろいろな分野にすぐに順応して、そこで正確に行動するようになるのです。たとえばレスリングは、キューヴに似たリングの中で行われます。そのように箱庭的な場の中で、火星の勇気、行動、興奮性などを発揮するということです。

天王星

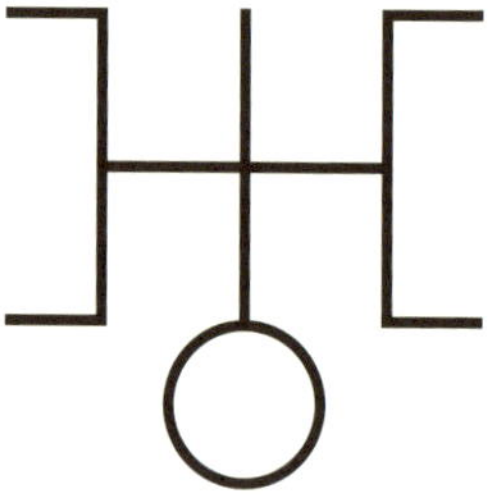

天王星と合

土星が管理者として火星をキューヴに閉じ込めるという作用であれば、天王星はこの土星の閉鎖する者としての働きに対して、批判的で、解き放つような作用をします。特定の地域にこだわらず、天王星は、どこにでも広がり、拘束される可能性を警戒して、特に身近で親しいものを作らない性質です。また、天王星は自由性、独自性、冴

えたセンス、ひねくれた根性、普遍性を与えます。独自でひねくれているという説明に、普遍性を加えると矛盾しているように見えます。しかし、多くの人はローカルな狭い範囲のものを標準だと考えているので、もっと広い普遍的なものはこの身近な標準に対しての反抗や離反と見なされ、つまり「独自でひねくれている」ものとなってしまうのです。天王星は枠から飛び出そうとし、そしてこの力を火星に与えようとします。

多くの人は知らず知らず身近な環境の性質に染まります。これをホメオスタシス的共鳴と言うのですが、天王星はそこから離反するように促します。たとえば多くの人が24時間時計で生きていると、天王星は25時間で暮らすようにすすめたりします。それが正しいのかどうかわかりませんが、少なくとも、多くの人が従っている規律からは離脱します。ということは火星の行動力、勇気、戦闘力は、協調することなく、独自に働くということです。迎合しない性質になるので、集団生活には適していません。また天王星は壁を越えるという意味で電波や電気などをあらわし、天王星と火星はパソコンなどの電気を使ったメカをあらわすので、それに親しむ人も増えてきます。

天王星と180度

１８０度は円を二つに割ったもので、ある方向に前進すること、閉じた平和を犠牲にして行為に向かうことをあらわしています。何か行為したい人には、１８０度アスペクトが必要です。しかし同時にそれは円という完全性を失うことを意味します。天王星は火星をターゲットにして強く働きかけます。すると、火星は規律からはずれ、枠からはみ出したいという衝動を抑え切れません。時間の枠が決まっているとその時間の枠を逸脱するので、たとえば予定通りの時間に従わない人も出てくるでしょう。また、空間の枠が決まっていると、そこからはみ出そうとします。火星はいつもスイッチが入っているわけではなく、それは時々ターボ装置のように働きます。そしてこの時に、火星は枠からはみ出した行動をとろうとするのです。この枠は時間、空間という場だけでなく、たとえば約束だとすると、その約束されたことからはみ出そうとします。まったく無軌道に見えるかもしれませんが、天王星には天王星の開かれたルールというものがあり、そのルールに従うために、これまでの狭い枠からはみ出すので

す。無軌道そのものだというわけではないのです。

180度は、どんな状況でも半ば強制的に働く力がありますから、この衝動を最後まで抑えきれないことが多くなります。規則があれば、破りたくなるのです。

天王星と150度

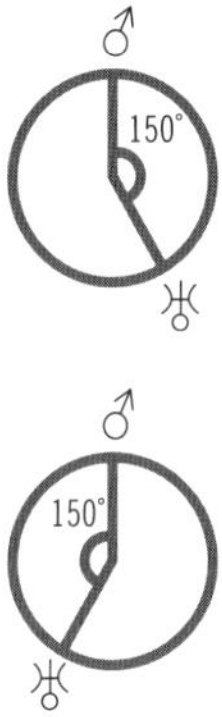

150度は、訓練や調教などで後天的に身につけるべき何かがあり、その達成のために努力することをあらわしています。自然的に身につくものではなく、それは必ず意識的に手を加えないかぎりはうまくいかないものです。そして異質なものを結合するので、ミスマッチに見えるものが融合しており、それは新しい能力になります。
天王星は地上の規律に従わない自由性を発揮します。たとえば日本にはお正月がありますが、天王星衝動としては、このお正月について理屈をはっきり示さないことには、お正月を認めないということになります。意味はわからないが、習慣として存在

するというものを天王星は認めません。おそらく150度のアスペクトができる火星の側は、その反対に順応的だったり、習慣に従ったりする位置にあるのではないでしょうか。自由性を発揮できない場にある火星に、天王星が後天的に自由性を発揮するように促し、火星はその力を身につけるというのが、この150度のアスペクトの意味として考えられます。

天王星は7年で一つのサインを移動しますので、比較的、世代的な天体です。たとえば1986年生まれの人であれば、天王星は射手座にあります。すると火星は蟹座か牡牛座にあります。射手座の天王星は地上的でなく、宇宙的な精神性の法則を持ち込むような意味です。牡牛座や蟹座の火星は身体性とうまく結びついているのですが、そこに射手座の天王星という、ひどく抽象的な自由性をあらわす影響が持ち込まれ、身近な生理的な法則に従う火星に、天体的な影響を受信するような資質を加えようとします。おそらくこの150度のアスペクトは、どのサインであれ、人工的で未来的なイメージのものを火星の行動の原動力にしようとします。たとえば、お腹がすいて何か食べるというのは自然な衝動です。しかし、お腹がすくというのは習慣であり、それに従うのは間違ったことに従うことだと考えたりする人もいるでしょう。身近でない抽象的なものを本来の法則だと考え、そこに火星を従わせようとするのです。新理論の行動原理なども取り入れるかもしれません。

天王星と１２０度

天王星は、身近なものから離れて、もっと普遍的に広がる場の中に生きようとする性質を与えます。たとえば家族がいると、その好みや影響に染まって自分が偏った人間になるかもしれないので、身近なところから離れて見知らぬ人とより親しくなろうとする。そんなふうに、特定のどこにも縛られない、もっと広い場の中で普遍的に生きようとさせるのが天王星です。この影響を１２０度のアスペクトで、火星は受け取ります。１２０度はかなり温和なアスペクトで角を立てません。そのため、結果的に穏やかに距離感を保つという能力を発揮します。順応的に見えて、身近なところから少しずつ距離を離し、火星の独立性を発揮させます。天王星の１２０度は、その絶妙な距離感というものが特質です。そして身近な人よりも、遠い人と親しみます。協調性はあるが、しかし距離感があり、従属しているわけでもなく、そして気がつかない間に疎遠になるというようなものです。親しんでいくよりも離れていくほうが多くなります。そしてそれはさびしいことでなく、火星からするとむしろすっきりと気持ち

いいものです。一人で何か努力したり、戦ったりする時も、他人の援護は必要がなく、独立的に行為することができるということです。運動する時に、計測器などを頻繁に使うといいでしょう。計測器、電子機器は天王星の象徴です。

天王星と90度

90度のアスペクトは、予想しない時に割り込んでくるような影響です。占星術には四元素という概念がありますが、これは、火、風、水、土という四つのことで、アリストテレスは地上はこの四つの元素に支配されていると主張しました。気質と考えてもいいかもしれません。90度は、気のあわない元素の介入で、火や風に対しての水や土の介入です。それはたいてい、四元素のどれかに没入した気分でいる時に邪魔するような感じで入ってきます。四つの元素を均等に扱っている人からすると、意外でもなんでもないのですが、しかし単純な考えの人からすると、自分の気分を壊してく

るような形で入ってくるというわけです。天王星はデジタルな性質の影響です。そのために、火星に対して90度の天王星は出し抜けに入ってくるような印象を与えます。そして行動や意欲がブツ切りに中断されたり、切り替わったりするように見えるのです。この断続的で不規則な動きは、他の人からするとぎくしゃくしすぎて耐え切れないかもしれませんが、本人は気にならないでしょう。

　天王星は奇人変人と考えてもいいような要素があるので、行動特性にその奇人的な要素があらわれてきます。しかし、火星はいつもスイッチが入っているわけではないので、いつもはごく普通に見える人が時々行動がおかしくなる程度の感じかもしれません。どこにも従わない完全な自由性を発揮しようとします。

天王星と60度

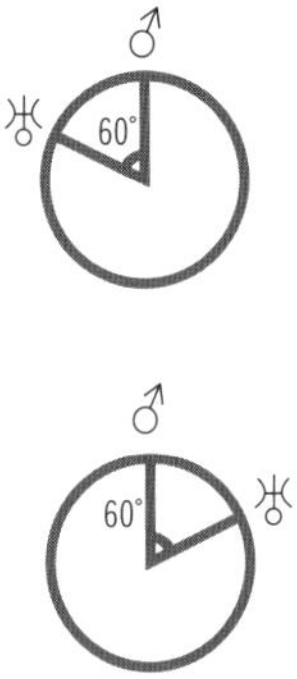

60度のアスペクトは自分と環境との呼応関係をあらわします。タロットカードで

は、六角形を意味する6の数字は恋人のカードで、これは自分と相手がぴったり息が合い、互いの意志が共鳴することを示しています。自分の中にあるものではなく、自分と相手、自分と環境の関係ということであり、それはとても楽しい満足感のある関係です。天王星は身近ではない距離感のあるものです。遠いところから影響を持ち込みます。地域的な影響から離れて、宇宙的、普遍的な広がりのあるものを天王星は持ち込みますが、それを外部的な因子として受け取り、火星はそれに合わせて自分の活動力を盛り上げることになります。遠いものが行動性を刺激するという点では、いつも住んでいる場所から離れた、少し遠方で活動することもよいかもしれません。女性のホロスコープでは火星は男性をあらわすことも多く、身近なところにいない遠距離の男性との交流という意味にもなりやすいでしょう。

天王星は未来性、新しさでもあります。そのため、活動したり、運動したりする時に、斬新な方法などを導入するのがいいでしょう。六角形は呼吸を合わせるという意味でもあるので、電気的なリズム、あるいはマシンが作り出すリズムにあわせて運動したりするのも適しています。リズムボックスを使ってダンスをするというのもよいかもしれません。

海王星

海王星と合

♂・♆

海王星は、過去から未来へという時間の流れの因果律から自由になり、時間に対して自由にランダムアクセスするような性質を持つ天体です。土星は、今ここというところに制約された知覚意識をあらわし、また、天王星は場所の縛りから自由です。そして海王星は時間の縛りから自由になるという意味です。となると、もちろん、それ

は自由な想像力というようなものとなります。すでに過去に去ったものでも、海王星からすると現実。いつでも狭い範囲に縛られている人からすると、この海王星の影響は解き放つような作用であり、誰もがリラックスします。ドラッグやアルコールなどは海王星のシンボルに組み込まれていますが、それは精神が解放される効果があるからです。〝いま〟〝ここ〟〝身体性〟などから自由になり、意識が拡大します。火星は行動力とか、興奮作用ですから、この海王星に浸された火星は、通常の運動や活動などでは興奮せず、壁を飛び越えたような体験をする時に高揚感を感じます。それは未知なものに向かって飛び込むような印象です。決まりきったルール、日常的な意識ではなく、神秘的な高揚感を求めます。妖しいものにも高揚感を感じると考えてもいいのです。むしろ、普通であるものにはちっとも面白さを感じません。超越的、超常的なものでないと楽しくないのです。となると単なるスポーツでは飽き足らないでしょう。ウルトラマラソンをすると１００パーセントの確率で幻覚症状を起こすといいます。このくらいならば楽しいのではないでしょうか。

海王星と180度

180度は強く働きかける力であり、それはどんなに疲れている時でも抑えきれない感じで働きます。火星は海王星を触覚的な手ごたえにして働きます。ところが海王星は、現実に存在する〝いま、ここ〟というところに知覚を縛らない、拡大された夢想的な意識をあらわす天体なので、火星は、この未知の触ることのできない、きわめて想像的な領域に手ごたえを求めて行動しようとします。死者、心霊的なもの、天使的なもの、非物質的なものなどを手ごたえにして行動の刺激にするということは、このアスペクトはとてもサイキックなものだと言えるでしょう。

あるいは日常的なものに飽きて、時にはドラッグ的なものに走ることもあります。もちろんドラッグを使わないでも、というよりも、使わずもっと違う手段のほうがはるかに飛べます。この人はどうしても飛ぶ必要があるのです。この世にあるものでこの海王星の超越的な意識を刺激するのは、芸術などです。海王星は日常的な境界線を飛び越える作用ですから、生身で火星がそれを実践すれば、あきらかに、危険になります。その点では代替的なものか、あるいはサイキックな行為の中で火星を燃やすというのがいいのです。１８０度のアスペクトは非常に強力なので、我慢して押さえつけておくことはできません。

海王星と１５０度

１５０度は訓練したり、練習したりして、新しい能力を身につけることをあらわしています。それなりに軋轢がかかりますが、しかし生まれつきでは決して手に入らないような特技になるので、とくに職業的な能力として役立ちます。自分で日々努力するか、あるいは集団の中でそれをしつけられるかという2種類があります。会社に入って、そこで訓練を受けるというのは後者でしょう。火星と海王星のセットは、サイキックな要素とか、個人の認知力や記憶を超えた神秘的なセンスを刺激することに関係しますから、それを日々努力して獲得するか、どこかに属して訓練を受けるかというこ

とになります。長く時間はかかっても、確実にそうした能力を獲得することができます。たいていは、この150度アスペクトは実用的に使えるものになります。とくにこのアスペクトは、異次元的なところとの接点も作りやすいと言えます。何かに集中して達成しようとした時も、限界を突破した段階までいかないと達成感がなく、その点ではありきたりのものでは満足できません。個をこえた大きな範囲に影響を及ぼすことを望むので、広く働きかけることのできるような仕事をしたほうがいいでしょう。でも敏感すぎて、火星の行動力としては多少不安定になることもあります。

海王星と120度

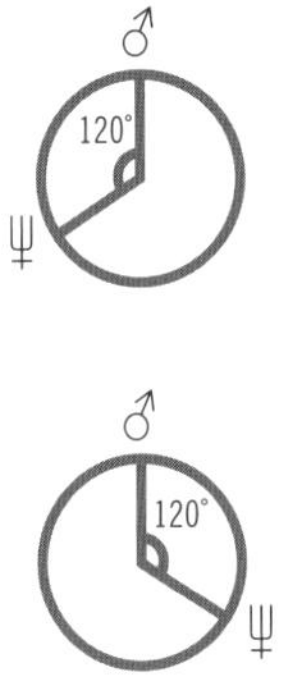

行動力の火星と夢や想像力をあらわす海王星が、ほどよく調和的な関係を持ち、互いに助け合います。自分の願望が達成しやすいと感じる人も多いでしょう。しかし願望を達成しているのか、それとも、願望がもともと達成できる方向に向いていて、願

望を抱くという行為が結果として生じたのか、それはよくわかりません。いずれにしてもそれほどシャカリキに努力しなくても、スムーズに自分の望んだものが手に入ります。ただし、火星はいつもスイッチがオンになってる天体ではありません。いつもオンになっているのは太陽、月などです。したがって日常的な状態ということではなく、時々、「どうしても」という願望が発生した時の達成しやすさになるのです。

また行動特性が、海王星の影響でナチュラルなリズムを持っています。これは土星までは地上のリズムに従っていたのが、海王星は宇宙的なリズムというものにしたがっているからです。たとえば今日使われている暦は地上的なガラパゴス的なリズムで、それは宇宙から孤立したものです。海王星はこうしたものに従わず、宇宙的なものに従属するので、多くの人の無意識の動きと連動し、そこでは共時的な体験や、神秘的としか思えないような出会いなどを体験します。あまり考え込まずに自然に気分のままに行動するのがよいでしょう。

１２０度は強い努力などを嫌います。けっこうイージーなアスペクトと考えてもいいです。

海王星と90度

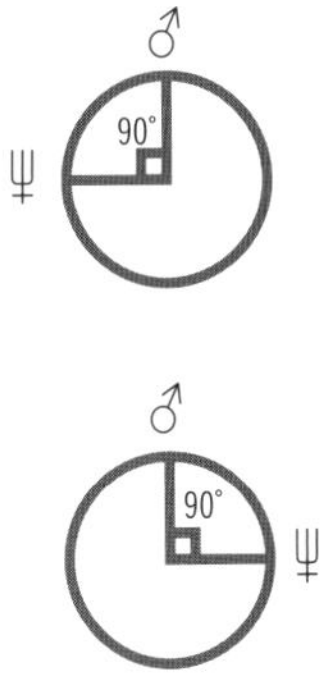

90度のアスペクトでは、想定していない時に海王星が介入してきます。まっすぐに走っている時に、いきなり横から誰かが飛び込んできたら、それはまっすぐ走ることへの妨害ですが、90度はそんな形で入り込んできます。火星が行動力や高揚感を持って走ることを意味すれば、それに対して海王星は、無意識からの影響として予想もしないような印象を持ち込んできます。そしてこの想定外ということは、管理されていないので予想以上に影響が強いとも言えます。火星は高揚感を持つことで、体温が上がり、少しばかり無理なことをしている状態の時に働いています。このような時に、海王星にもスイッチが入ります。つまり冷静で普通でいる時には、海王星の無意識からの呼びかけのようなものは働かない。反対に、集中したり、気合を入れたり、高揚感を持って行為した時になると、海王星が介入してくるのです。許容度をこえた溢れるような感じで入ってくることもあります。そもそも90度のアスペクトというのは、かなり強烈なものです。二重人格的な感じで入れ替わることもあります。アルコール

などで人柄が変わったりすることもあります。なかなか意識的に管理しにくいものですが、それでも慣れてくると、このスイッチのオン・オフについては自分でコントロールできるようになるでしょう。

海王星と60度

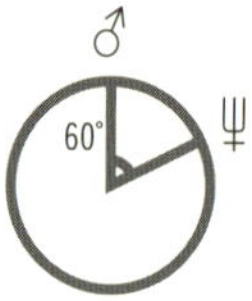

60度は六角形の一辺をあらわしています。六角形は自分と外部の環境や相手などとの関係で、調和的かつスムーズに共鳴できることをあらわしています。ということは、たとえば自分は火星の側で、相手は海王星の側だというように想定してもかまいません。合（0度）、120度などはたいてい内的な作用として、無意識の働きかけは内面から生じました。しかし60度ではその働きが外部的なものだとすると、人との関わりで相手がとても夢想的で海王星的な人で、それにインスパイアされて、自分の行動力や戦闘力としての火星が活性化するなどということになります。

あるいは反対に、自分が海王星であり、相手を興奮させて行動力を刺激するなどということもあります。火星と海王星の互いに共鳴しあう雰囲気は、夢の多い、とても気持ちのいい関係を作り出します。火星は海王星の影響によって、枠の取り払われた本当の意味での開放感に溢れる体験を味わいます。物質的な制約さえ感じないような果てしない開放感が、相手との関係で作り出されるということは、自力でそれをしようとしても無理という意味でもあります。関係性は相手という人間もあれば、場所などという環境の時もあります。

冥王星

冥王星と合

冥王星は、太陽系の外宇宙との扉の役割を担う天体です。つまり異質なものを取り込み、新しい活力にしていくということです。もし、太陽系全体を一つの有機体とみなすならば、冥王星は外から食べ物を食べるというような意味です。

冥王星には根底的で強烈な力を引き出す要素があり、戦う力や行動力である火星に強烈な力をチャージすることになります。冥王星と火星の合（０度）は、もっとも爆発的な力をあらわすアスペクトで、まるで無尽蔵なエネルギーソースがあるかのようです。しかし、これはこれまでのパワーをすべて使い尽くしたという時にのみ掘り出されますから、中途半端な場面では活力を引き出すことができません。表面的なものを使い尽くすと、さらにその下のより大きなバッテリーがオンになり、それを使い尽くすと、さらにその下のより巨大なものがオンになるというものだからです。

このことに無自覚なまま生きている人も多く、特に女性には多いかもしれません。というのも日常の生活で、この巨大な力を引き出す必要のある体験などそう多くはないからです。無自覚な場合、それは外的に働くので、強気の男性や強引な人に出会いやすくなります。

このアスペクトに自覚がある人は、極限状況に行きたい欲求が出てきます。というのも、そういう時にこそ、この力が発動するからです。

冥王星と180度

180度はターゲットに向かっていく意志をあらわしています。特定の目的に鋭く働きかけるので実現力があります。大きな仕事で成功したい、目的を達成したいという人には必要なアスペクトです。火星は攻撃的な性質の天体で、さらに冥王星は根底的な力を与えますから、徹底して攻撃すること、打破すること、限界を超えること、突き抜くことなどに関係します。相手は必ずしも人とは限らず、特定の分野のテーマということもあるし、また組織やシステムなどということもあります。限界があると言われると突破したくなり、次々とエスカレートするので、一度うまく行ったからといってそれで満足せず、さらにその先に行こうとします。

冥王星はとても遅い速度の天体なので、その意志をなかなか消化しきることはなく、また火星はその冥王星の意志の運び屋として機能します。そのため、火星のあるサイン、ハウスなどで、限界を突破しようという行動が生じます。この火星と冥王星のアスペクトが目覚めるには通常の状態では無理で、限界まで落ち込んだりしたほうが確かでしょう。人に言えないくらいひどい体験をしたとか、苦しい体験をしたということを通じて、突破する底力が目覚めるのです。スポーツとか戦闘の分野では強い能力を発揮します。

冥王星と１５０度

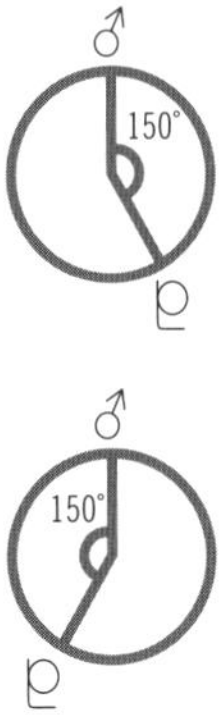

１５０度のアスペクトは、後天的な訓練や調教によって獲得する能力をあらわします。自然体のままで能力が発揮できるものには１２０度のアスペクトが多いのですが、１５０度には努力が必要であり、そこには少しばかり苦しい体験なども含まれています。そのぶん、一度安定して手に入れたものは調、不調の波が少ないとも言えるでしょう。火星と冥王星は限界を突破する攻撃力、戦闘力、意志の力などをあらわしますから、これらを何度も練習して身につけるのです。また専門的な技術ということにも関係し、特定の仕事でそれに必要な集中力や挑戦力を獲得するということもあり

ます。なかなか結びつかないものを結びつけるという要素も強いので、たとえば、このアスペクトを持つ人に対して、他の人が「まさか、そんなことを、この人が」と驚くような場合もあります。つまり、キャラクターと合っていないと感じさせる場合があるのです。

新しい事業を始めたりすることにチャレンジしてみるといいかもしれません。そもそもそれが自然にできるとは思えないことに、努力して試してみようということです。火星と冥王星は、できないことはなにもないと考えるアスペクトです。他の人ができるならば、自分にできないはずがないと。そのようなことを理念にチャレンジしましょう。

冥王星と120度

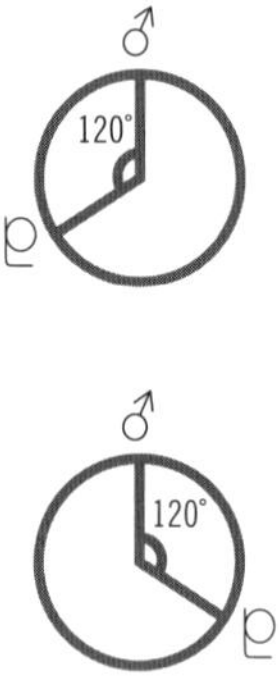

火星は、多少無理なことをしてもチャレンジするというような天体です。そのため、

常により大きなエネルギーを必要としています。冥王星は強大な底力を持ち、火星に大きな力をチャージします。このアスペクトの人はついやりすぎになる傾向がありま す。なんでも中途半端にはしないのですが、いつも少し限度を超えてしまうのです。120度は温和な、比較的使いやすいアスペクトなので、この冥王星の活力が、常時必要な時にスムーズに得られることにもなります。

このアスペクトをより効率的に活用するには、いつでも自分の実力では少し無理かなと思えることに挑戦し、それが普通にできるようになったら、さらに大きな目標に向かうことを忘れず、ずっと挑戦し続けるという癖をつけることでしょう。晩年、死ぬ時期が近づいたら、その時にはそんなことはやめてしまうという程度に考えて、いつも何かチャレンジするといいのです。使わなければどんなものも疲弊したり、壊れていくものです。家も機械も使わないと停滞します。それと同じように、何かにチャレンジしていないと、あなたの火星も錆びついてしまいます。

また、同時に複数の仕事をする人も多く、一つだけだと飽き足らないということになるでしょう。

冥王星と90度

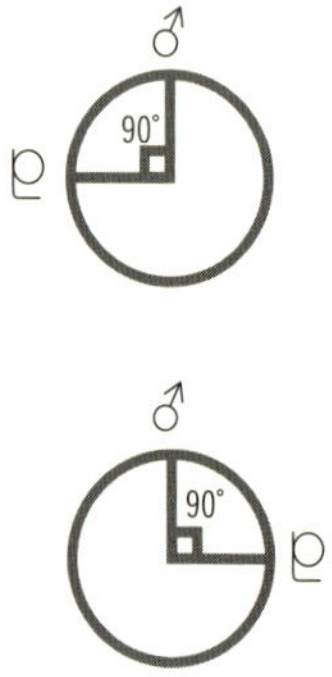

90度のアスペクトはコントロールがしにくく、強く働きすぎる傾向があります。とくにこの火星と冥王星は、やりすぎとなって極端なことに走りやすく、そこでケガをしたり窮地に陥るという傾向が強まるので、程度を学ぶ必要があります。特定のものには気合が入り、違うものには手抜きをするという、不均衡なところもあり、時にはなかなか攻撃的で狭量です。力が入りすぎたり、加減がわからなくなったりと、扱いにくい面があるので、これらを平均化するために、運動をしたり、あるいは集中的に取り組む課題を持ち、そこで自分の活力を上手に使う練習をしてみるとよいのではないでしょうか。敵味方がはっきりしていたりするのも、この火星の使い方の偏りと考えてもいいかもしれません。

質の違うものからエネルギーを引き出すというのは、たとえば水が火に変わったりするようなものです。このような異質なものを力に変換するという特技があります。多くの人が脱力を起こすようなところで元気になったりもします。時々怒りをためこんでいることもあり、定期的に気分を発散させる手段があるとよいでしょう。

継続的な行為はどんなものも、このアスペクトを洗練させて活用できるようにすることに効果的です。

冥王星と60度

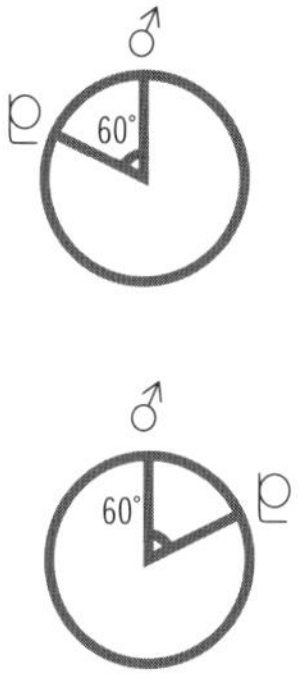

60度のアスペクトは自分と外部にいる相手、環境などとの関係で働くものです。火星は行動力と活力で、それは冥王星に接触することで強烈な刺激を受け、また強い力をチャージされます。これは自分の中にその回路があるというよりも、関係性の中で相手から引き出されてくるものを活用するのです。そのため、誰かと出会うことで刺激を受けたとか、どこかに行くことでそこから力を得るということが起こりやすいと言えます。それは、たとえば自分のお気に入りのパワースポットかもしれません。また相手との関係で成り立つということは、柔軟性が高いということで、この火星は

自身の力を強めたり弱めたり加減しやすいということになります。不足すればまたチャージすればいいので、失うことは怖くはありません。労力の無駄をいとわず、何にでも全力投球すると、逆にエネルギーが入ってきやすくなります。どこのサインとどこのハウスでアスペクトができているかでかなり違いますが、エネルギー源は冥王星の側です。そして行動するのは火星の側です。

Chapter 4

♂ トランシット の火星

いま天空を移動中の火星のサインを知れば
火星に振りまわされないように
コンディションを調整したり
火星の使い方の訓練したりができるのだ。

トランシット火星のサインを知ってコンディション調整

火星は平均2年で12サインを回り終えます。しかしながら見かけの逆行が多いので、一つのサインに数ヶ月もとどまることもあります。その結果、私たちの意欲はとても不安定になり、感情面でもかなり揺れ動くことになるのです。これは地球に住んでいる私たちの宿命でもあります。でも、もしかしたらこれは訓練として利用できるということかもしれません。状況の変化に振り回されず、自分の意思を安定させて発揮することができるようになる訓練なのです。

そのためには、今どのサインに火星があるかということを、いつもチェックしたほうがよいでしょう。

サインは四元素に分類されます。生まれつきの火星はどれかのサインに属していますが、それによって苦手なサインと親しいサインと言うものが出てきます。トランシット（移動中）の火星の位置によって、調子がいい時と悪い時が出てくるのは、生まれつきのサインとの相性と考えてもよいのです。そのサインにおいても、調、不調というものがなくなっていくのがよいのです。いま火星がどのサインにあるのかを確認しながら、コンディションの調整を試みてみましょう。

アストロディーンストでトランシットの火星を探す

STEP 1

「占いの図の拡張選択」をチョイス

27ページのSTEP5の、ホロスコープを表示している段階で、「無料ホロスコープ」をクリックして現れるメニューから「占いの図の拡張選択」を選びます。

STEP 2

「出生図と経過」を選択

「ご希望のチャートを選択してください」というメニューをクリック、「出生図と経過」を選びます。

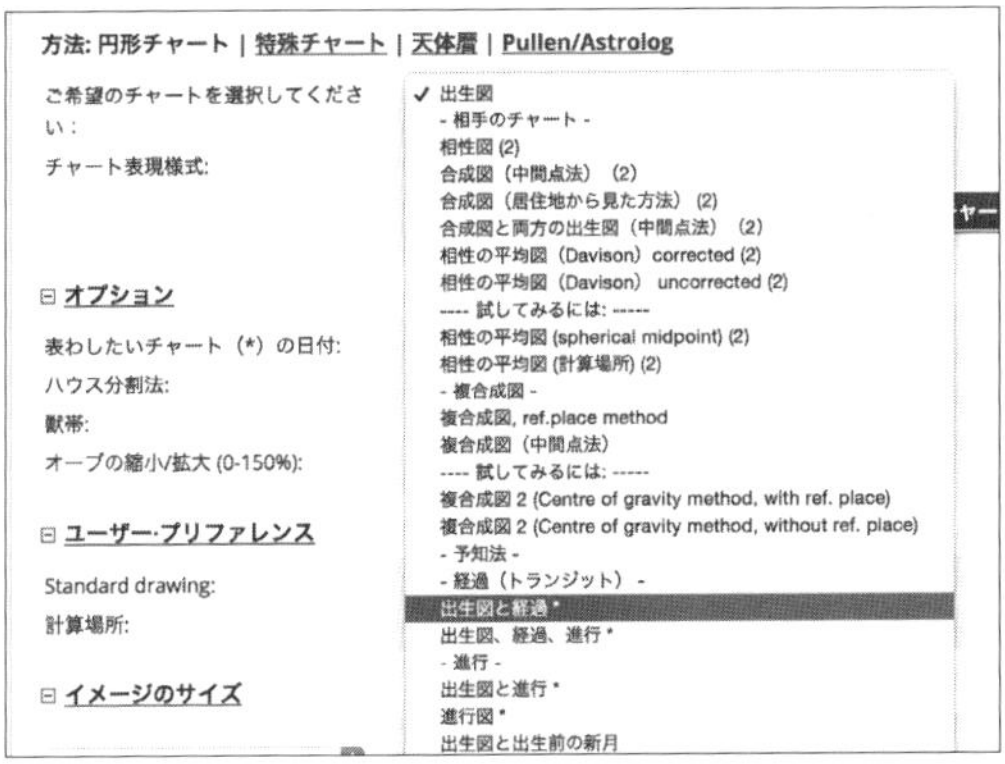

STEP 3

トランシットを知りたい年月日を入力

「オプション」という項目で、「表したいチャートの日付」に、トランシットの天体の配置を知りたい年月日を入力します。下では、2015 年 11 月 1 日のトランシットの天体の配置を見ようとしています。入力したら、「クリックしてチャートを表示」をクリック。

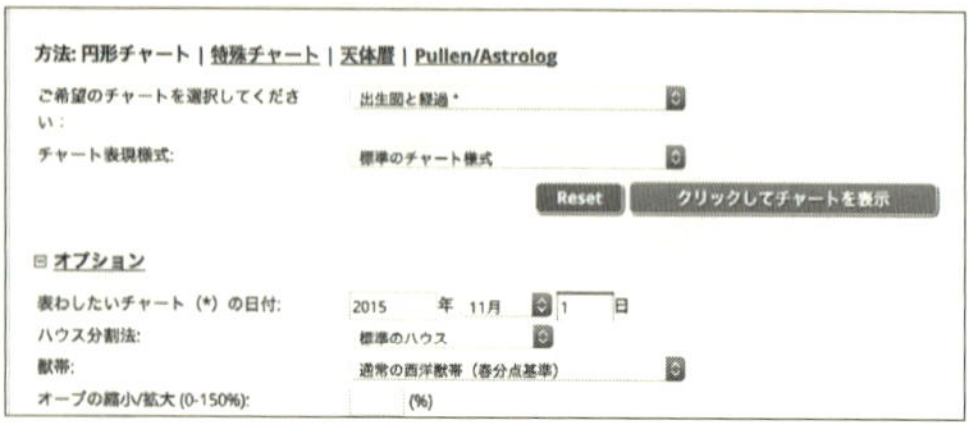

STEP 4

表示されたトランシット図を見ましょう。

画面にトランシット図が表示されます。ホロスコープの一番外側に描かれている天体マークが、トランシットの天体の位置を表しています。

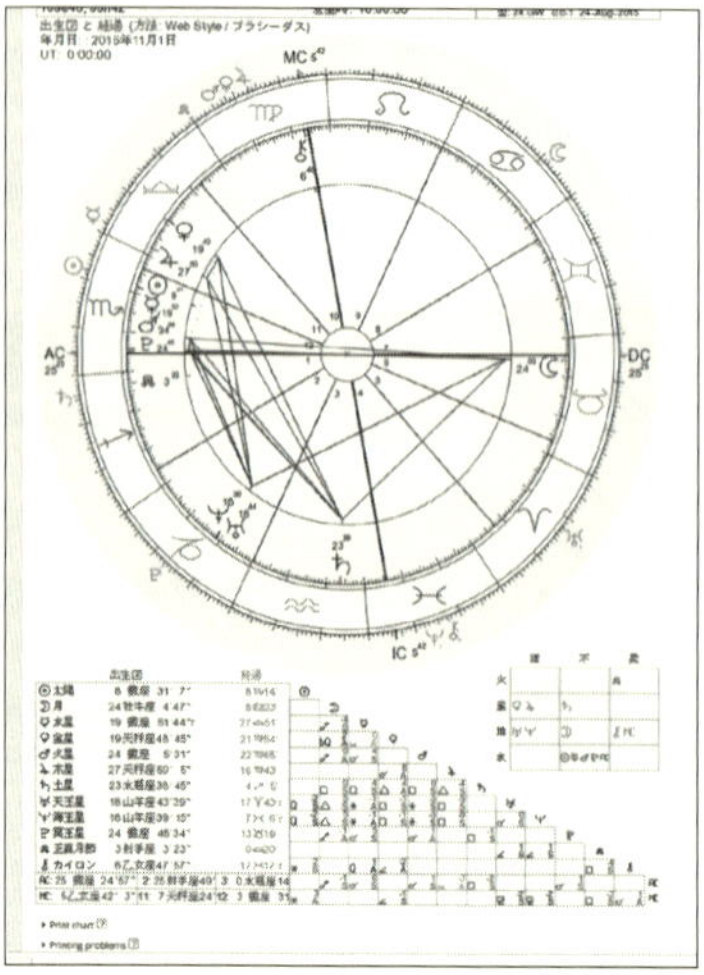

Chapter 4で必要なトランシットの火星のサインを見つける

Chapter 4で必要な情報は、トランシットの火星がどのサインにあるかです。STEP3で、知りたい年月日を入力しましたが、今日のトランシットの配置を知りたければ、今日の日付を、1年後の配置を知りたければ1年後の日付を入力します。そして表示されたホロスコープから、円の外側に描かれている天体マークを見ます（円の内側は出生図のままです）。

下は、2015年11月1日のトランシット図ですが、これはその日に各天体がどのサインに位置しているかを押してくれます。Chapter 4では火星の位置しているサインが必要なので、火星（♂）のマークが位置するところのサインを見ます。下のホロスコープでは、♍の位置にあるので、トランシットの火星のサインは乙女座ということになります。次のページから始まる解説の「トランシットが乙女座」の項目を読みましょう。

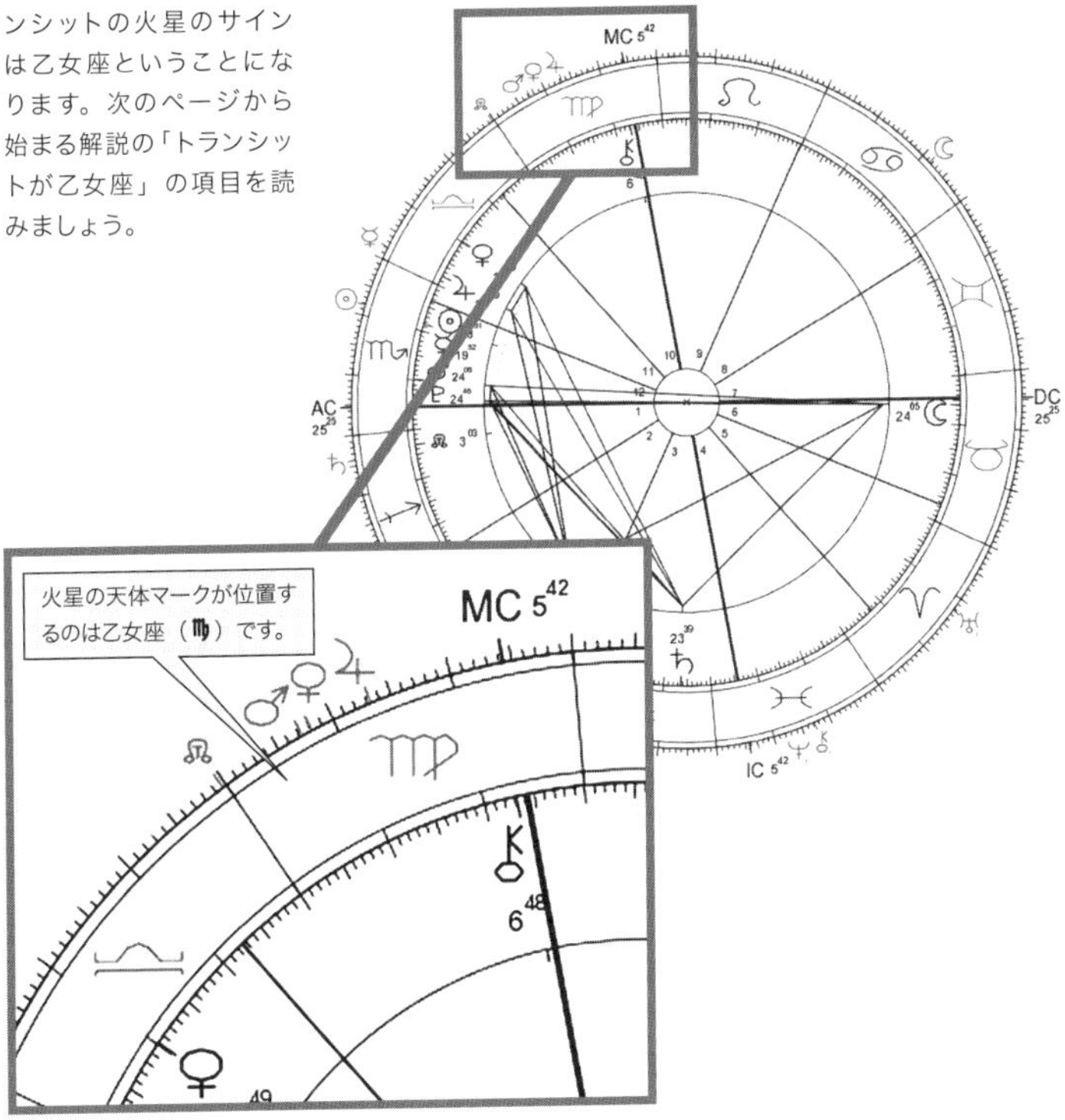

牡羊座 ♂♈

火の活動サインで、自分から自発的に活力を活発化し、積極的にいろいろなことにチャレンジしていこうとする性質です。何かの影響によって行動するのではなく、自分みずから火を起こしていくということなのです。つまり、そのようなことに慣れていない人にとっては、トランシット火星が牡羊座にいるのは、とても困った時期になるでしょう。何でもいいから自分で始めてくれと言われているのです。いつも誰かの意思を受けて行動するということをしている人は、「自分で始める」ためのトレーニングだと考えましょう。2年ごとにこの周期が巡ってきます。もしこの状況が得意でない人は、2年ごとにストレスを感じることになります。

とにかく、自力でチャレンジしてみましょう。思いつきで突発的に行動するというのはとてもいいことです。そこに意味など必要はありません。人間が道具主義に陥ると、「何のために」とか「これはどういうことに役立つか」ということを考えますが、そんなことを考えていては何もできないのです。意味があるとか、ないとかとはまったく無関係に、チャレンジをしてみましょう。

火のサインは、なんとなく愚直っぽい傾向があります。つまるところ、おバカなことをしてみるのでもよいのです。そうすることで、自分の中から根本的なエネルギーを引き出すことができるようになります。

牡牛座 ♂♉

牡牛座は土の元素の固定サインです。ここでは執着心が発揮され、何かを手に入れたり、維持したり、あるいは欲張りになったりなど、比較的しつこい性質が発揮されることになります。物欲も強まるので、トランシット火星が牡牛座にいるこの時に物欲が刺激されない人は、牡牛座の力が弱いと考えるべきでしょう。何かが弱いと、それはそのまま弱点になってしまいます。この時期には物欲を強くしましょう。あるいは、執着心を強める練習をしましょう。それは悪いことではありません。人間は肉体という個体を維持するためには、この力が大切なのです。

毎日買い物してもよいのです。ただし、それに財力がついてくればの話ですが。金額はあまり関係がありません。それは相対的なものだからです。あるいは食べ歩きで

もよいです。体が気持ちよくなることを求めてもよいでしょう。たとえば毎日整体に行ってみるということでもかまいません

あなたはどのくらいお金を儲けられるでしょうか。収入の増加を目指すとしたら、この時期がチャレンジのタイミングです。しかしながら牡牛座は投機的なものは好みません。ですから、この時期にギャンブルをしたり、冒険的なことをするのは断念しましょう。ある程度地道な形で収入の増加を目指してみるのです。

また肉体感覚に根づいたものもあらわしていますから、粘土細工などをしてみるのもなかなか健康的です。これは指の先を刺激します。

自分はこの肉体とともに生きているのだということを実感しましょう。

双子座 ♂ ♊

双子座は風の元素の柔軟サインです。興味があちこちに分散しますので、できる限り一つのところに留まらず、視線もあちこちに向け、生活にバラエティーを作り出す

ように試みてみましょう。

どのくらい関心も行動もバラバラになっていくのかということが重要です。牡牛座の時は正反対でした。牡牛座では固まっていくということが重要でした。双子座はそれをバラバラに分解していくのです。新しく始めた趣味にその日のうちに飽きてしまったということでもかまいません。この双子座に火星があるごく短期間、「興味を広げる」ということをトレーニングするのです。

面白おかしく、いろいろなものを楽しみましょう。お笑いの練習でもいいです。とても軽いもの、人工的なもの、わざとらしいもの、実感を感じないもの、軽薄なもの、考えの足りないもの、若気の至りといったこと、愚かなこと、こうしたものを鍛えてみるのです。

まともなものはつまらない。退屈は嫌だ。みんなが取り組んでいるものはくだらない。そんな反抗的な要素は、双子座をあらわしています。無意味なもの追求をしてもよいのです。

世の中のあらゆるものをバカにして、斜めに見ていくというのは困ったものかもしれませんが、これが双子座の性質でもあるのです。それがすべてではありませんが、こういう要素も含んでいるということなのです。

蟹座 ♂ ♋

蟹座は水の元素の活動サインです。ここにトランシット火星があると、集団に積極的に同化したり、同じことを感じたり、思い切り情感が豊かになっていくような状況になります。しかしながら、同化するというのは相手に意思を合わせるということですから、そのぶん自分の意思をはっきりと表明しないので、どうしてもおとなしくなってしまいます。遠慮しないで言いたいことを言うというのは、同化しないということだからです。

したがってここに火星が来ると、何か言いたいことが言えないような鬱屈した感情に襲われる人もいます。

同化することに目を向けることができれば満足感がありますが、自分の意思を主張することのほうに目を向けると、抑圧的な気分になってしまいます。

また、内にこもった状態で感情が激しくなっていきます。

何かに対して積極的に感情を振り向けてみましょう。愛着があるものに関しては、ますます愛着を深めていく。批判をしたり、反発したりするのは蟹座的ではなく、同化することが重要なのです。しかし、火星ですから、やり過ぎになる場合も出てきますが、短い期間ですので大丈夫でしょう。

感情を強くするということがなかなか想像ができない人は、思いっきり情感を込めて歌を歌ってみるのもよいかもしれません。なぜなら、蟹座は聴覚をあらわし、音楽に関係しているからです。有名な作曲家は、たいてい蟹座が強いのです。

獅子座 ♂ ♌

獅子座は火の元素の固定サインです。情熱の継続や、好みが変わらないとか、いつまでも好きなことを続けるという傾向がこのサインの特徴です。創造的な精神が活発で、思い込みで広げていく傾向があるので、トランシット火星が獅子座にある時は、人のことに気を使わず、自分の好きなことを遠慮なく楽しみましょう。

しばしば反抗的で、時には破壊的な傾向もあり、まわりの人が自分をかまってくれないと、ひねくれて破壊的になっていきます。つまるところ、とても子どもっぽい性質でもあるのです。こうしたわがままな要素をこの時期に訓練してみましょう。自分のことをたいそう立派で重要であるかのように思いますが、もちろんそれは誰にとってもかなりひどい思い込みです。しかしながらトランシット火星が獅子座の時期には、そういうことを強調してもよいのです。

次の乙女座のサインで、それは徹底して叩かれ、否定されていくことになります。火星はダイナミックな振幅が大切なので、思い上がってみたり、落ち込んでみたりと、大きな幅を作ってもいいのです。

ここでは、世界は自分を中心に回っていると、思い込みの力を発揮しましょう。トランシットですから、誰にとっても同じ時期に同じサインに火星がやってきます。つまり思い込みが激しい時には、世界中が思い込みが激しいのです。中東世界がいきなり一斉に自己主張した時に、火星は獅子座にありました。バラバラにみんな好きなことを言うのです。負けてはいけません。

乙女座 ♂ ♍

乙女座は土の元素の柔軟サイン。受け身で、神経質で細かいことが気になります。自発性はあまりないのですが、文句を細かくつけるクレーマー的な性質を発揮することもあります。でも、これは乙女座のひねくれた部分であって、もともとは働き者で役立とうと頑張るサインです。

トランシット火星が乙女座にある時は、ものすごく細かいことにはまっていくことが楽しくなるかもしれません。いつもはアバウトな人であれば、これは訓練にもなるでしょう。どんな小さなことも見逃さず、几帳面さにチャレンジしていくのです。

日本人は基本的に乙女座の要素が強いと思います。決まった時間にきちんと電車がやって来たり、どんな場所もとても清潔だったり、それは乙女座の性質に他なりません。この性質が強まれば強まるほど、同時にストレスも増大し、快感物質が減ってしまう可能性がありますが、細かいことにはまることで興奮することができれば、その状況の中で快感物質を増加させることができます。

本を読んでいて誤字を見つけ出すとか、壁にかかった絵が何度傾いているとか、どうでもいいような細かいことに興味を向けるのがトレーニングになってきます。細かく聞きすぎて、相手をイライラさせてしまう場合もあるかもしれません。私がいつも行くコンビニでは、お店の人がアニメのような声で、たくさん質問してきます。「それではこれをビニール袋に入れてもよろしいでしょうか」とか、「おしぼりをつけてもよろしいでしょうか」とか、一つの買い物するのに5つぐらい答えなくてはならないのです。これは乙女座の病気かもしれません。でもそういうところも、この時期には訓練対象だと思ってみましょう。

天秤座 ♂ ♎

天秤座は風の元素の活動サインです。トランシット火星が天秤座にある時は、対人関係に対してとても敏感に反応する時期になってきます。相手の言い分を正確に聞こうとして、相手に配慮する力も強まってきます。相手の話を根掘り葉掘り聞きすぎて、しつこくなってくる可能性もあります。でも興味を持ってくれていると思われれば、相手はそんなに悪い気はしないと思います。

対人関係で熱くなってきます。たとえば商売の場合には、客相手で収入が上がってくるということもあるでしょう。7ハウスに火星がきた時と似ていますが、どんなハウスであれ、人との関係でそのハウスが活発化します。ハウスは場所、サインは性質なのです。

火星は振幅を強めるので、対人関係においてのリアクションがいつもより激しくなってきます。しかしそれはケンカなどということではなく、むしろ楽しさが増加するという意味です。打てば響くようなリアクションを練習しましょう。一緒に誰かと食事に行くということも楽しいでしょう。

ところで天秤座は、バランスや美意識を意味しています。火星がここに入る時期に、均衡のとれた体を手に入れるための運動をしてみるのもよいのではないでしょうか。毎日鏡で自分の姿を見て、どこを改良すればいいのかということを意識し、そして実際に調整、改造してみましょう。女性の場合には、洗練された歩き方を身につけるのもよいでしょう。

蠍座 ♂ ♏

蠍座は水の元素の固定サインです。これは牡牛座と同じく、執着心をあらわしています。ところが、牡牛座はモノに対する執着心なのですが、蠍座は人に対する執着心という意味になります。誰かとしつこく関わったり、縛りつけたり、まとわりついたり、強制したりします。相手が自由になって行動するというのが、なかなか許せません。いつでも一緒に何かしようとする傾向が出てくる人もいます。

蠍座は生命感覚をあらわしており、エネルギーがたまっていくにつれて、人に対する影響力や説得力が非常に強力になってきます。それは行き過ぎると怖いこともあります。でも、このようにエネルギーが蓄積されないと、生きている実感も弱まってしまうのです。ひとたび弱まってしまうと、何らかの依存症になったりする可能性もあります。生命力がチャージできなくなってしまい、あがいているということなのです。依存症のすべては、エネルギーがチャージできなくなってしまったということからやってきます。トランシット火星が蠍座にいるこの時期に、あなたの生命力を高めるには何が一番向いているのかということを確認してみましょう。地面に落ちてしまったサソリは、生命力をチャージすることで鷲に戻るのです。

お金をたくさんため込むことで、この充実感をチャージする人もいます。たとえば私個人の例ですが、考えること、何かを書いたりすることで充実感を獲得します。私の蠍座は、哲学や思考をあらわす9ハウスにあるからです。

生命力をチャージするのに、誰でも同じやり方になるわけではありません。この時期に、あなたにとって、どんなふうにすれば生命力が一番チャージできるかということを真剣に追求をしてみましょう。

射手座 ♂ ♐

射手座は火の元素の柔軟サインです。戦闘的なサインで、火星にとってはかなり適している面があり、このサインにいる火星は元気になります。スポーツなどをしてみるには一番いい時期です。もともとスポーツが得意でない人でも、トランシット火星が射手座にあるこの時期にはチャレンジしてみるべきでしょう。あるいはサッカー観戦などもいいです。また、とても精神的な力が強まるので、この時に哲学的なこととか思想的なことに取り組むのもよいですし、教養を高めるのもよいでしょう。あるいはまた、衝動的に海外旅行をしてみるというのもいいかもしれません。特別なシーズンでなければ、海外だって今は気軽に行けます。

生まれつき火星がここにある人は、放浪癖が強いでしょう。目的が何もなくてもフラフラ歩きまわります。そのことで頭が活発化するからです。何か考えごとをする時は、運動しながらのほうがよいのです。そこで、この時期には歩き回ってみることをおすすめします。何かを求めてさまよう。何を求めているのかというのはさまよってみないことにはわからないのです。見つけ出した時に、初めて自分が何を求めていたかがわかる。そのために歩きまわるのです。タロットカードでは、隠者のカードがここに該当します。両方とも9の数字だからです。

自分にとって難解すぎるような書物を手にとってみましょう。わからなければわからないほどチャレンジ意欲が刺激されてきます。またこの時期には、高いところに登ってみるのもよいです。ボルダリングやロッククライミングなどのスポーツもよいです。

山羊座 ♂♑

山羊座は土の元素の活動サインです。実際的な成果を確認しながら、積極的に仕事をしていくというサインです。どんなことでも具体的に成果を出さなくてはなりません。なんとなく思い込みで終わるのは、ここでは許されないことなのです。目に見えない成果もほとんど意味をなしません。山羊座は冬至をあらわし、冷たく乾いていますから、気持ちがどうのこうのということに重点は置かれないのです。堅く確実な成果というものを重視するという意味なのです。

また現場にまっすぐ立つということをあらわしていますから、トランシット火星が山羊座にいるこの時期は、自分の足元を見て、自分の立場としては何が要求されているかということを意識しましょう。ここでは10ハウスの意味にとても似てきます。

ただし、ハウスは場所性であって、サインは性質です。性質というのはとても心理的なもので、具体的な働く行為ではなく、働く意欲のほうを意味します。

活動サインですから、決して油断したり休んだりしません。また、ローカルなものを大切にするので、かっこよくしようとも考えません。田舎っぽいところとか、いわゆるダサイもの、それらを大切にする傾向なので、ベタなままで正面から取り組んでみるのがよいのです。

積極的に休みなく働き、貢献し、活動していくということに、この時期は努力してみましょう。休まずどのくらいできるか、可能性を見極めます。また、この時期にオヤジの世界になじむのもなかなかよいことです。暑苦しくてうっとうしい。おせっかいだけど、いい人。そんなキャラクターを演じてみるのもトレーニングになります。

水瓶座 ♂

水瓶座は風のサインの固定サインです。特定の場所に縛られず、広い場所に拡大していきます。どんな場所にいても、自分は何一つ変わらないのです。あるいはまた、地域的な習慣や風習、伝統を頭ごなしに否定していくことになります。手前の山羊座とは正反対です。サインというものは、常に手前とは正反対の性質になるのです。12サインのすべてに適応をするというのは、まさに偏りのない自分を作っていくことになるのです。とはいえ、世間にそんな人など一人もいません。これは誰にとっても新しいチャレンジなのです。

さて、水瓶座は理屈で納得しなければ、どんなことも否定します。自分の中の頭でっかちで頑固な部分をトレーニングしてみましょう。

その場に合わせることがないと言うのは、冠婚葬祭にラフな格好で出席するとか、お葬式に黒い服を着ないでやって来るようなことです。でも、水瓶座においては、普遍的な理念というものが大事であって、それからすると、その場その場に合わせるのは無意味なのです。

学校も料理も無国籍が望ましく、いろいろな地域性を混ぜて同じにしていきます。

現代では、どの国のどの都市にも同じメガストアがありますが、こういう種類の普遍性は水瓶座の悪い面です。工業製品に埋もれていくというのも同様です。つまり現代は水瓶座的なものを回避することはできないのです。

何かルールがあれば、それを破りたくなるので、無礼講というのも水瓶座の性質の一つです。

完全な自由を求めて行動してみましょう。あらゆる枠を踏み越えてみましょう。メカニカルなものになじみましょう。スマートフォンやパソコンを買うのなら、この時期がよいです。

魚座 ♂♓

魚座は水の元素の柔軟サインです。トランシット火星が魚座に入れば、火星の力は弱まってくることが多いでしょう。火星の攻撃性がほとんどなくなってしまうからです。注意力が拡散して、一つのことにずっと目を向けることができません。微細なことに関心が向くので、その分だけ輪郭がはっきりしなくなり、弱気になってきます。つまり微細なものに関心を向けた人は、どんな時でも押しが弱くなってくるのです。

対人関係に過敏になったり、ダメージを受けた時に回復力が弱くなったり、細かい問題が起きやすいケースがあります。でもこれは一時的なことに過ぎないので、あまり気にしないようにしましょう。人とは接しないところで行うことができる作業があれば理想的です。

対人的なものではなく、芸術的なものであったり、微妙なセンスを要求されるような分野で、集中してみると気分がよくなります。たとえば人によっては、料理に熱中してみるとか、香り、音、味覚、そういうところに目を向けてみるというのもよいのではないでしょうか。

また神秘的なものとか、超感覚的な要素、占いやタロットカード、そういうものに時間を使ってみるというのもよいでしょう。この期間で、どこかの占いブースに行って占ってもらうのもいいかもしれません。パワースポット巡りは、この時期にしたほうがいいです。おそらく理想的な場所を見つけ出すことができるでしょう。

Epilogue

♂

火星は戦う、集中する、攻撃的になる、などをあらわす惑星で、尖っていて否定的に見えることもありますが、この火星の性質を自分の生活の中で活発に生かさないと、かわりに、外からやってきます。つまり火星を元気に活用していない人は、たいていの場合、人から迷惑をかけられます。いじめにあうというのも、自分が火星を使っていない証拠です。でも、古い時代の日本では、女性は火星を使ってはいけないというような社会習慣があったのではないかと思います。今は街を歩く女性を見ても、また黒いスーツを来て営業をしているＯＬを見ても、昔よりは火星的な感じがします。それは健康的なことではないでしょうか。

二ヶ月前くらいに、マンハッタンに行って講座をしていましたが、朝早くに、ビジターとして近所のジムに通っていました。そのジムは5時にオープンするのですが、開いた直後から、会員がやってきて、それに朝でも地下の広い場所では、数十人の女性が、インストラクターの指導のもとに、エアロビクスをしています。アメリカ人が日本に来た時に、日本のジムはあまりにもオープン時間が遅すぎて、会社にいく前に運動できないから困ったと言う人が多いそうですが、早朝から運動する人が多いというマンハッタンの人々は、日本よりも火星を活発に使っているということになると思います。すると、そのぶん、体温が上がり、免疫力も強まり、仕事能力も高まります。

癒しは受動的な姿勢ではあまり効果がないというのは事実です。のんびりリラックスすることで、ますます耐性が弱まり、鬱病になりやすいとも言えます。火星は積極的に働きかけることで、かえってリラックスできるということを教えます。地球と火星の間には正12面体の比率があるとケプラーは言いましたが、この立体幾何図形は、地球を防衛する網であり、つまり免疫の性質ですが、5角形という遊び的、子供的な性質が含まれており、楽しく遊ぶということが、人間を守ることに関係しているのです。

技術評論社の私の本は、惑星一つずつについて説明するものが増えてきており、そもそもそんなに計画的に書いているわけではないのですが、一冊ずつ書くうちに、惑星ひとつずつについても考えるきっかけを与えてくれました。私は現在62歳で、これは土星をもっぱら活用する年齢に来ており、土星はもともと火星と180度なので、土星の年齢の今、火星をコントロールすることにはまっているようです。これは日々変化する運動機能を微調整しつつ、継続的に発揮するということです。運動、食事などを細かく管理することになったのです。気分に乗って脱線するということがほとんどなく、火星に対する完全管理という印象です。でも、その中で火星がいかに大切な働きかということもよくわかってきました。火星は見かけの逆行が極端なので、つまりは興奮作用とかも不安定で気まぐれに見えるということですが、太陽中心主義の占星術から見ると、火星に逆行はなく、つまり創造的で自発的な人生ということを中心に生きると、火星は不安定にならないということなのです。

最近、恒星のことを書くことが多いのですが、蠍座のアンタレスは、アンチ・アレスという意味であり、つまり太陽系内にある不安定な火星よりも、安定した作用を持つ赤い星ということです。恒星は惑星のようにぐるぐる回っておらず、つまり機械的で一方的な時間の進行の中で活動しておらず、いわば静止する、永遠性を持つ作用です。アンタレスは死と生を司ると言われていますが、西欧と日本では解釈にかなり違いがあります。日本ではかなり能動的な意味を与えられています。太陽から見た占星術では、火星は少しばかりアンタレスに似ている面も出てきます。アンチという言葉がついていますが、四次元的には、アレス、アンチ・アレスは裏表で、同じ意味を共有します。二極化された世界で対立している意味は、四次元的には、同じ意味になってきます。

今回原稿は、iPhoneやiPadに、iPhone付属のマイクつきイヤホンを使って音声入力しました。うるさい新宿通り沿いの歩道を毎日歩いて、音声入力しました。あるいは靖国神社とか、千鳥ヶ淵近辺を歩いたり、公園のベンチに座って、周囲の人に好奇の目で見られながら、しゃべって入力しました。じっと座ったまま文章を書くという作業は、今回の場合、ほとんど無理でした。パリの街を朝から歩きまわったアッジェという写真家が好きなので、うろつきながら入力という姿勢も、私はかなり好きです。やはりカフェよりも外のベンチのほうがいいです。そのデータをもとに、編集の太田さんにまとめてもらいました。毎度とても感謝しております。

松村　潔

PROFILE OF THE AUTHOR

松村潔（まつむらきよし）

1953年生まれ。西洋占星術、タロットカード、神秘哲学における日本の第一人者。西洋占星術においては古典的な解釈にとらわれず、古今の宇宙思想をふまえた、壮大な体系を構築する。著書は『ヘリオセントリック占星術』（説話社）、『「月星座」占星術入門』『人間関係占星術講座』『土星占星術講座』（以上、技術評論社）など多数。

装丁　村上智一（Piton ink.）

火星占星術講座《かせいせんせいじゅつこうざ》

火星《かせい》エネルギーを使《つか》いこなして人生《じんせい》を元気《げんき》にする

2015年10月20日　初　版　第1刷発行
2022年12月31日　初　版　第2刷発行

著　者　松村《まつむら》　潔《きよし》
発行者　片岡　巌
発行所　株式会社技術評論社
東京都新宿区市谷左内町21-13
電話　03-3513-6150　販売促進部
電話　03-3513-6176　書籍編集部
印刷／製本　港北メディアサービス株式会社

定価はカバーに印刷してあります。

ISBN978-4-7741-7636-9 C2011
Printed in Japan